PROFESSION ENSEIGNANT

Enseigner le français à l'école

Carole Tisset

Renée Léon

Préface de M

HACHETTE Éducation

Les auteurs

Carole Tisset, professeur agrégé de Lettres Modernes, a enseigné en collège et en lycée. Titulaire d'un doctorat en linguistique française et qualifiée maître de conférences, elle assure la formation des enseignants à l'I.U.F.M. de Créteil (Centre départemental du 77). Elle a publié Écrire des textes au CM, *A. Colin, 1989.*

Renée Léon est ancienne élève de l'E.N.S.-Sèvres et agrégée de Lettres Modernes. Elle a enseigné en collège et en lycée pendant plusieurs années, puis en École Normale. Elle travaille actuellement à l'I.U.F.M. de Créteil (Centre de Melun, Seine-et-Marne). Elle est l'un des auteurs des manuels de la collection Le français au... (Le français au CE1, Le français au CE2, Le français au CM1, Le français au CM2, Le français au CM), *Hachette Écoles.*

www.hachette-education.com
ISBN : 978-2-01-171173-1

Sommaire

Préface

Aujourd'hui encore, beaucoup plus d'enseignants qu'on ne l'imagine, considèrent la lecture, comme une compétence dont l'apprentissage doit être concentré sur le seul Cours Préparatoire. Il faut dire que dans une période récente, très exactement de 1972 à 1985, les Instructions officielles ont tour à tour incliné d'abord pour une conception exagérément moderniste de l'apprentissage de la lecture, puis sont revenues aux thèses mécanistes désuètes qui avaient marqué l'école de 1923 à 1972. Le résultat c'est que, faute d'explications claires, beaucoup de parents s'inquiètent lorsque leurs chers petits ne « lisent » pas pour Pâques, voire Noël. Aujourd'hui, nous savons que l'activité de lecture relève d'une grande complexité, qu'il s'agit d'un savoir faire en développement continu, qu'il faut en étaler et donc en structurer l'apprentissage sur une période longue. Rien ne commence au Cours Préparatoire, rien ne se finit à la fin de l'école élémentaire.

En fait, avec Carole Tisset et Renée Léon, il est beaucoup plus juste et bénéfique de considérer que le lire-écrire relève d'abord et avant tout de la maîtrise de la langue maternelle parlée et écrite. Une langue qui résulte du travail et des progrès des hommes sur quelques milliers d'années, qui possède à l'oral et plus encore à l'écrit, des potentialités d'une richesse infinie pour décrire, situer, expliquer, exprimer les situations les plus diverses et les sentiments les plus complexes.

Alors il devient plus facile de comprendre qu'il s'agit d'un apprentissage particulier, comparable à nul autre. Apprendre à lire et à écrire en compréhension demandera du temps certes, mais aussi de la méthode et surtout la prise en compte de chaque enfant tel qu'il est, et non pas tel que nous, adultes, souhaiterions qu'il soit.

D'aucuns pourraient être amenés à penser que l'écrit est menacé, voire dépassé par les moyens audiovisuels. Si grand qu'on imagine leur rôle ou celui des ordinateurs, l'écriture restera une composante incontournable de la maîtrise d'une langue et, par voie de conséquence, de l'organisation de la pensée. Oui, cet apprentissage est particulier, puisqu'il participe très largement à la construction d'un individu, et principalement au développement de ses aptitudes cognitives ou si l'on préfère de son intelligence.

Le lire-écrire constitue le fondement de notre culture. Il est facteur d'intégration ou d'exclusion, d'incompréhension, de divisions sociales et de pouvoir. C'est avec l'exclusion culturelle que commence l'esclavage le pire de tous, l'esclavage intellectuel.

Ce livre est fait par des enseignants pour des enseignants et tout au long du texte, des titres, et des nombreux tableaux que comporte cet ouvrage, cela se sent. Le parti pris pédagogique est clair : centrer la démarche sur l'apprenant. Il est général et se doit d'être adopté à tous les niveaux : les professeurs d'école doivent « se centrer avant tout sur l'enfant », de même les enseignants des IUFM qui doivent eux aussi centrer leur formation sur les élèves-professeurs. Une telle attitude traduite dans les actes quotidiens d'un enseignant n'est pas toujours facile à maintenir parce qu'inhabituelle, non inscrite dans l'histoire de notre enseignement, de l'école à l'université. C'est pourtant la seule qui permette de prendre chaque élève avec ses compétences propres, ses attitudes, son histoire et sa culture. Elle conduit à ce que l'on a coutume d'appeller la pédagogie différenciée.

Ce livre répond à toutes les préoccupations qui sont actuellement partagés par « les spécialistes » de l'école. Puissent les étudiants des IUFM et professeurs d'école en faire le meilleur usage. Le métier d'enseignant n'est pas facile mais il est exaltant.

MICHEL MIGEON

1

Entrer dans les livres

De la découverte balbutiante des tout premiers albums à la lecture solitaire d'un roman ou à la recherche autonome de documents, le livre doit être pour l'enfant un compagnon privilégié, et pour l'enseignant un recours permanent.

L'utilisation de l'album au Cycle 2, et en particulier au CP, répond en souplesse à quelques exigences fondamentales des apprentissages premiers.

Mais à 7 ou 8 ans, l'apprentissage de la lecture est loin d'être terminé. Cette compétence fraîchement acquise reste à affiner et à diversifier.

SOMMAIRE

Assurer la continuité GS - CP

Si l'apprentissage de la lecture débute dès l'école maternelle, le cours préparatoire n'en est pas moins considéré comme la classe la plus délicate parce que la responsabilité de l'enseignant y semble plus engagée qu'ailleurs : les enfants sauront-ils lire ou non? Quelle méthode d'apprentissage choisir? Non pas que le maître soit moins responsable de la qualité de son enseignement dans les autres niveaux, mais les résultats de son action sont ici plus visibles.

Cette classe appartient désormais au cycle des apprentissages fondamentaux (Cycle 2)(1), ce qui a deux conséquences : d'abord, l'enseignement qui y est dispensé doit s'inscrire dans la continuité de l'école maternelle et de la Grande section en particulier; ensuite, l'apprentissage premier de la lecture, le savoir-lire de base, doit être accompli à la fin du cycle (fin CE1 si on reprend l'ancienne terminologie).

La lecture : un apprentissage sur deux ans

La nécessité de prévoir le premier apprentissage de la lecture en deux ans est depuis longtemps avérée, mais n'est jamais passée dans les faits sauf cas très rares. Pourquoi?

Peut-être parce que la pression de l'institution et l'angoisse des parents sont plus fortes dans cette classe que dans une autre, que l'enjeu y est plus apparent, et que tout enseignant soucieux de son efficacité cherche le plus rapidement possible à obtenir des résultats.

1. Voir *Les cycles à l'école primaire*, Hachette École/CNDP, 1991.

En fait, toutes les études montrent que les enfants qui *décollent* en février sont des enfants qui sont venus **terminer** leur apprentissage au CP et qu'on ne peut en aucun cas exiger de tous les enfants les mêmes performances. L'idée même qu'entre février et Pâques il faut que la plupart des enfants aient *démarré* est une aberration et un faux repère. Tous les enfants d'une même classe n'arrivent pas au CP avec les mêmes appétits de lecture et les mêmes représentations de l'acte de lire. De plus, pendant les grandes vacances qui suivent, certains enfants auront un contact fréquent avec l'écrit et conforteront donc leur savoir sous les encouragements de la famille ; d'autres, au contraire, n'auront jamais une occasion de lire et ne verront pas leur entourage recourir à l'écrit ; enfin, certains devront lire seuls de *vrais livres* parce que *maintenant ils sont grands*, et la lecture, pour eux, signifiera abandon affectif et difficulté. À la rentrée, en fin de deuxième cycle, les écarts se seront creusés.

Toutes ces observations devraient encourager les maîtres à opter pour une continuité des apprentissages assurée par le même enseignant. La possibilité de suivre ses élèves deux ans est vivement encouragée par les Instructions Officielles depuis quelques années.

■ Le premier jour au CP : s'approprier l'espace

La première journée peut être consacrée, avec profit, à l'appropriation des lieux par les enfants. Le maître aura le souci de les faire participer à la découverte de leur classe et de l'école (surtout s'ils viennent d'écoles maternelles diverses et n'ont pas eu d'échange avec le CP précédent). Pour ce faire, il les laissera pénétrer dans la classe et s'installer à leur guise. Il en profitera pour observer si des groupes sont déjà formés, si certains enfants semblent isolés, afin de les intégrer à la vie collective. Enfin, on n'omettra pas de leur montrer où sont rangés les crayons, les feutres, les ciseaux et autre petit matériel dont ils auront besoin, ce qui évitera les sempiternelles assertions : «*Je n'ai pas de gomme, ma mine est cassée…*» qui témoignent de l'absence d'autonomie. On les autorisera donc à se déplacer et à se servir selon leurs besoins et sans gaspillage.

■ Aménager la classe

On peut consacrer la première demi-journée à discuter avec les enfants de leur projet d'aménagement de la classe afin que celle-ci devienne leur. On aura soin de recourir au dessin pour représenter l'espace et de confronter les propositions afin de choisir celle qui recueille l'assentiment du plus grand nombre. Le maître pourra utilement légender les dessins en écrivant pour les élèves ce qu'ils souhaitent, montrant ainsi implicitement le rôle symbolique et mnémonique de l'écrit.

Il ne faudra pas oublier de conserver à la classe les *coins* comme à la maternelle : coin-peinture, coin-regroupement, coin-lecture, coin-déguisement, coin-jeu (on a encore le droit de jouer à six ans). Si la classe est assez spacieuse, on peut opter, sur proposition des enfants, pour un aménagement des tables qui soit différent de l'alignement, mais qui permette à tous de voir le tableau sans se tordre le cou et de communiquer entre eux.

On peut également décider que la disposition des tables dépendra de ce que l'on fera et donc de changer la place de celles-ci en fonction des besoins.

■ Se représenter l'espace

Ce projet d'aménagement débouchera sur un projet de maquette. Le dessin étant impropre et peu commode pour discuter de l'aménagement de l'espace, on lui préférera une maquette qui permettra de bouleverser l'ordre autant de fois que nécessaire sans que la tâche ne soit fastidieuse. Le maître utilisera des boîtes de volumes différents pour figurer tables et armoires (boîtes d'allumettes, par exemple), sans souci de représentation à l'échelle ou de proportionnalité (concept trop difficile pour cet âge). Pour les tables et les chaises, on demandera à chaque enfant d'en réaliser un exemplaire ; pour les autres éléments du mobilier, on constituera des groupes de travail. On comparera utilement les réalisations entre elles : les chaises et tables doivent être à peu près de la même taille.

À la fin du Cycle 2, on reprendra cette maquette pour faire remarquer aux enfants le manque de justesse de cette représentation. On les amènera à trouver un moyen de respecter les ordres de grandeur : dans la classe réelle, le mobilier est à la taille des enfants ; dans la maquette, on peut décider que les élèves seront représentés par des personnages fabriqués en pâte à modeler (pétrissage très utile pour la motricité fine) qui serviront d'étalon. On pourra procéder à des mesures de la classe et du mobilier avec des personnages : combien d'*élèves en pâte à modeler* faut-il pour la hauteur de l'armoire ? On construira alors une deuxième maquette qui sera à l'échelle de l'étalon.

On pourra introduire l'idée de représentation en plan en proposant aux enfants de dessiner au feutre rouge le chemin accompli pour se déplacer d'un point à un autre de la classe. Puis, chaque élève regardera la maquette en vue plongeante et reproduira, par le dessin, le chemin et le mobilier (toujours en vue aérienne).

On reprendra la même démarche pour la représentation de l'école et des rues adjacentes. Le cheminement d'un élève pour se rendre à l'école pourra être représenté en volume puis en dessin (vue aérienne), ce qui est la meilleure introduction pour faire comprendre le plan.

Au Cycle 3, il sera alors aisé de changer d'étalon : de décider qu'un centimètre de la maquette, puis du plan représentera un mètre réel et on aura alors introduit l'idée d'échelle cartographique.

Projet d'enseignement

AMÉNAGEMENT DE LA CLASSE

Construction des concepts d'espace et de temps
- Se situer dans la classe
- Se situer dans le temps

Langage oral
- Prendre sa place dans un dialogue
- Porter une appréciation sur une situation

Mathématiques
- Reproduire et décrire quelques solides simples (le cube)
- Utiliser quelques techniques (calque, pliage, découpage) et quelques instruments (règle, ciseaux)
- Fin CE2 : sensibilisation à l'échelle des grandeurs

Arts plastiques
- Jouer avec les formes, les couleurs, les matières, les objets...

Histoire
- Mettre en ordre une série d'étapes chronologiques
- Identifier une information relative au passé.
- Connaître différents calendriers

Géographie
- Décrire son environnement immédiat
- Fin CE2, passage du volume à la représentation sur plan

Biologie
- La croissance
- Manifestation de la vie végétale
- Existence d'un cycle de vie commun à tous les êtres vivants

Production d'écrits
- Réaliser une fiche technique
- Légender un dessin

Fiche 2

Activités des enfants

AMÉNAGEMENT DE LA CLASSE

Construction des concepts d'espace et de temps
- Représenter la classe, déplacer le mobilier, aménager la classe
- Se repérer par rapport à la semaine, par rapport aux activités dans la classe, par rapport à ce que font papa et maman

Langage oral
- Proposer des aménagements, discuter des propositions des camarades
- Proposer des techniques

Mathématiques
- Reproduire le matériel de la classe à l'aide de cubes ou de parallélépipèdes
- Fin CE2 : reproduire le mobilier de la classe avec un souci de respecter les propositions (choix d'un étalon)

Arts plastiques
- Décorer la classe avec des dessins, des mobiles, des sculptures

Histoire
- Mettre en ordre les activités de la semaine, les informations recueillies
- Connaître sa « généalogie »

Géographie
- Décrire sa classe, sa représentation en maquette
- Fin CE2 : cheminement dans la maquette ; représentation vue du haut ; matérialisation d'un plan

Biologie
- Semer, arroser, décrire la croissance des plantes
- Faire le parallèle avec sa propre croissance

Production d'écrits
- Expliquer les opérations à effectuer pour semer
- Écrire sous un dessin ses observations sur la croissance des plantes

À partir du jardinage

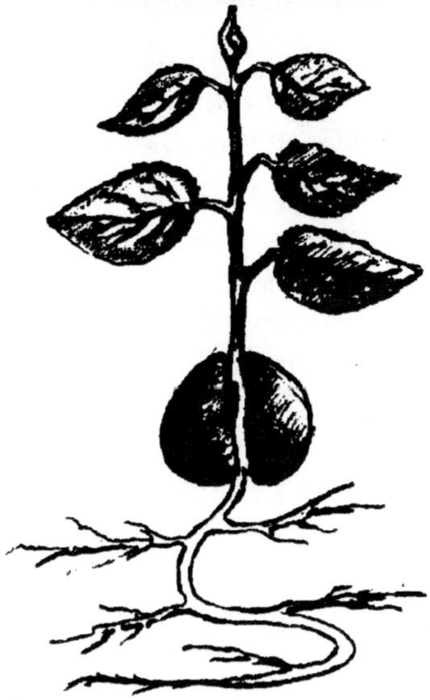

La plante a grandi : il y a des racines, une tige haute, plusieurs feuilles, deux petites feuilles qui se préparent.

Je pose le noyau d'avocat sur l'eau.

Une racine sort du noyau d'avocat.

La fente s'ouvre et je vois une pousse verte.

Remets les étiquettes dans l'ordre.

la racine principale

les petites racines

la tige

les feuilles

le bourgeon

le noyau d'avocat

Placer les étiquettes au bon endroit.

Décorer la classe

Pour décorer la classe, s'ajouteront naturellement des projets de jardinage : posséder des plantes exige de semer, d'arroser, etc. On peut alors concevoir un certain nombre d'activités.

Les opérations de semis (plantes en graines, à bulbes comme les avocats ou les jacinthes...) donneront lieu à la production d'un texte expliquant aux correspondants ou à une autre classe comment on s'y est pris.

Puis, régulièrement, on pourra dessiner les grandes étapes de la croissance des plantes et légender ces dessins. Parallèlement à la croissance des plantes, on fera des observations sur celle de l'enfant. Des projets en arts plastiques : faire des peintures, des sculptures, des mobiles pour décorer la classe. En décorant et organisant leur classe à leur façon, les enfants s'approprieront mieux les lieux. Ils comprendront aussi qu'ils auront une part active dans leur vie scolaire.

Apprendre à se connaître

On confectionnera un album de photos où l'on verra, pour chaque enfant une photo prise à sa naissance, une photo prise en maternelle et une photo à l'école élémentaire. Puis on demandera les noms et prénoms des parents et, si possible, des photos d'eux lorsqu'ils étaient au CP et une photo d'eux adultes. Enfin, on ajoutera une photo des grands-parents. On fera remarquer le changement de la qualité des photos (noir et blanc, couleur) ; le changement de la mode vestimentaire. On pourra alors discuter de la vie, de la naissance à la mort ; des grandes étapes : l'enfance, l'adolescence (les différentes *écoles*), l'âge adulte, éventuellement le mariage, le travail et les enfants, le troisième âge. S'il semble impossible de demander la constitution de la famille (parce qu'il n'y en a pas), on créera avec la marionnette de la classe, à laquelle les enfants s'identifient facilement, une identité, une famille. On peut aussi mesurer les enfants tous les trimestres et garder une trace dans la classe des différentes tailles. Toutes ces activités concourent à la connaissance de soi[1].

Comprendre le temps

Cette reconstitution de la généalogie de l'enfant permet également de le situer dans le temps. Il ne faut pas omettre de conserver les activités de chronologie que l'on fait en maternelle. Par exemple, chaque matin, un enfant met la date. Il a, à sa disposition, plusieurs formes de calendrier. Tout d'abord un éphéméride duquel chaque jour on enlève une feuille pour la coller sur une grande bande de papier

1. Albums à lire : Solotareff, *Ne m'appelez plus jamais mon petit lapin*, L'École des loisirs ; T. Ungerer, *Pas de baiser pour maman*, L'École des loisirs.

au-dessus de laquelle court un fil (celui du temps). Une petite boule (genre gros bouton) est déplacée chaque jour. Elle figure *aujourd'hui*. À gauche de cette boule, c'est *hier*. À droite c'est *demain*..

Puis le disque des mois et des saisons qui figure bien le renouvellement des cycles, et enfin un rouleau pour les jours de la semaine afin que les enfants perçoivent bien le retour régulier des jours.

Le fil du temps

Fiche 4

L'éphéméride

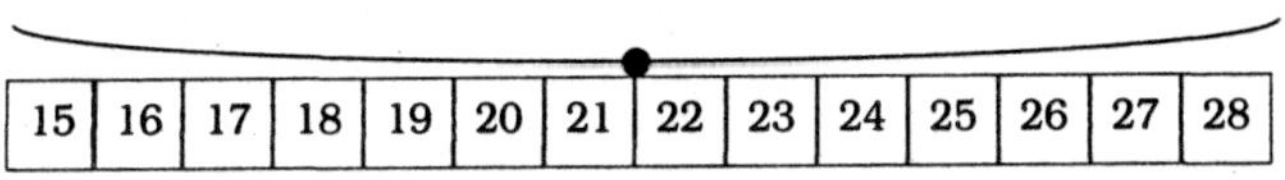

Le disque et le rouleau

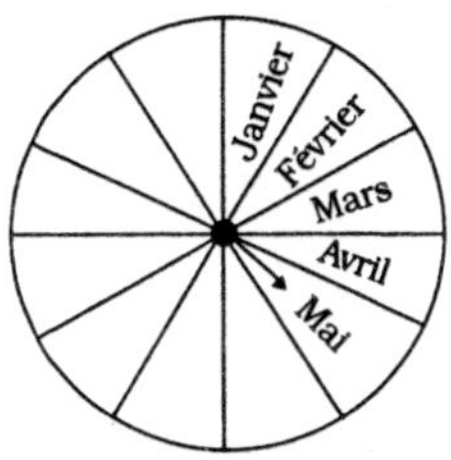

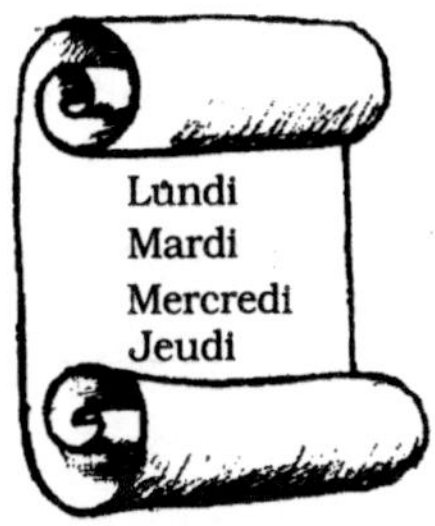

Sur un cahier, mémoire de la classe, les enfants écriront la date, colleront des informations sous forme de titres et de photos découpés dans des journaux locaux et à tour de rôle, en fin de journée, ils dessineront d'abord, puis ils raconteront le moment le plus important, de leur point de vue.

Des jeux pour mieux se connaître

Fiche 5

• Les étiquettes des prénoms

Le maître aura écrit sur des étiquettes le prénom des enfants avec majuscule en capitales d'imprimerie et dans les deux écritures (cursive et imprimerie). Le mélange de deux types de caractères : majuscule en capitale d'imprimerie d'une part et cursive d'autre part peut être toléré puisqu'il s'agit de donner un premier repérage extra-alphabétique sur l'écrit. On peut convenir de procéder de même avec l'enseignant de GS. Les enfants ayant tous choisi leur étiquette (activité qui ne doit pas poser de difficulté car elle est régulièrement faite à l'école maternelle), il en reste une sur la table. À qui peut-elle être? Au maître, bien sûr, qui fait partie intégrante du groupe et qui, à ce titre, a droit lui aussi à une étiquette.

• « Qui est-ce ? »
On peut ensuite proposer un premier jeu de devinette. Le maître choisit dans sa tête un enfant. Les élèves doivent deviner son identité en posant des questions auxquelles le maître répondra par oui ou par non. On veillera à ce que les enfants posent des questions du type : «*Est-ce une fille ? – A-t-il les cheveux bruns ?*» et non «*Est-ce Martine ?*». Celui qui trouve montre l'étiquette de l'élève concerné et devient à son tour le meneur de jeu.

• Le domino
Les étiquettes étant posées au tableau, à la vue de tous, on procédera au même jeu mais cette fois-ci sur le *dessin* du prénom (le visage graphique du mot) : «*Est-il long ? – A-t-il la lettre a ?* », ce jeu ne devrait pas poser de difficultés, les enfants de maternelle connaissent leur prénom et les lettres qui le composent. Le maître évaluera ainsi les connaissances de chaque enfant.

Enfin, quand le maître aura obtenu les photos des élèves, il pourra composer un jeu de domino : d'un côté le prénom d'un enfant, de l'autre la photo d'identité d'un autre enfant. Jouer comme au jeu de domino : on assemble photo et prénom correspondants. On pourra imaginer d'autres jeux et y jouer de temps à autre durant la première semaine.

• Des étiquettes utiles
Ces étiquettes serviront, comme en maternelle, à faire un tableau des présences, un tableau des responsabilités, un tableau de cantine où les enfants mettront leur étiquette-prénom en entrant le matin dans la classe. C'est aux enfants d'organiser leurs responsabilités : quelle charge doit-on accomplir dans la classe ? comment assurer un roulement ? Le tableau des responsabilités se présentera sous forme de phrases avec *majuscule* et *point* que les enfants élaboreront oralement et que le maître écrira :

Paul	*distribue les cahiers.*
Marie	*arrose les plantes.*

Ce travail de lecture sous sa forme ludique est essentiel pour que les enfants apprennent à se connaître, mais aussi parce que les prénoms constitueront le premier bagage lexical où le maître puisera pour les futurs textes à lire. Enfin, ces activités étant celles de la maternelle, les enfants retrouvent les mêmes repères et seront moins perdus donc moins anxieux.

Fiche 6

Exemple de planification des activités autour du français la première semaine du CP

Toutes les plages horaires n'étant pas utilisées, on pourra facilement inclure des activités dans d'autres disciplines.

	Lundi	Mardi	Jeudi	Vendredi	Samedi
Matin	• Découverte de la classe **1h** • Lancer le projet d'aménagement • Jeux des prénoms **15 mn**	• Jeux des prénoms **15 mn** • Tableau des responsabilités **15 mn** • Ateliers : maquette **1h**	• Visite de l'école : bibliothèque **1h** • Ateliers : maquette **1h**	• Visite de l'école : chasse à l'écrit **1h** • Classement **30 mn**	• Point sur la semaine • Réalisation finale de la maquette d'aménagement
Après-midi	• Planification du projet – discussion – dessin – projet de maquette, liste de matériel **3h**	• Visite de l'école **1h**	• La famille **1h**	• Ateliers : maquette	

Matinée type de 1re semaine		
Accueil 10 à 15 mn	– date – météo – plantes – menu – tableau des présences – tableau de cantine	– jeux libres – dialogue avec la maîtresse – dessins libres – écrits libres – lectures
Discussion avec l'ensemble de la classe Rappel des projets : 5 à 10 mn	– aménager la classe (maquette) – se connaître (jeux sur les prénoms) – apprendre à lire (cf. activités d'accueil)	
Ateliers 1 h	– réalisation de la maquette – plantation – dessins – jeux mathématiques, etc.	
Jeux des prénoms : 15 mn		
Il reste à peu près une heure pour d'autres activités que celles énumérées.		

Découvrir son école

La découverte de l'école répond aux éventuelles angoisses des enfants de six ans devant l'inconnu. C'est un monde nouveau dans lequel on va les obliger à vivre six heures par jour. Il faut qu'il leur devienne familier.

Des lieux et des hommes

On peut commencer par un tour sans autre but précis que de connaître les différents lieux et leurs fonctions respectives. Puis au retour, on demande aux enfants d'énumérer ce qu'ils ont retenu : *où se trouvent les toilettes? le bureau du directeur? combien de classes ont-ils vu? quelles conclusions en tirent-ils?* On expliquera alors les différentes étapes de la scolarité de l'enfant à l'école élémentaire. On nommera les autres enseignants. On pourra compléter l'album en y collant la photo et le nom de chaque membre de l'école sans oublier le directeur (ou la directrice) et la femme de service que les enfants sont amenés à rencontrer. On s'attardera sur les salles spécialisées : salle informatique (s'il y en a une), gymnase et bibliothèque.

Il faudra un second tour pour vérifier que les enfants ont bien repéré les lieux stratégiques. «*Si Pierre doit se rendre au bureau du directeur pour lui apporter le registre d'appel, quel chemin doit-il emprunter?* » Les élèves proposent un itinéraire et un groupe vérifie l'exactitude de la proposition.

Si l'on n'a pas fait la maquette de la classe, on peut bâtir un projet identique autour de l'école.

Des écrits

On visite à nouveau l'école, mais cette fois pour partir à la chasse de tous les écrits que l'on trouvera et que les enfants rapporteront, recopieront (si ce n'est pas trop long) ou nommeront. Il est très pratique de photographier avec un polaroïd les documents qu'on ne peut emporter.

Cette série d'activités peut être également menée en Grande Section de maternelle.

Exemples : affichage destiné aux parents (tracts des diverses associations de parents d'élèves, menu de cantine, horaire scolaire); inscriptions sur des portes (directeur, toilettes, bibliothèque, nom de chaque classe et nom de l'enseignant); logos (défense de fumer, défense d'entrer, entrer sans frapper; sur les murs (des affiches, des travaux d'élèves, le nom de l'école...)

À partir de cette manne, on demande aux élèves, répartis en groupes, d'opérer un tri, de classer, de regrouper les divers écrits comme bon leur semble. Le tri de textes est une activité que l'on peut mener pendant toute la scolarité des enfants pour leur plus grand profit. Les maîtres peuvent même conserver la trace de chaque typologie et en faire un document qu'ils se passent de classe à classe pour connaître et apprécier l'évolution des prises de conscience sur le fonctionnement des écrits[1].

Les enfants devront ensuite justifier, expliquer pourquoi ils ont mis ensemble certains écrits. **Ne présupposer aucun critère, il n'y a pas de classement type, de modèle.** Le tri va permettre de révéler au maître les connaissances des élèves sur les diverses fonctions de l'écrit et de mettre à jour la diversité des formes que peut prendre un message.

«... les deux fonctions originales et spécifiques de l'écrit ou de l'imprimé restent les mêmes aujourd'hui comme hier : premièrement communiquer un message à quelqu'un; deuxièmement communiquer avec soi-même pour se souvenir de mots ou d'idées. C'est parce que nous ne parvenons pas à faire une démonstration claire et solide de ces vérités essentielles relatives aux buts de l'écriture que les enfants ne parviennent pas à lire pour le sens. Le moyen d'éviter un tel échec est donc de s'assurer que les activités de lecture et d'écriture que nous donnons en classe aux enfants sont des relais qui peuvent être mis en relation avec les fonctions de communication de la langue écrite.»

J. Downing et J. Fijalkow, *Lire et raisonner*, extrait du chapitre IV, Privat, 1984.

Exemple de relevé d'écrits trouvés dans l'école

Fiche 7

Du 10/09/91	taille	lieu	dessin	but
Tracts des associations de parents	moyenne	panneau spécial	non	pour informer les parents
Menu de la cantine	moyenne	panneau spécial	non	pour informer les parents et les élèves
Horaire	petite	panneau spécial	non	pour informer les parents
Directeur	petite	porte de bureau	possible (logo)	pour désigner un endroit
Toilettes	petite	porte des W-C	non	pour désigner un endroit
Bibliothèque	petite	porte de la bibliothèque	non	pour désigner un endroit

1. On trouvera des exemples d'activités de tri dans : *Objectif : Écrire*, C.D.D.P. de Lozère, avril 1986.

Fiche 7

CP, CE1, CE2 CM1, CM2	petite	porte de la classe	non	pour désigner un endroit
Mme X, M Y...	petite	porte de la classe	non	pour donner le nom du maître
	moyen	porte de bureau	oui	pour interdire de fumer
Entrer sans frapper	petit	porte de bureau	non	pour dire ce qu'il faut faire
Affiches	grande	couloir d'entrée	oui	pour informer parents et élèves
Des travaux d'élèves	grande	couloirs de l'école	oui/non	pour montrer des réalisations
Le nom de l'école	grande	sur le mur de l'école	non	pour désigner l'école

Les enfants peuvent proposer des classements en fonction du format, de l'endroit d'exposition, du destinataire, de la présence ou non d'un dessin, du but de l'écrit, du type de support... Le maître reprendra dans un vaste tableau ces différentes caractéristiques. Ce tableau sera enrichi tout le long de l'année par l'apport de nouveaux écrits que l'on classera.

Deux ou trois mots pourront être appris globalement et être utilisés dans la composition de phrases à faire lire aux enfants.

Fiche 8

Pour apprendre à lire un menu

Menu du
Jeudi 16 septembre
- Betterave
- Filet de poisson
- Fromage
- Pâtisserie

Concombre

Sardine

Betterave

Filet de poisson

Rôti de bœuf

Chipolatas

Menu du au

Générale de Restauration
SCOLAIRE ET UNIVERSITAIRE

	lundi	mardi	mercredi	jeudi	vendredi
du au	LUNDI DE PÂQUES	COCOMBRE À LA VINAIGRETTE RÔTI DE BOEUF JARDINIÈRE DE LÉGUMES YAOURT NAPOLITAIN	SARDINE/BEURRE BLANQUETTE DE VOLAILLE PAPILLONS CAMEMBERT FRUIT DE SAISON	BETTERAVE, TOMATE ET CÉLERI CHIPOLATAS FRITES FROMAGE FRUIT DE SAISON	SALADE DE SAISON FILET DE POISSON SAUCE CITRON CHOUX-FLEURS PER- SILLÉS CANTAL PATISSERIE
du au	CELERI REMOULADE BOEUF BOURGUIGNON CAROTTES GLACÉES COULOMMIERS FLAN NAPPÉ	MACÉDOINE À LA VINAIGRETTE RÔTI DE PORC AU CIDRE DOUX RIZ CRÉOLE CRÉME DE GRUYÈRE FRUIT	CAROTTES. TOMATES FONDANTS DE VEAU EPINARDS BECHAMEL PETITS SUISSES BISCUITS	PATÉ DE CAMPAGNE COUSCOUS AU FOULET YAOURT FRUIT DE SAISON	SALADE PAYSANE FINGERS DE POISSON HARICOTS VERTS FROMAGE COMPOTE DE PÊCHES
du au	PAMPLEMOUSSE CORDON BLEU DE VOLAILLE PETITS POIS À LA FRANCAISE CAMEMBERT RIZ AU LAIT	SALADE DE SAISON PETIT SALÉ LENTILLES CANTADOU GLACE	TABOULÉ FILET DE POISSON DUGLERE CHOUX-FLEURS AU GRATIN PETITS SUISSES FRUIT DE SAISON	BETTERAVES MIMOSA RÔTI DE VEAU AUX AGRUMES PUREE DE LÉGUMES FROMAGE FRUIT DE SAISON	CAROTTES RAPÉES STEAK HACHÉ FRITES SAINT-NECTAIRE MOUSSE CHOCOLAT
du au	CONCOMBRE AU FROMAGE BLANC CÔTE DE PORC RIZ CRÉOLE SAMOS COMPOTE DE FRUITS	FRIAND AU FROMAGE POULET RÔTI HARICOTS VERTS PROVENÇALE YAOURT FRUIT DE SAISON	RADIS AU BEURRE TRANCHE DE BOEUF DIJONNAISE CAROTTES / NAVETS FROMAGE ENTREMETS CARAMEL	SALADE VERTE/JAMBON/ GRUYÈRE SPAGHETTI À LA BOLOGNAISE EDAM FRUIT DE SAISON	PAMPLEMOUSSE BROCHETTE POISSON PANÉ + CITRON RATATOUILLE / RIZ CARRÉ DE L'EST PÂTISSERIE

• **La lecture du menu pourra donner lieu à une activité spécifique.** Chaque matin deux enfants sont chargés de la lecture du menu du jour. Pour les aider, au début, le maître disposera sur une boîte ou dans une boîte, des cartons de référence où les enfants trouveront un plat dessiné et son nom écrit dessous[1].

Le maître simplifiera, au besoin, les expressions du menu authentique. Il peut surligner les mots que les enfants retrouveront dans le référentiel que constitue la boîte. Une fois le menu trouvé, ils en feront la lecture à toute la classe.

À quoi sert de lire ?

Quand on visitera la bibliothèque de l'école, on en profitera pour demander aux enfants pourquoi ils veulent savoir lire et on élargira la discussion sur les fonctions générales de l'écrit. Tous les enfants, à quelques exceptions près, ont envie d'apprendre à lire, mais leurs motivations sont très variables. Elle peuvent être d'ordre affectif : «*Pour faire plaisir à maman, à papa, à la maîtresse, pour ne pas redoubler, pour ne pas être puni ...*» Elles peuvent être fonctionnelles : «*Pour lire les histoires que j'aime, pour regarder le programme de la télé...*» Les enfants du dernier groupe (près de 9 fois sur 10) apprennent à lire sans problèmes contrairement à ceux du premier.

«... ils stagnent tant qu'ils n'ont pas saisi les bénéfices, les profits personnels qu'ils retireront de ce savoir-faire.
L'apprenti lecteur peut progresser, en particulier lorsqu'il sent que la lecture est pour lui une chance formidable d'entrer dans le monde merveilleux (celui de l'imaginaire, des contes, des belles histoires...), d'entrer dans celui de la connaissance (apprendre plein de choses) *et d'acquérir du pouvoir (agir dans/sur son environnement). Autrement, s'il n'y a pas de projet personnel de lecteur, il n'y a pas de lecteur. Mais pour élaborer un tel projet, encore faut-il avoir l'embarras du choix, c'est-à-dire connaître l'éventail des types d'écrits et des pratiques de la lecture! Cela suppose que l'apprenti lecteur soit un familier d'écrits diversifiés et de lectures passionnées.»*

Extrait de *Pour une meilleure réussite scolaire*, Groupe permanent de lutte contre l'illettrisme, 1988.

Cette discussion a pour but d'éclairer certains enfants. On s'appuiera sur des exemples concrets : quand on veut faire un nouveau plat, on lit un livre de cuisine et on fait ce qui est indiqué ; quand on joue au jeu de l'Oie, on regarde quels sont les gages indiqués dans les cases pièges ; quand on veut regarder un dessin animé, un feuilleton, on lit dans un programme à quelle heure ils passeront ; si je ne sais pas

1. Delhaxe, Terwagne, Massoz, *Agir et interagir à l'école maternelle*, Labor.

comment nourrir mon lapin, je regarde dans un livre spécialisé ; quand je veux rire, rêver, suivre une histoire, je prends un roman… et rien n'existe plus autour de moi…

Bien entendu, cela ne suffira pas. **C'est dans les situations quotidiennes d'apprentissage que le pouvoir de la lecture se révélera aux enfants.** Le maître aura donc soin de choisir comme support des écrits qui aient une authentique fonction.

Il expliquera que tout le monde peut lire, qu'il n'est pas nécessaire d'avoir des dons spéciaux, que l'apprentissage est plus ou moins long, que tout le monde ne sait pas lire au même moment, comme tous les enfants ne perdent pas leurs dents ensemble, et que toute sa vie on améliore sa lecture. Il serait très utile de faire venir un élève *moyen* de CE1 et un élève *moyen* de CM2 pour qu'ils parlent de leur apprentissage de la lecture et de ce qu'ils aiment lire. On pourra faire constater aux élèves que face à un même document, ils lisent tous les deux avec leurs yeux mais qu'il y en a un qui lit plus vite et qui saura mieux parler du contenu. À la fin de la visite, chaque enfant empruntera un livre à lire chez lui. Le maître concluera par la lecture d'un album. Les mêmes activités peuvent se dérouler dans le coin-lecture[1].

Comment s'y prend-on pour lire ?

Les problèmes d'apprentissage sont parfois liés à une méconnaissance de la tâche à accomplir. Certains enfants pensent qu'il suffit de réciter par cœur, d'autres que lire c'est inventer une histoire ou interpréter une image qui accompagne un texte ; certains enfants épellent, d'autres produisent des suites de sons ; enfin quelques-uns ferment les yeux et prient en espérant qu'ils sauront quand on les interrogera…

Pour assurer le meilleur apprentissage possible au plus grand nombre, **il faut que le maître fasse comprendre que l'enfant doit à la fois regarder les marques graphiques et faire une reconstitution mentale de la scène ou de l'événement raconté par ce qui est écrit.**

■ Que faut-il pour savoir lire ?

Pour lire il faut parfois combiner des connaissances linguistiques, extra-linguistiques, pragmatiques et culturelles.

• Connaissances linguistiques

– Syntaxe : « *La grand-mère a pris la lettre, posé sur la table son ouvrage* », c'est l'ouvrage qui se trouve sur la table et non la lettre comme le présument trop d'enfants qui ne comprennent pas cette tournure de phrase et donc arrêtent leur lecture à *table* et bredouillent la suite.

1. Albums à lire : Stevenson, *Un jour affreux*, L'École des loisirs. Wells, *Timothée va à l'école*, L'École des loisirs.

– Sémantique : «*J'entends l'eau dégoutter de nos marronniers*», l'eau n'est pas écœurée mais tombe en gouttes.

– Orthographe : «*C'est un mâle*», je comprends qu'il s'agit d'un animal de sexe masculin et non d'une souffrance.

• **Connaissances extra-linguistiques**
Le lecteur sait utiliser efficacement des indices donnés par une illustration accompagnatrice, par exemple, des mots ou phrases placés sur des objets réels : nom du produit sur un paquet.

• **Connaissances pragmatiques**
C'est la connaissance de la situation de communication qui permet de déterminer qui parle, à qui et pourquoi dans un énoncé comme : «*Pouvez-vous venir me voir, demain?*»

• **Connaissances culturelles**
«*La population indienne vêtue de blanc, suivait le cortège de Gandhi...*» Je ne suis pas choquée parce que je sais que le blanc est la couleur du deuil aux Indes.

Quelles stratégies le lecteur débutant met-il en œuvre?

L'enfant recourt au contexte extra-linguistique. Il se réfère aux illustrations : «*C'est l'histoire d'un petit garçon qui va à l'école*» parce que le dessin figure un personnage avec son cartable, faisant un signe d'adieu à sa mère; à l'objet sur lequel il y a de l'écrit (reconnaissance du mot *Évian* parce qu'il s'agit d'une bouteille d'eau...); au dictionnaire quand il est plus grand ou à d'autres textes où le mot a été vu.

Il peut demander à un tiers de lui lire le ou les mots qu'il ne connaît pas.

Il peut faire une analyse purement visuelle du mot et se fier à la longueur, aux hampes, aux jambages, aux signes diacritiques. Par exemple : *Jean-François* est un prénom facilement reconnaissable parce qu'il est double, parce qu'il possède un tiret et une cédille.

L'enfant peut reconnaître globalement des mots qui sont courants ou familiers : *les, la, dans, maman, maison, lait...*

Il peut identifier des mots à partir du contexte linguistique. Il devine, en quelque sorte, le mot dans une phrase, à partir des mots qui le précèdent ou qui le suivent.

Deux types d'indices contribuent à l'analyse du contexte. Les indices **syntaxiques et morphologiques** : l'ordre des mots, les marques du genre, du nombre, les désinences verbales font que après «*le chat boit du...*», on s'attend à un nom masculin commençant par une consonne ou à un groupe formé d'un adjectif masculin et d'un nom masculin.

Les indices **sémantiques et pragmatiques** permettent au lecteur d'anticiper qu'il s'agit d'une boisson, qu'en général le chat boit du lait et donc qu'il y a de fortes chances pour que ce soit le mot *lait* à moins que le chat ne soit alcoolique.

Le lecteur se sert de ses connaissances grapho-phonétiques sur le code. Par exemple : *Timothée va à l'école*. L'enfant reconnaît globalement « *à* », « *l'école* ». Il lit « *v* » et dit « *va* ».

En grande section, les enfants utilisent les trois premières stratégies. Au bout de huit mois, un bon lecteur débutant du CP utilise les dernières stratégies en **interaction**, en **pilotage synchronisé**.

■ Mettre à plat les représentations des enfants

La maître demandera aux enfants s'ils savent comment on s'y prend pour lire. Il notera les représentations des uns et des autres pour vérifier si celles-ci évoluent au fil de l'apprentissage. Il peut demander à un élève de CE1 d'expliquer comment il s'y est pris lui-même, et de répondre aux questions des CP.

Il expliquera que pour lire il faut reconnaître des mots ou des lettres, savoir ce qu'ils représentent et reconstituer comme un film dans sa tête à partir de ce que disent tous ces mots. On pourra prendre un exemple à la portée des enfants en ce début d'année comme la phrase : *Le chat boit du lait.*

■ Favoriser une démarche plurielle

Au cours de l'année, le maître pourra effectuer régulièrement un sondage pour vérifier quelle stratégie chaque enfant privilégie : **l'analyse grapho-phonique** ou **l'anticipation d'après le contexte**, et voir si l'enfant a conscience d'une façon de procéder autre que celle qu'il utilise. À chaque séquence de lecture, il veillera à favoriser une démarche plurielle en invitant les enfants à :

• **Regarder les lettres** lorsque le mot proposé peut convenir, mais n'est pas conforme à la matérialité du texte (écrire le mot proposé sous le mot écrit).

Par exemple : *Aujourd'hui nous mangeons des* { *pâtisseries* / *gâteaux* }

• **Oraliser la phrase** quand le mot proposé ne convient pas syntaxiquement : «*Je veux devient une sorcière comme toi*». Pour : «*Je veux devenir une sorcière comme toi*». Dans ce cas écrire le mot et dire qu'il commence par les mêmes lettres mais qu'il vaut mieux regarder toutes les lettres.

• **Regarder les lettres ou les syllabes et comparer** avec ce qu'ils savent.

Découvrir le quartier

La découverte de l'environnement peut avoir deux objectifs principaux :

• **En géographie** : connaître son environnement immédiat, construire des repères et utiliser un plan simple (Cycle 2).

• **En français** : décoder des signes linguistiques ou non, prendre conscience qu'on sait lire beaucoup de choses, bref, avoir envie de lire.

Des activités peuvent être proposées de la GS au CE1, qui assurent la continuité des apprentissages.

■ Par le toucher, l'odorat et l'ouïe

On part en promenade avec les enfants à la découverte de l'environnement de l'école par les sens[1].

• Le toucher

On récolte tous les échantillons de matières que l'on trouve : des cailloux, des feuilles... De retour en classe, on effectue des classements : du plus doux au plus dur, du plus chaud au plus froid, du plus lourd au plus léger. À l'occasion de cette activité, on ne manquera pas d'apporter aux enfants le vocabulaire adéquat. On peut, dans un deuxième temps, cacher un des échantillons dans une boîte et demander à un enfant de le décrire en le tâtant sans le voir. Il dit alors s'il a deviné de quelle matière il s'agit; enfin, en sortant l'échantillon de la boîte, on compare la description qui vient d'en être faite avec l'objet lui-même.

• L'odorat

Les enfants et le maître apportent des objets odorants et on les classe en fonction des parfums : doux, fleuris, âcres... Là aussi un apport en vocabulaire sera nécessaire; les enfants peuvent fermer les yeux pour se concentrer. Quand ils sauront bien repérer les différentes odeurs, on peut les mener dans le quartier à la découverte des *parfums*. Les enfants font des haltes toutes les cinq minutes et en fermant les yeux essaient d'identifier et surtout de qualifier ce qu'ils sentent. Certains endroits sont propices à cette activité tels que devant une boulangerie, une poissonnerie.

• L'ouïe

On peut mener la même activité à partir des bruits en n'oubliant pas des séquences préparatoires en classe. L'avantage des bruits est que l'on peut les enregistrer et les faire reconnaître par les enfants en classe.

---

1. Consulter : *Découverte de la ville*, cahier du CDDP de Melun, n°14.

Activités des enfants

DÉCOUVRIR LE QUARTIER (au cours d'une promenade)

L'enfant
- coopère ;
- écoute le maître et les autres ;
- prend la parole à bon escient

• Il prend des repères,
- sait situer les repères sur un itinéraire ;
- peut construire un itinéraire ;
- sait l'ordre chronologique des repères

• Il exerce sa mémoire pour prendre des repères, pour retenir des mots ou des phrases simples

• Il prend diverses informations sensorielles et écrites dans la rue

• Il mène son travail à terme avec soin et rigueur

• Recueillir des informations par les différents sens
• Réaliser un moment du parcours

• Il prend la parole, commente ce qu'il sent, touche, entend, voit
Il fait un compte-rendu de la promenade

• Écoute des bruits
• Reconnaissance des bruits
• Imitation

• Il reconnaît les différents écrits trouvés dans la rue
Il en connaît la signification

• Il reproduit les écrits trouvés
• Il légende les photos

Si l'enfant voit un animal ou une plante spécifique :
- description
- recherche de sa nourriture
- son mode de vie, sa croissance

• Il décrit dans l'ordre les repères pour fonder un itinéraire
• Il refait le déplacement sur un plan
• Il reconnaît au codage les lieux vus durant le parcours

• Tri des échantillons
• Inventaire des odeurs
• Jeux de parcours

Fiche 10

Projet d'enseignement

DÉCOUVRIR LE QUARTIER

- **Construction de la personnalité**
- **Acquisition de l'autonomie**
- **Apprentissage de la vie sociale**

- **Construction des concepts d'espace et de temps**
- Se situer dans l'espace donné
- Savoir parcourir un itinéraire simple
- Situer des événements les uns par rapport aux autres

- **Mémoire**
- **Méthodes de travail**
- **Traitement de l'information**

Langage oral
- Prendre la parole et s'exprimer
- Commenter ses activités et ses sensations
- Écouter et interpréter

Lecture
- Reconnaître différents types d'écrits
- Mémorisation globale d'un certain nombre de mots

Production d'écrits
- Reproduire des mots / phrases
- Écrire lisiblement
- Légender

Mathématiques
- Identifier certaines propriétés des objets, en vue de les classer
- Coder et décoder un déplacement

Géographie
- Décrire son environnement immédiat, prendre des repères, s'orienter
- Construire et utiliser un plan simple avec une légende

Biologie
- Rencontre avec un animal ou une plante
- La croissance, le mouvement, la mutation
- Les manifestations de la vie végétale

Musique
- Explorer l'univers sonore
- Reconnaître quelques caractéristiques des sons

Arts plastiques
- Établir des relations sensorielles et affectives avec les matières
- Réaliser une production

Mémoriser les repères

En GS et au début du CP, on fera une sortie dans le but de mémoriser tous les repères que l'on trouvera : maisons, imprimerie, usine, magasins, parc (en fin de Cycle 2, il conviendra de les orienter droite/gauche). Le maître prendra des photos. En classe, de nombreuses activités peuvent être proposées : remise en ordre des photos, discussion sur ce qui a été vu, légendes des photos écrites par le maître ou par les enfants selon leur possibilité, chemin reconstruit en salle d'EPS, puis chemin à plat sur une grande feuille, pour aller vers le plan à la fin du CE1, et lecture – compréhension des codes qui signalent les bâtiments importants réellement vus. On pourra proposer des jeux de parcours. Lors de cette promenade, si l'on trouve des plantes ou des animaux particulièrement intéressants, on les prendra en photo et on conduira des recherches sur leur croissance pour les premières et sur leur mode de vie pour les seconds.

L'écrit dans la rue (GS et CP)

Lors d'une promenade dans les rues du quartier, les enfants, munis d'un crayon, reproduisent tous les signes écrits qu'ils voient, le maître prend des photos. De retour dans la classe, les enfants essaient de trouver un critère de classement (par exemple, ce qui est écrit sur les voitures, ce qui est écrit sur les maisons et les rues, les numéros sur les maisons, les panneaux du code de la route).

• Le code de la route

Si l'intérêt des enfants se porte sur **le code de la route**, on leur fera reconnaître les principaux panneaux, on leur apprendra leur signification, on leur fera faire des parcours balisés par des panneaux dans la salle de jeux, on classera des panneaux selon leur catégorie (panneaux de danger, panneaux d'indication, panneaux d'interdiction, panneaux d'obligation). Enfin, on évaluera leur acquisition par un jeu de fléchage sur un parcours[1]. Ce travail sera l'amorce de l'enseignement dispensé par la Sécurité routière dans les écoles. On pourra également évoquer les dangers de la route (cf. l'affiche du hérisson qui traverse la route).

• Les noms de rues et les numéros

Un autre centre d'intérêt est celui des rues et des numéros sur les maisons. On propose aux enfants de faire un classement de tous les renseignements que l'on peut trouver : noms de rues, plaques d'identification, affiches, numéros de maisons.

On travaillera dans un premier temps sur les noms et numéros de rues, ce qui amènera tout naturellement à l'adresse de chaque enfant.

1. Classe de GS de Madame Le Tallec, École maternelle Gatelliet, Melun.

Il est possible de continuer par l'utilité du codage et le parcours de la lettre de l'émetteur au destinataire. Ce travail sera utilement croisé avec le repérage de l'adresse sur l'enveloppe, sa mise en page, et d'une façon générale, avec la correspondance.

On pourra compléter ce travail personnel par une sorte de carte d'identité avec l'adresse de chaque enfant. Le codage de la ville sera rapproché de l'immatriculation des voitures : le chiffre commun étant celui du département. On fera repérer ce code sur plusieurs supports (différents journaux, publicités, formulaires...) et on en cherchera le sens.

Ce travail continue au CE1 par l'approche géographique du département.

• **Les enseignes et les logos**

On pourra également faire collecter tous les signes qui indiquent que l'on se trouve devant un lieu spécifique : les plaques mais surtout les enseignes et les logos (carotte du buraliste, croix verte du pharmacien, logo de la poste...).

Là aussi, on pourra faire faire des tris (formes, couleurs, lettres ou absence de lettres...), rechercher des significations, rapprocher sens et symbole, faire imaginer des logos ou des enseignes pour telle cause publique (lutte contre la faim dans le monde, contre le racisme, pour le rapprochement des peuples, contre les enfants martyrisés...).

Lire pour apprendre à lire au CP

Qu'est-ce qu'un apprentissage réussi de la lecture?

Question fondamentale pour l'enseignant en charge d'un CP ou d'une Grande section de maternelle, et qui se situe bien au-delà de la *querelle des méthodes*. Les quelques éléments de réponse que nous donnons ici découlent directement des analyses faites précédemment sur le *pourquoi* et le *comment* de la lecture.

Ils seront illustrés par l'utilisation des albums dans l'apprentissage. Pour mettre toutes les chances de son côté, la démarche de l'enseignant respectera un certain nombre de principes.

■ Se centrer avant tout sur l'enfant

La démarche doit avant tout se centrer sur l'enfant, sa maturité, ses motivations, sa représentation de l'écrit, ses connaissances antérieures, son rythme. Cette connaissance approfondie des élèves suppose un dialogue avec les enseignants du même cycle ou du cycle précédent. Elle suppose également une réelle disponibilité pour l'écoute et l'observation des enfants. Elle débouche obligatoirement, à terme, sur une certaine individualisation du travail, ou tout au moins sur une organisation de la classe en groupes.

■ Privilégier l'activité, l'esprit de recherche, le sens, la compréhension

Trop d'enfants s'enferment dans des activités de pur déchiffrage qui mobilisent toute leur énergie. *Oubliant* ainsi le sens, ils prennent l'habitude de lire sans comprendre.

S'appuyer sur de *vrais* textes

S'appuyer sur de *vrais* textes, qu'ils appartiennent à la vie quotidienne (affiches, publicités, menus, recettes, modes d'emploi...) ou au domaine de l'imaginaire (albums, bandes dessinées...) donne immédiatement du sens à l'apprentissage, crée une motivation et une dynamique.

Ménager *des entrées plurielles*

Entrée par l'hypothèse sur le sens, entrée par les sons, entrée par l'image visuelle des mots, entrée par les graphies. Certains enfants, dans leur cheminement personnel, ont tendance à en privilégier certaines. Toute démarche qui privilégie systématiquement une approche au détriment des autres risque de mettre certains sujets en difficulté.

Lier lecture-écriture

Écriture est pris ici dans ses deux sens : graphisme et expression écrite. Le graphisme renforce la mémorisation des mots. *L'expression écrite*, quand elle s'appuie sur les textes lus pour les imiter, les continuer, les transformer, aide à la compréhension fine et à l'intuition du sens de la lecture.

Exemple : composer une affiche pour un spectacle à l'école, écrire la suite d'un album pour les correspondants.

Fiche 11

Qu'est- ce que connaître un mot ?

Connaître un mot, c'est être capable de faire la synthèse entre trois éléments :

- **le sens**, c'est-à-dire *le signifié* (Signifié),
- **l'image acoustique**, c'est-à-dire le *signifiant oral* (Signifiant oral),
- **l'image visuelle**, c'est-à-dire *le signifiant écrit* (Signifiant écrit).

L'idéal serait qu'à chaque moment de l'apprentissage, les trois éléments soient à la disposition des enfants.

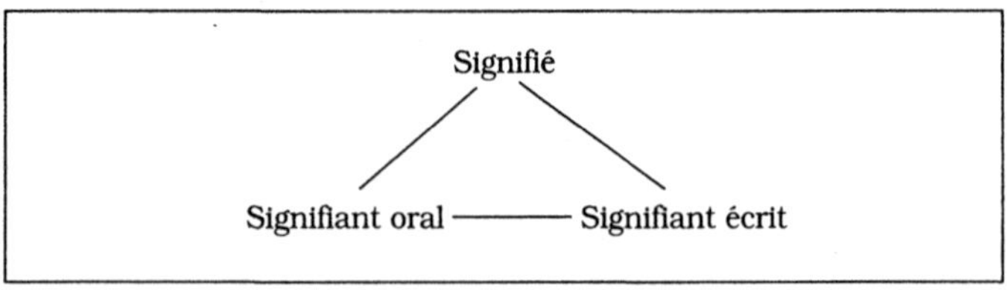

Mais ce n'est pas toujours le cas, et la plupart des méthodes ont tendance à privilégier assez systématiquement une entrée et une relation au détriment des autres.

• **Les méthodes mixtes à départ graphique** (par exemple, *Daniel et Valérie*, Nathan; *Ratus et ses amis*, Hatier) s'appuient avant tout sur le lien

Signifiant écrit ——> Signifiant oral.

Le sens émergeant de l'oralisation : quand on aborde un mot nouveau, on le déchiffre, on le prononce, et alors on le comprend.

• **Les méthodes mixtes à départ phonétique** (par exemple, *Au fil des mots*, Nathan ; *Lecture en fête*, Hachette) ont tendance à favoriser la relation

Signifiant oral ——> Signifiant écrit.

La relation au sens ne s'établissant qu'ensuite.

• **Les méthodes dites *idéo-visuelles***, marquées par l'influence de Jean Foucambert (par exemple, *Guide de lectures*, Delagrave ; *La sorcière et moi*, Retz), se fondent essentiellement sur la relation dialectique :

Signifiant <——> Signifié.

niant totalement l'intérêt de passer par le Signifiant oral.

Apprendre à lire avec des albums, pourquoi ?

Si l'on s'en tient aux principes énoncés, l'album, en de nombreux points, montre sa nette supériorité sur n'importe quel livret d'apprentissage.

■ Parce qu'il s'agit de vrais livres

Il ne s'agit pas d'un texte fabriqué pour les besoins de la cause, par exemple pour avoir le plus grand nombre possible de [o], le texte est donc toujours plus ou moins artificiel parce qu'on veut apprendre le [o]. Il s'agit d'un vrai livre, conçu par un ou par des créateurs, avec tout ce que cela peut représenter d'imagination, d'humour, de poésie...

Les avantages qui en découlent sont multiples.

La lecture et son apprentissage prennent immédiatement du sens parce qu'ils se font en grandeur réelle.

On évite la coupure avec la Grande section où l'album et l'imaginaire sont très présents. On évite surtout la déception, souvent inexprimée, de certains enfants devant la platitude des textes que proposent inévitablement les méthodes de lecture *en forme*.

Le jeune lecteur n'est pas enfermé dans un univers pseudo-quotidien uniforme et aseptisé qui évacue les problèmes existentiels majeurs : les albums, dans leur diversité, proposent des personnages et des situations variés parmi lesquels, à un moment ou à un autre, chaque enfant peut se reconnaître et trouver son miel.

La charge affective de l'album décuple la motivation, donc la capacité de mémorisation.

■ Parce que l'album favorise un comportement de lecteur

La prise d'indices se fait d'abord sur l'image (couverture puis illustrations) et entraîne la **formulation active d'hypothèses** sur l'histoire. L'émission de ces hypothèses, confirmées ou infirmées par la lecture du texte, s'appuie ensuite sur la cohérence interne du récit qui devient une aide à la lecture, qu'il s'agisse d'une structure répétitive forte créant une attente[1] ou d'une construction plus traditionnelle ouvrant de multiples possibles narratifs[2].

Oui mais...

■ N'est-ce pas trop difficile ?

L'album, surtout en tout début d'année, proposera inévitablement des mots ou des schémas de phrases trop compliqués.

Mais le nombre d'albums adaptés aux débuts de l'apprentissage est beaucoup plus important qu'on ne le croit. Il est devenu banal de dire que ce qui est réputé difficile du point de vue de l'adulte ne l'est pas forcément du côté de l'enfant, si le contexte se révèle dynamique et motivant.

Pourquoi une classe de CP ne commencerait-elle pas l'année par le mot *hippopotame*, si ce mot correspond à quelque chose dans son expérience ?

■ Comment, dans ces conditions, assurer une progression ?

Est-on sûr qu'on aura vu tous les sons et donc toutes les graphies de la langue ? L'enfant qui arrive au CP n'est pas une page blanche. La vie quotidienne et la fréquentation de l'école maternelle lui ont appris des lettres, des mots.

À partir du moment où un texte est suffisamment long, il contient obligatoirement tous (ou presque tous) les sons de la langue française. On peut donc aborder n'importe quel son ou n'importe quelle graphie à partir de n'importe quel texte. Il en découle que, même dans une progression stricte (phonétique ou graphique), l'enfant apprend par imprégnation toujours plus de choses que prévu. Cette constatation doit donc tendre à relativiser la notion de progression en lecture, en même temps qu'elle doit rendre optimiste...

---

1. Ron Maris, *J'aimerais tant voler*, Flammarion.
2. Charlotte Voake, *Le chat de Sébastien*, « Drôlalire », Gründ.

L'apprentissage phonétique

Fiche 12

Voici une partie du texte de *Octave*, un album de Robert Kraus, José Aruego et Ariane Dewey, publié à l'École des loisirs.

Octave adore rendre service.
Il aide sa mère.
Il aide son père.
Il aide ses frères et sœurs.
Il aide sa tante.
Il aide son oncle.
Il aide ses amis.
Il porte secours à ses ennemis.
Il aide les jeunes.
Il aide les vieux.

1. Ce texte contient les phonèmes suivants :

[ɔ] [k] [t] [a] [v] [d] [R] [ã] [s] [e] [i] [s] [l] [m] [ʒ] [P] [f] [œ] [u] [a] [y] [ø] ...

Dans ce texte très court et très répétitif, nous rencontrons déjà 22 des 36 phonèmes de notre langue.

2. Ce texte permet d'aborder aisément le problème fondamental de la combinatoire : l'absence de correspondance systématique entre les sons et les lettres, par exemple :

Je vois *a* et j'entends [a] ——> *Octave, sa, amis*

Je vois *a* et je n'entends pas [a] ——> *aide, tante*

3. Il faut bien se persuader, enfin, qu'un enfant peut lire un texte sans avoir appréhendé de façon systématique tous les sons ou toutes les graphies de ce texte. On sait, en effet, que les accès aux mots nouveaux sont multiples (contexte, silhouette globale, déchiffrement partiel...) et peuvent suppléer de façon très efficace à une connaissance lacunaire de la combinatoire.

■ Les albums coûtent cher

Il suffit d'un album qui restera dans la classe. Pour les séances collectives, le texte sera facilement retranscrit au tableau.

Comment choisir les albums ?

Les albums proposés comme supports d'apprentissage doivent résoudre cette contradiction apparente : présenter une situation et des personnages intéressants tout en gardant une grande simplicité dans la langue.

La richesse actuelle de la production éditoriale est telle que l'on peut trouver de tels albums en assez grand nombre. Nous proposons une sélection p. 37 qui, bien sûr, est loin d'être exhaustive. La difficulté du choix s'estompe d'ailleurs au fur et à mesure que l'année avance et que les enfants progressent. Mais quelle que soit la période de l'année, le livre doit obligatoirement répondre à un certain nombre de critères à la fois formels et culturels, et l'enseignant, avant d'arrêter son choix, doit absolument se poser quelques questions parmi lesquelles certaines sont très pointues et très techniques.

■ L'image est-elle lisible et explicite ?

L'illustration permet-elle de faire des hypothèses pertinentes sur l'histoire et sur le texte? Cette condition est d'autant plus nécessaire qu'on se situe en début d'apprentissage : l'image est alors quantitativement et qualitativement primordiale. L'illustration doit, en outre, être esthétiquement satisfaisante. Mais en général, sur ce point aussi, on peut faire confiance à la production éditoriale récente.

■ L'histoire est-elle cohérente ?

L'histoire est-elle suffisamment structurée pour qu'on puisse la *découper* facilement en mini-épisodes, maintenir l'intérêt et la tension et surtout permettre de faire des hypothèses sur la suite? La structure peut être de type répétitif(1), ou se présenter sous la forme d'une narration au schéma plus traditionnel(2).

■ La proportion texte/image est-elle satisfaisante ?

La part du texte va, bien sûr, augmenter progressivement, de même que la syntaxe va pouvoir s'enrichir.

■ Le dosage mots connus /mots inconnus est-il correct ?

L'apprenti lecteur s'appuie sur ce qu'il connaît pour aller vers ce qu'il ne connaît pas. Il y a donc là un savant équilibre à rechercher et c'est la raison pour laquelle les tout premiers albums doivent présenter de nombreuses reprises et répétitions du (ou des) même(s) mot(s)(3).

■ Quelles histoires choisir ?

Les critères formels, primordiaux, ne doivent pas faire oublier l'importance du contenu de l'histoire, son intérêt et son impact. Il nous semble que l'humour doit être très présent. L'idéal serait en outre que l'enfant puisse aborder, au fil des mois, des albums correspondant à des fonctions différentes de la lecture dans la structuration de la personnalité.

---

1. Colin West, *Pardon ? dit la girafe*, « Drôlalire », Gründ.
2. Byron Barton, *Je veux être astronaute*, L'École des loisirs.
3. Pour la recherche et l'identification des indices en maternelle, voir les séquences décrites et analysées par Marie-Joëlle Bouchard dans *Apprendre à lire comme on apprend à parler*, Hachette, 1991.

Quelques albums pour les débuts d'apprentissage (1er trimestre du CP)

Robert Kraus , *Octave*, L'École des loisirs.
Ann Jonas, *Qu'est-ce que j'en ai fait ?*, L'École des loisirs.
Colin West, *Pardon ? dit la girafe*, « Drôlalire », Gründ.
Colin West, *Grand gros crapaud*, « Drôlalire », Gründ.
Jeni Courzyn, Paul Demeyer, *Sale caractère*, Duculot.
Anthony Browne, *Ce que j'aime faire*, Kaléidoscope.
Rudi et Jon Barrett, *Il ne faut pas habiller les animaux*, L'École des loisirs.
Claude Boujon, *Bon appétit, Monsieur Lapin*, L'École des loisirs.
Michèle Daufresne, *Hector et Victor sont de grands amis*, « Cadou », Hachette Jeunesse.

■ L'album permet-il la découverte de soi et des autres ?

Elle est possible grâce à des albums qui traitent de situations affectives importantes : la différence, la colère, la peur, la naissance d'un petit frère ou d'une petite sœur, la mort... De nombreux albums abordent ce genre de questions sous une forme souvent très humoristique ou très sensible et grave.

■ Ouvre-t-il les portes du monde de l'imaginaire ?

La lecture doit permettre une entrée dans le monde des mythes et des légendes, du merveilleux, du fantastique.

■ Permet-il la découverte du monde ?

Les albums à dominante documentaire ménagent une ouverture sur toutes sortes de réalités naturelles ou techniques.

Malgré sa richesse évidente, l'univers culturel de l'album a tendance à maintenir l'enfant dans un monde clos de sorcières et d'animaux qui parlent. On peut regretter qu'il ne fasse pas une plus grande place à l'imaginaire scientifique et technologique, à la science-fiction ces préoccupations ne sont pas étrangères aux élèves d'aujourd'hui.

Lire un album

Nous avons choisi de développer plusieurs séquences de lecture à partir de l'album d'Anthony Browne, *J'aime les livres* où un petit singe très humanisé énumère les livres qu'il aime lire.

L'humour est très présent dans l'illustration et il donne une vision très positive de la lecture. Les images sont très lisibles sans être simplistes. Elles permettent d'induire assez facilement le texte.

Par exemple, l'illustration de la page intitulée «*les livres de contes*» fait référence au *Petit Chaperon rouge*. La structure est facilement identifiable : on comprend tout de suite qu'il s'agit d'une énumération de divers types de livres. La classe peut inventer une suite. Chaque enfant présente à son tour les livres qu'il aime, par une phrase ou par un dessin. Le livre ainsi constitué pourra être montré aux parents ou envoyé aux correspondants.

Cet album fournit donc l'occasion d'un lien immédiat lecture-écriture, aspect essentiel de l'apprentissage.

■ L'approche du livre (première séquence)

Cette approche poursuit trois objectifs : présenter le livre pour créer une motivation, faire faire des hypothèses sur le contenu de l'album, découvrir le titre.

• Observer :
Montrer la couverture en demandant aux enfants de donner tous les renseignements qu'ils peuvent y trouver. Il est capital que les élèves s'expriment librement et que l'enseignant accueille toutes les observations quelles qu'elles soient (voir fiche 13).

Fiche 13

Comment lire un album ?

Fiche 13

J'aime les livres.

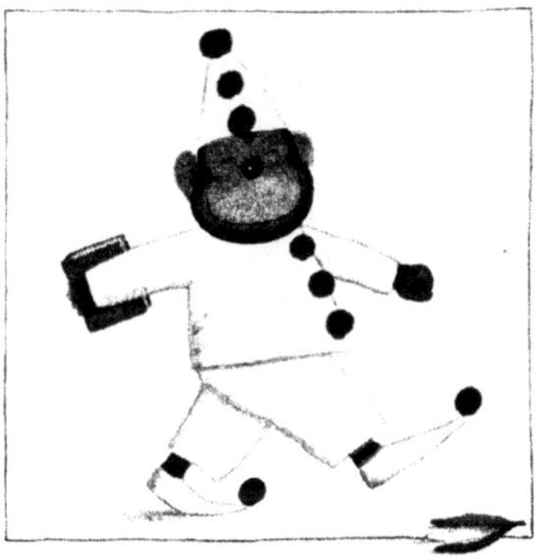

Les livres drôles...

et les livres qui font peur.

Les livres de contes...

et de comptines.

Fiche 13

Les albums de bandes dessinées...

et les albums à colorier.

Les gros livres...

et les petits livres.

J'aime les histoires
de dinosaures...

et les histoires
de monstres.

Fiche 13

Les livres pour apprendre
à compter...

et les livres pour apprendre
l'alphabet.

J'aime les livres sur l'espace...

et les livres sur les pirates.

Les livres de chansons...

et les livres étranges.

Fiche 13

Oui, j'aime vraiment les livres.

Fiche 14

Prise d'indices

Confrontés à un document de ce type, des enfants de six ans peuvent faire des remarques très variées qui témoignent de maturités extrêmement différentes vis-à-vis de l'écrit :

- *Il y a un petit singe...*
- *Je vois du blanc et du rouge...*
- *Il y a plein de petits livres autour...*
- *Il y a des mots écrits...*
- *On voit A et B...*
- *Je reconnais le mot* livres...

La phase orale qui précède la découverte du texte proprement dite est donc capitale. Elle permet de détecter les différents niveaux de maturité par rapport à l'écrit ainsi que les diverses approches :

- tel enfant se focalise sur l'image sans bien distinguer encore l'écrit sur un document ;

- tel autre cherche à reconnaître des lettres (celles de son prénom, par exemple); un autre encore tentera de voir des mots entiers ;

- certains enfants se révèleront plus sensibles aux détails qu'à l'ensemble ;

- certains se préoccuperont tout de suite de donner du sens, d'autres pas.

Ce dialogue ne peut donc être que bénéfique pour repérer les *impasses didactiques* et les mauvaises représentations de la lecture et de son apprentissage. L'enseignant peut alors intervenir avant que l'enfant ne s'enfonce dans ses difficultés.

• Mettre en commun

La mise en commun de toutes les remarques permet d'arriver à une synthèse du type : *« C'est l'histoire d'un petit singe qui a l'air de s'amuser en lisant un livre. »*

Si les enfants ne connaissent pas les mots du titre, il faut alors les donner en complétant avec l'indication de l'auteur et de l'éditeur. L'étude de l'objet-livre et de ses implications (qui a écrit l'histoire? qui dit «je» dans l'histoire?...) fait partie intégrante de l'apprentissage. On pourra la compléter avec l'observation de la quatrième de couverture.

• **Fixer**
Il faut tout de suite songer à fixer les mots en les réemployant dans un contexte proche, avec les prénoms des élèves, par exemple :

Christophe aime les livres.
Hélène aime les livres...

• **Réinvestir**
Le réinvestissement de la lecture de ces mots se fera naturellement dans l'observation et la lecture de la page de titre qui, avec un autre dessin, reprend le titre et l'auteur.

L'approche du texte

La première page de l'album reprenant la phrase-titre, la lecture proprement dite du texte commence aux pages 2 et 3 : «*Les livres drôles... et les livres qui font peur.*»

• **Observer les images et émettre des hypothèses sur le texte : phase orale collective**.
On obtient par exemple : *Des livres de clowns... Des livres qui font rire... Des livres amusants...* d'une part, et d*es livres de fantômes* (à cause du dessin), d'autre part,

• **Vérifier ces hypothèses par la lecture du texte.**
Les enfants connaissent déjà *les livres*. Comment vont-ils s'y prendre pour lire *drôles*? Plusieurs cas de figures sont possibles, en fonction de ce qui a déjà été vu dans la classe :

– ou bien le mot est trouvé spontanément à cause du contexte (c'est un synonyme d'*amusant*);

– ou bien les élèves y reconnaissent des éléments déjà rencontrés (*d* de *dans*, *dro* de *dromadaire*) et arrivent à la solution par déchiffrement partiel aidé du contexte ;

– ou bien encore, en tout début d'apprentissage, le mot devra être donné par l'adulte.

Il ne s'agit, à ce stade, que d'une découverte tâtonnante et, en aucun cas, il ne faudrait considérer que ce(s) mot(s) est (sont) connu(s) au sens où nous l'avons défini plus haut. Pour être définitivement acquis, il faudra ensuite qu'ils soient **fixés, mémorisés, réemployés**. C'est l'objet de la phase de structuration qui doit suivre.

La découverte de *et les livres qui font peur* se fait selon le même processus et il en sera de même pour tous les textes nouveaux : en s'appuyant à la fois sur le contexte et sur les éléments graphiques déjà connus, en faisant feu de tout bois pour mobiliser toutes leurs connaissances, les enfants arrivent à lire le texte de façon progressive et dynamique.

Il faut signaler ici un élément nouveau qui est l'élément syntaxique. Le texte comporte, en effet, une proposition subordonnée relative. Cette construction ne pose pas de problème dans la mesure où elle appartient au langage oral des enfants.

D'une manière générale, on doit utiliser la syntaxe comme une aide à la lecture par le biais de l'oralisation de groupes ou de phrases entières. La lecture à voix haute est, en effet, un test efficace qui permet, par exemple, de rejeter des hypothèses du type : et les livres *que* font peur et les livres qui ***vont*** peur et les livres qui ***fait*** peur.

Dans la même optique, il ne faut jamais négliger la ponctuation qui fait partie intégrante du sens, donc de la lecture.

■ Les activités de structuration

Après la phase de découverte, vient celle de fixation et de mémorisation. Ce travail doit se dérouler dans les grandes perspectives suivantes : réinvestir, reconnaître et classer.

• **Réinvestissement et réemploi des mots découverts** dans de nouvelles phrases, de nouveaux contextes qui ne comportent alors que des éléments connus. Il peut s'agir de lecture au tableau ou sur un polycopié, ou encore de construction de phrases avec jeux d'étiquettes. Au début de l'année, on peut réutiliser les prénoms :

Hélène aime les livres ; Christophe aime les livres drôles.

Si les enfants connaissent, *voici* ou *c'est*, on peut leur faire lire :

Voici un pirate. C'est un pirate. Voici un dinosaure. C'est un dinosaure.

On peut enfin combiner les mots de l'album entre eux, à mesure que les enfants progressent :

J'aime les bandes dessinées. Le dinosaure aime les chansons.

• **Exercices systématiques de reconnaissance visuelle des mots.** Ces activités, dont nous donnons quelques exemples, sont maintenant assez classiques. Leur intérêt ici est d'être reliées à un livre, donc de prendre davantage de sens : relier un dessin au mot correspondant ; reconnaître un mot sous des graphismes variés ; retrouver un mot parmi des mots très proches (*livre, libre, lire...*) ; trouver l'intrus dans une liste ou une colonne de mots ; écrire les mots. Ces activités, individuelles et écrites, peuvent s'organiser par ateliers différenciés avec des exercices de niveaux variés.

• **Classement des mots**

À partir d'un certain nombre de mots, un classement s'impose, sous forme de panneaux collectifs dans un premier temps. Il faut, en effet, pouvoir retrouver facilement les mots déjà rencontrés pour pouvoir les réutiliser soit en situation de lecture (prise d'indices graphiques par comparaison), soit en situation d'écriture. Cette activité de classement est une activité métalinguistique très importante car elle va permettre aux enfants d'entrer progressivement dans notre système d'écriture.

On trouvera dans la fiche 15, un aperçu de la démarche adoptée par les élèves et de son évolution quand on leur laisse la liberté dans le choix des critères. Le classement phonétique, souvent imposé dès le début du CP n'est pas celui que les élèves adoptent spontanément. Il est donc important de laisser la maturation se faire.

Par les observations, les manipulations, les rapprochements qu'il suppose, ce travail de classement constitue un des aspects essentiels de l'appropriation de la langue par l'apprenti lecteur. Il permet surtout de mettre continuellement en relation les deux faces du signe linguistique : la face orale (ce que l'on entend, l'image acoustique) et la face écrite (ce que l'on voit, l'image visuelle).

■ Évaluation, bilan

Évaluer régulièrement les connaissances et les compétences des enfants est une nécessité absolue. Il peut être intéressant, pour chaque album, de cibler l'évaluation de certaines *acquisitions phares* qui sont, de toute évidence, plus importantes que d'autres. En ce qui concerne l'album d'Anthony Browne, on pourra, par exemple, centrer l'évaluation sur les points suivants :

– l'emploi du verbe *aimer* conjugué ;

– un certain nombre de mots outils (*les, et, qui, à, de*...);

– le mot *oui* ;

– un choix de mots parmi les noms communs : *alphabet* et *comptine* sont peut-être moins intéressants, du moins en début d'apprentissage, que *monstre* ou *chanson*, par exemple.

Cette évaluation pourra se faire à travers un certain nombre d'exercices comme :

– compléter des phrases avec ou sans proposition de mots à choisir (test de closure);

– reconstituer des phrases puzzles ;

– éliminer des phrases absurdes ;

– réinvestir en situation d'écriture.

Fiche 15

Comment les enfants classent-ils les mots ?

Voici les solutions successives proposées par les élèves de Mme Boisseau (CP, École de l'Almont II, Melun), quand on leur demande de classer les mots à leur guise :

1. D'abord, un **classement sémantique** et **thématique** (au bout d'un mois d'apprentissage environ, quand ils ont acquis quelques dizaines de mots). Ils proposent donc, à ce moment-là, les catégories suivantes : prénoms, noms de personnes, noms d'animaux, noms d'objets, etc., en laissant une classe spéciale pour tous les mots qui ne rentrent pas dans ces trois catégories, comme les outils grammaticaux ou les termes plus abstraits, s'il s'en trouve.

Voici, par exemple, ce que pourrait donner un tel classement, appliqué à *J'aime les livres* d'Anthony Browne.

- les noms de livres : *livre, conte, album, bande dessinée, histoire ;*
- les noms d'animaux : *dinosaure, monstre ;*
- les noms de personne : *pirate ;*
- les autres mots : *j', je, les, et, qui, de*, etc., ou *aime, drôle, peur, colorier, gros, petits*, etc.

2. Ensuite, un **classement alphabétique** (dans le courant du premier trimestre).

Le stock de mots augmente rapidement et se diversifie. Le classement thématique devient difficilement gérable. Les enfants s'orientent alors vers un classement d'après la première lettre : vont ensemble les mots qui commencent de la même façon, sans que l'on se soucie, pour l'instant, de la prononciation.

Par exemple, toujours sur l'album d'Anthony Browne qui nous intéresse :

- *aime, album, à, apprendre ;*
- *contes, comptines, colorier, compter, chanson ;*
- *drôle, dinosaure ;*
- *et, espace ;*
- *peur, pirate.*

3. Un classement **phonétique**, enfin (vers le début du deuxième trimestre) qui tient compte alors de ce que l'on entend au début du mot.

Les enfants sont de plus en plus conscients, en effet, que la même lettre ne correspond pas toujours au même son.

Un classement purement alphabétique leur apparaît alors présenter certaines anomalies.

Par exemple :

- on n'entend pas la même chose au début de *conte* et au début de *chanson*. *Conte* va se ranger dans la classe des mots qui commencent par [k] et *chanson* dans la classe des mots qui commencent par [ʃ];
- de la même façon, *aime* va rejoindre *et* et *espace*.

Ce classement phonétique va rester stable ensuite. Il peut fournir la base d'un carnet individuel de mots qui sera utilisé comme mini-dictionnaire.

Réaliser un album au Cycle 2

Pourquoi écrire avant de savoir lire ?

La pédagogie de la lecture ne peut se restreindre à une technique. C'est d'abord une **action culturelle**, dans le sens où pour savoir lire il faut être capable d'entrer dans le monde de l'écrit, ce qui signifie connaître les différentes fonctions de l'écrit, dès l'école maternelle, et connaître le fonctionnement du code pour pouvoir comprendre et interpréter.

Pour ce faire, quoi de mieux que de faire fabriquer par l'enfant lui-même différents écrits. Ainsi, réaliser un album, donc écrire un texte, lui permettra d'acquérir la notion de récit, de phrase, de mot, de lettre. L'école maternelle joue ici un rôle considérable. En permettant à tous les enfants d'entrer dans la culture de l'écrit, elle nivellera, en partie, les différences culturelles dues aux pratiques familiales et source d'hétérogénéité.

■ Un va-et-vient constant entre lire et écrire

Fabriquer un livre suppose un va-et-vient constant entre lire et écrire. Le maître s'efforcera de lire ou de présenter de nombreux albums. Les enfants auront alors le plaisir d'écouter et de connaître des histoires, donc de nourrir leur imaginaire. Mais **ils se familiariseront aussi avec l'objet-livre** : c'est-à-dire avec la page de couverture, les renseignements qu'on y trouve, la quatrième de couverture, le rôle des illustrations, leur complémentarité avec le texte ou non, les techniques utilisées par l'illustrateur. Ces analyses et les temps de discussion autour des livres sont absolument indispensables. Ils donneront naissance à l'envie d'en créer. Ils permettront aux enfants de choisir la place des dessins et leur rapport avec le texte.

Le maître peut aller plus loin en menant un projet grandeur nature qui rapprochera les situations pédagogiques des situations vécues dans le monde de l'édition par les adultes.

Les étapes de la réalisation d'un album

En classe		Chez un éditeur
	Point de départ	
Des idées mises en forme collectivement		Un auteur-illustrateur ou un auteur et un illustrateur
	Fabrication	
La classe discute de la fabrication		Un éditeur avec le ou les créateur(s)
	Format du livre	
	Choix du papier	
	Place du texte et des illustrations	
	Choix des caractères	
Les enfants se répartissent les tâches, impriment		L'éditeur envoie la maquette, tire en grand nombre, relie ou broche les pages
Les enfants collent textes et dessins		
	Diffusion	
Les enfants lisent leur propre livre, le donnent à lire aux autres parents		L'éditeur reçoit les exemplaires et les fait diffuser par les libraires Le lecteur intéressé achète et lit

■ Un projet interdisciplinaire

La fabrication d'albums permet également de mener à bien un projet interdisciplinaire. En effet, il y aura des temps de parole et une véritable communication entre les enfants lorsqu'ils discuteront de leur projet, de la manière dont ils vont s'y prendre, de leur réalisation.

Ils mèneront aussi des activités plastiques pour l'illustration, des activités manuelles pour la réalisation quelle que soit la technique utilisée pour l'écriture : écriture manuelle, imprimerie ou traitement de texte.

Un projet interdisciplinaire

RÉALISATION D'UN ALBUM

Langage oral
- Discuter du projet
- Discuter du sujet
- Discuter des moyens
- Réaliser une bande-son (cassette)

Lecture
- Lire des albums pour analyser la mise en page, les choix typographiques, le rôle de l'illustration, le début, la fin, les séquences narratives

Arts plastiques
- Manipulation de différentes techniques : peinture, crayons de couleur, collage, pochoirs

Production d'écrits
- Recopier des mots, des phrases quelle que soit la technique utilisée

Travaux manuels
- Coller, agrafer, coudre les pages...
- Reproduire en plusieurs exemplaires
  - le texte : imprimerie, traitement de texte
  - l'illustration : linogravure, sérigraphie
- Savoir utiliser le magnétophone à cassette

Les différentes amorces

Nous essaierons, dans ce chapitre, de suggérer des façons très diverses de commencer la fabrication d'albums utilisables de la GS au CM2. Nos exemples s'adressent à la GS.

■ La suite d'un texte interrompu

Ce procédé est le plus courant. On lit une histoire aux enfants, on s'arrête à un moment propice, en général après le déclencheur et de toute façon à un moment de suspens dramatique, et on leur demande ce qui peut bien se passer ensuite. Pour réussir et motiver les enfants, il faut avoir choisi un livre où l'intérêt affectif est primordial, avoir lu théâtralement l'histoire et enfin accepter toute proposition du moment qu'elle est compatible avec le début. Les questions du maître seront ouvertes, n'influenceront pas les réponses et il s'efforcera de renvoyer les propositions au grand groupe pour obtenir l'assentiment général. Le but du jeu n'est pas de trouver forcément une suite semblable à celle de l'auteur.

Fiche 18

Un poisson est un poisson (1)

1. Présentation de la page de couverture.

– Que voyez-vous sur la page de couverture ?

– Pourquoi le deuxième poisson est-il pourvu d'une paire d'ailes ?

– Pourquoi est-il dessiné sur un fond blanc ?

– Quel est le format de ce fond ? Pourquoi ? Avez-vous vu cette forme ailleurs ?

– Que signifie-t-elle en général ? (montrer des BD au besoin)

– Quel peut être le héros de l'histoire ?

– Que peut-il lui arriver ?

– Que peut nous dire l'écrit ?

Le maître lit le titre et laisse les enfants réagir.

– Quels renseignements nous donne le titre ?

– Quel est le rapport avec l'illustration ?

– Que peut bien nous raconter l'histoire ?

Accepter toutes les propositions.

2. L'attente étant ainsi créée par une bonne séquence sur la première page, le maître peut lire l'histoire. (Lors d'une deuxième séance si nécessaire, mais relancer l'intérêt sera alors plus difficile.)

Il lit en refusant d'être interrompu. Il montre aux enfants chaque double page et les laisse commenter, en particulier celles où l'on voit les animaux et les hommes en forme de poisson. Il s'interrompt au moment où le poisson sort de l'eau. Il demande ce qui peut bien arriver ensuite.

3. Il note toutes les propositions en jouant le rôle de secrétaire de la classe. Ce moment est délicat : il faut encourager les propositions et demander aux enfants d'aller jusqu'au bout de leur histoire.

• Le poisson meurt : il est pris par un pêcheur ou il étouffe ; plus de héros, plus d'histoire : que devient la grenouille ?

• Le poisson étouffe : quelqu'un ou quelque chose intervient pour le sauver. Comment est-il sauvé ? Par un sorcier, une fée, un autre animal, un pêcheur, un enfant... On le remet à l'eau, on lui donne la possibilité de vivre hors de l'eau, on le transporte dans un aquarium...

4. Une fois que le texte est au point, on passe à la réalisation des images sans oublier de lire la fin proposée par Lionni. On peut parallèlement étudier la transformation du têtard en grenouille en biologie.

1. Léo Lionni, L'École des loisirs.

Le texte à expansion

Là encore, le choix du récit de départ doit être judicieux. En dehors de l'intérêt que l'enfant doit y trouver, il faut que le texte présente des séquences répétitives et que les enfants puissent imaginer d'autres épisodes pour les insérer dans le cours de l'histoire sans en changer l'économie générale.

Le problème avec mon père(1)

Fiche 19

On procédera comme précédemment pour la lecture de la page de couverture.

Puis le maître lira l'histoire jusqu'à l'énumération des robots fabriqués par le père. Il s'arrêtera là où il le désire et demandera aux enfants d'imaginer quels robots le père peut avoir encore inventés. Il s'agit d'inciter les enfants au délire imaginatif. Les dessins de l'album devraient pouvoir y contribuer sans mal.

Le maître notera toutes les propositions, riant des astuces trouvées, ce qui encouragera les enfants à trouver d'autres robots encore plus fantaisistes :

- des robots coiffeurs qui tondent les clients ou qui font des coiffures fantaisistes ;
- des robots cuisiniers qui font des mets peu ragoûtants, avec des aliments que les humains ne mangent pas : l'herbe, les cailloux, les peignes....
- des robots domestiques qui font le travail de travers.

Pour inventer ces robots, on peut passer d'abord par le dessin, c'est-à-dire demander à chaque enfant de dessiner un robot, comparer toutes les productions et les faire commenter pour que les enfants imaginent quelle catastrophe peut provoquer tel ou tel robot.

Pour confectionner l'album, il suffira de reprendre par dessin ou par reproduction le début et la fin de la véritable histoire et d'insérer les épisodes créés par les enfants.

1. Babette Cole, Le Seuil.

Timothy et les bruits de la nuit(1)

Fiche 20

On commencera par une lecture de la page de couverture. Les enfants émettront des hypothèses sur le contenu en interprétant :

- le titre,
- le dessin figurant un personnage à la bouche ouverte et aux yeux exorbités,
- l'onomatopée : *Woooooo...*

Puis le maître lira jusqu'à la référence à *l'ombre de l'arbre*. Il demandera aux enfants d'imaginer d'autres causes de frayeur. Chaque séquence devra comporter comme dans le livre :

- le bruit entendu, ou une ombre, ou autre chose ;
- la réaction de l'enfant ;
- la réaction de la mère.

1. Jeffrey Dihardo, Hachette Jeunesse, coll. Cadou.

La reprise d'une structure

Il s'agit d'imiter la structure d'une histoire et l'enchaînement des actions tout en changeant les personnages, leur caractère et le mobile de leurs actions.

Fiche 21

Un serpent dans un bol de thé(1)

Voici le schéma de ce conte moral.

Situation initiale : le personnage principal, le Seigneur Li, est de nature inquiète et prend excessivement soin de lui.

Déclencheur : il avale un serpent en buvant un bol de thé.

Conséquence : il tombe gravement malade et nul ne peut le guérir. La rumeur de sa maladie se propage. Quelqu'un comprend ce qui s'est passé.

Situation finale : on lui explique que c'est le reflet d'un arc rouge accroché au mur qu'il a pris pour un serpent. Il se lève tout heureux de ne pas être mourant.

En classe on présente la page de couverture avec émission d'hypothèses. Puis lecture de la totalité du texte. On laisse les enfants réagir. On leur demande s'il leur est déjà arrivé eux aussi de se tromper, d'avoir peur de quelque chose qui, en fait, n'était pas dangereux; ou s'ils connaissent quelqu'un, un petit frère ou une petite sœur, qui a eu peur sans raison. On laisse les enfants raconter, énumérer leurs peurs et leurs croyances : peur de la cave, peur des ombres la nuit, peur des flammes d'un feu, peur des grincements dans le grenier, peur de tel homme qui ressemble à un loup-garou, peur de tel autre qui ramasse les enfants pas sages...

À partir d'une de ces peurs, on propose aux enfants de raconter eux aussi une histoire qui ressemble à celle du Seigneur Li.

Il faut s'arranger lors de la discussion pour que le personnage soit un enfant ne portant pas un prénom de la classe afin qu'il y ait une légère décentration.

Puis chacun aide à composer le récit.

Le rôle du maître est important et délicat. Il doit avant tout être un animateur qui relance, encourage mais fait approfondir aussi.

Par exemple, il serait bon que les enfants n'aillent pas tout de suite aux faits mais décrivent un peu le personnage, les lieux... Il faut bien décrire la peur comme si elle était fondée et enfin ne dévoiler la vérité qu'à la fin.

Pour cela, le maître écrit sous la dictée des enfants, s'interrompt, leur relit le texte, le commente, suggère des pistes, fait référence au livre d'A. Thuillier, peut même en relire des passages.

On peut et on doit, bien sûr, consacrer plusieurs séances à l'écriture de ce texte, sans que cela ne traîne trop. Il faut que les enfants persévèrent dans leur effort à écrire un bon texte sans se décourager.

C'est au maître de sentir la limite de saturation.

---

1. A. Thuillier, éd. du Sorbier.

■ À partir de l'image

Dans certains albums comme *la Petite Bulle rouge*(1), l'image, par ses transformations successives, crée l'histoire. Sur ce modèle, on peut inventer un album dont le point de départ est une image que les enfants vont transformer au gré de leur fantaisie.

On répartit les élèves par ateliers et on propose à chaque groupe une image, un dessin qu'il doit réutiliser en le transformant. Ce dessin doit susciter l'imaginaire : un bateau dans une bouteille, une tache colorée enfermée dans un carré, des enfants de chaque côté de la terre...

Chaque groupe fait une ou plusieurs propositions, le cas échéant, la classe essaie de les utiliser toutes pour construire l'histoire.

■ Variations sur l'objet livre

Là, il s'agit de faire des *gammes* sur les matériaux. On peut utiliser différents types de papier, du carton, du bois, du métal repoussé, du papier de verre, du tissu... On peut jouer sur la forme du livre, pour qu'elle soit signifiante : un livre dont le héros est un éléphant peut ainsi avoir la forme de cet animal. On peut modifier son format : écrire sur un livre géant ou minuscule.

L'illustration peut être conçue avec les matériaux les plus divers : pas uniquement la gamme de tous les instruments scripteurs, mais aussi les collages les plus variés, en passant par les projections de sable et le collage de véritables objets (demi-bouteille, bouchons, cheveux...).

À vous de jouer !

Le passage à l'écrit

Nous traiterons ici des différentes façons de faire écrire des enfants en tenant compte de leur âge et donc de leurs possibilités gestuelles et de leurs capacités cognitives.

■ Place et rôle de l'écrit en maternelle

Des travaux de recherche récents ont montré l'existence et l'importance des premières traces écrites produites par l'enfant en maternelle, prouvant que **l'enfant se fait des idées sur notre code écrit bien avant de savoir lire**, et **qu'il est capital d'encourager toute tentative**, même si, nous adultes, nous ne pensons y voir que des gribouillis.

Par exemple, en faisant remarquer qu'un tel a signé son travail (traces de petite envergure dans un coin), qu'un autre *a raconté* également par écrit l'histoire qu'il a dessinée (traces en surplus sur un dessin)...

1. I. Mari, L'École des Loisirs.

En dehors des ateliers de graphisme où l'on initie les enfants au bon geste dans le bon sens, on peut également très tôt habituer les enfants à venir écrire, seuls ou à plusieurs, sur une feuille qui est à leur disposition lors de l'accueil, au même titre que les jouets. On affichera la feuille chaque jour et on demandera à ceux qui n'ont pas écrit de lire la feuille et de dire ce qu'ils comprennent, les autres étant là pour valider ou non leurs hypothèses. Il s'agit de montrer l'importance de la communication dans l'écrit pour l'encourager.

Si un enfant ne veut pas écrire parce qu'*il ne sait pas*, il faut l'encourager à faire comme il peut, et lui dire que c'est normal de ne pas savoir comme les grands. Il faut éviter à tout prix l'intériorisation du poids de la norme qui stérilise toute tentative. Il est donc capital que le maître soit toujours positif par rapport aux essais des enfants. Enfin, parmi les ateliers proposés en GS, il y aura régulièrement un atelier d'écriture pour les volontaires (pas d'obligation qui irait à l'encontre de l'incitation), qui ne sera pas un atelier d'imitation mais un atelier où les enfants s'essaieront à écrire de vrais messages avec un vrai destinataire pour que l'effort fourni ait un sens.

La maître constatera alors l'évolution des représentations des enfants qui ira de pair avec toutes les activités de lecture faites en classe.

Hypothèses des enfants sur le code écrit

On sait que les enfants écrivent avant même de savoir lire et on dispose aujourd'hui de travaux importants qui étudient l'apparition de l'écrit chez les enfants et qui analysent leurs stratégies.

Emilia Ferreiro[1] montre que les enfants **forment des hypothèses sur la langue écrite bien avant d'apprendre officiellement à lire et à écrire** et que la dernière hypothèse qu'ils font est celle d'un rapport entre phonie et graphie.

Au terme d'une lente maturation, d'une *psychogénèse* qui n'est pas achevée pour tous les enfants entrant au CP, l'enfant comprendra que la langue écrite fonctionne essentiellement sur une structure graphémique. Ce qui bien évidemment devrait influer sur l'apprentissage de la lecture où bien souvent on impose le rapport phonographématique comme allant de soi.

L'enfant effectue un travail cognitif, un effort de compréhension, et d'analyse. Aujourd'hui nous pouvons retracer les diverses représentations que l'enfant construit.

Si on demande à un enfant de maternelle (début de Moyenne et Grande section) d'écrire des mots et des phrases qu'on lui dicte, ou si on observe les écrits spontanés des enfants quand on encourage leurs essais en leur demandant d'écrire comme ils savent, on remarque deux types de stratégies.

- **Des stratégies motivées par la forme**

– Des **pictogrammes** moitié écriture, moitié dessin. L'enfant interrogé *a posteriori*, et à des moments différents ne propose jamais tout à fait le même contenu. Il n'y a pas encore conceptualisation.

1. *Lire-écrire à l'école, comment s'y prennent-ils ?*, C.R.D.P., Lyon 1988.

– Des **signes écrits de gauche à droite** : vagues et ronds, des lettres. Ces enfants ont pris conscience de la différence entre dessin et écrit, mais ils n'accordent toujours pas de signifié stable à leur écrit. Le moment où l'enfant apprend à écrire son prénom est capital. Apprendre à écrire son prénom, c'est en effet affirmer son identité et son existence au sein du groupe social. C'est aussi une source d'informations sur le code.

- **Des stratégies motivées par la fonction**

–Stratégie **à tendance énonciative**

Les enfants reproduisent des lettres constitutives de leur prénom, sans ordre, sans réitération, mais toujours les mêmes.

Ils ne comprennent pas forcément le lien entre ces lettres et la totalité de leur prénom ni avec sa forme sonore.

Quand on leur demande d'écrire autre chose, ils utilisent partiellement le capital de lettres qu'ils connaissent en modifiant le nombre (rajout ou suppression de lettres) et l'ordre.

À ce stade, un autre moment important est l'apparition de l'idée d'une relation entre l'oral et l'écrit ; en particulier les enfants essaient toujours de verbaliser de façon identique leur écrit. Ils ont donc pris conscience de la **permanence du signifié écrit.**

– Stratégie **à tendance syllabique**

Les enfants commencent à analyser les parties constitutives de leur prénom. Ils essaient de faire correspondre une syllabe sonore à une lettre. Mais ce n'est pas toujours la même.

Par exemple : un enfant veut écrire *PA PI LLON*, il écrit *A I O*, un autre jour *P I L* et encore *P P ON*

La graphie plus ou moins complexe du prénom peut précipiter ou retarder le développement cognitif. Un enfant appelé *Rémi* a moins de difficulté qu'un enfant appelé *François* où la correspondance n'est pas phonographique.

– Stratégie **à tendance alphabétique**

Les enfants parviennent à écrire en utilisant les lettres avec leur valeur conventionnelle. Pour écrire *bonjour*, on trouvera *BOJUR* ou *BNJOR*. À partir de ce moment-là, ils apprennent à lire sans difficultés. Mais à l'entrée du CP, tous les enfants ne sont pas parvenus au même stade dans leur représentation de l'écrit. C'est pourquoi le *déclic* ne se fait pas et ne peut se faire à la même époque. Certains finiront leur apprentissage au CP, tandis que d'autres auront un plus long chemin à parcourir.

L'atelier de graphisme et d'écriture

L'apprentissage systématique de l'écriture est dévolu à l'école primaire. Néanmoins, devant l'appétit des enfants à écrire dès l'école maternelle, il vaut mieux enseigner le bon geste graphique plutôt que laisser écrire de façon sauvage et voir s'installer des gestes défectueux qu'il sera par la suite très difficile de rééduquer.

La maîtrise du tracé (direction et pression) commence dès la Petite Section par des activités appropriées de graphisme où on allie souci plastique de décoration et maîtrise du geste. L'activité graphique suppose une observation fine de tracés à reproduire, de repérages sur l'espace de la feuille : pour écrire, on commence en haut à gauche et l'on va de gauche à droite selon une ligne parallèle au haut de la feuille. Dessiner des traces sur toute la feuille selon des consignes d'une grande variété, va conduire peu à peu à la maîtrise de cet espace.

Enfin, dans le domaine de l'écriture comme dans les autres, il faut que l'activité soit sous-tendue par un projet pour que les enfants s'y impliquent.

L'écriture proprement dite peut être abordée de différentes façons :

– écriture manuscrite de quelques mots sous le contrôle de l'adulte (enseigner le bon geste), ce qui suppose que les autres ateliers ne requièrent pas la présence totale du maître. On décrit le tracé que l'on effectue en grand et plusieurs fois ; puis les enfants l'essaient dans l'espace et enfin sur la feuille ;
– découpage et collage des lettres pour former des mots ;
– étiquettes-mots à coller pour former des phrases ;
– traitement de textes.

Fiche 22

Modèle d'écriture

Remarques : Les lettres à boucles dépassent de deux interlignes au-dessus et/ou au-dessous du corps de l'écriture.
– t : un demi interligne au-dessus
– d : un interligne au-dessus
– q et p : un interligne et demi au-dessous

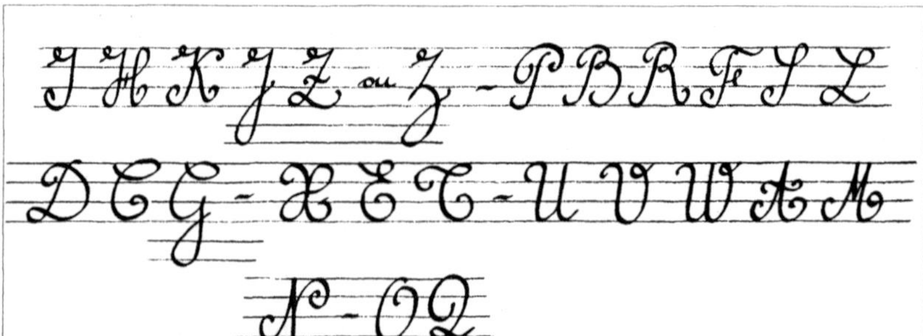

Pour que les enfants perçoivent le caractère conventionnel et arbitraire des formes graphiques, on peut introduire l'écriture comme un sujet d'observation en collectant divers objets portant des systèmes différents. On observera sur quoi on écrit (écrivait), et comment. On appelle les lettres de l'alphabet par leur *nom* sans aucune déformation ; on distinguera leur *nom* et leur *métier* : transcrire tel son. On pourra s'essayer à reproduire quelques signes. Il sera ensuite aisé de faire comprendre la nécessité d'un enseignement méthodique. En Moyenne Section, il est d'usage d'utiliser les capitales d'imprimerie, en Grande Section les minuscules scripts puis la cursive, en établissant des comparaisons et des correspondances.

Nous rappelons que **cet enseignement va jusqu'au CE2 compris et qu'il inclut l'écriture des nombres**. L'enseignement de l'écriture cursive doit permettre à l'enfant d'écrire vite et lisiblement. C'est un automatisme qui demande un long apprentissage. L'essentiel de l'écriture se situe dans le premier interligne ; la nôtre est orientée de gauche à droite et toutes les lettres sont parallèles verticalement.

Elles sont liées les unes aux autres à l'intérieur d'un mot et le bon geste doit faciliter cette liaison sans perte de temps. Pour l'apprentissage systématique des lettres, on les regroupera par familles.

■ La dictée au maître

De la Petite section au Premier trimestre du Cours Préparatoire environ, le maître joue le rôle de secrétaire du groupe d'enfants. Ce qui ne signifie nullement qu'il se substitue entièrement à eux. Bien au contraire, il convient de toujours interroger les élèves sur ce qu'ils désirent exactement lui voir écrire, relire leurs propositions et exiger, en tenant compte des possibilités langagières des uns et des autres, que les phrases dictées ne soient pas des phrases de l'oral mais bien celles répondant aux exigences de clarté et de syntaxe rigoureuse du code écrit. On peut également, en oralisant la ou les phrases de façon monocorde et d'un seul souffle faire sentir aux enfants la nécessité d'indiquer une ponctuation (essentiellement le point, le point d'interrogation et le point d'exclamation).

Il est évident que tout cela va de pair avec un travail parallèle en lecture, sinon comment les enfants découvriraient-ils l'existence de la ponctuation et sa signification ? Le maître représente (dans le sens de : *se donne en spectacle*) l'adulte en train d'écrire, non pas un adulte savant, mais celui qui a des doutes orthographiques, qui hésite, qui recourt au dictionnaire, qui écrit lentement, qui se trompe, qui rature, qui réécrit...

Il peut aller jusqu'à demander de l'aide aux enfants lorsque ceux-ci possèdent suffisamment de références pour lui répondre : graphème ou mot déjà rencontré dont ils peuvent se souvenir ou retrouver la trace sur une affiche ou dans un livre.

L'écriture collective

Dès que le maître le jugera possible, il mettra les enfants en situation d'écrire en groupe leur histoire. On veillera à ce que chacun participe selon ses connaissances. Un groupe de quatre enfants au maximum face à une grande feuille : chacun est tour à tour le secrétaire d'une phrase tandis que les autres dictent et vérifient la lisibilité, la correction de ce qui est écrit. Cela peut se faire assez tôt au CP : un ou plusieurs groupes écrivent seuls tandis que le maître demeure le secrétaire de ceux pour qui c'est encore difficile. Dans ce cas, il faut néanmoins veiller à ce que les enfants relaient le maître pour écrire un mot ou deux lorsqu'ils le peuvent. De même pour les groupes autonomes, il ne s'agit pas d'exiger la perfection orthographique, qui ne peut exister à cet âge.

Il est plus pertinent d'encourager toutes les tentatives et de laisser agir le groupe pour d'éventuelles corrections. Les enfants sont parfois amenés à débattre non seulement de la graphie de tel son ou de tel mot, mais aussi de la cohérence de leur histoire, de la pertinence de tel événement, ce qui, à ce stade de l'apprentissage, est bien plus important. **Le maître interviendra comme régulateur du groupe**. Son intervention sera la moins magistrale possible. Plutôt que donner la réponse exacte, il encouragera la recherche de telle graphie par l'utilisation des outils référentiels de la classe. Encourageons toute attitude active des enfants face au savoir ! Si la discussion porte sur l'enchaînement des actions, il essaiera d'animer le débat, d'amener les enfants à trancher eux-mêmes plus que d'imposer son point de vue. À ce stade, il est parfois plus commode de n'avoir qu'un groupe d'enfants en activité d'écriture, car il requiert une grande disponibilité du maître.

Celui-ci peut, pour se faciliter la tâche, mener des activités différenciées. Par exemple : un groupe d'enfants écrit, un autre lit, un troisième fait des mathématiques, un quatrième fait des recherches documentaires..., de telle sorte que les groupes qui n'écrivent pas soient totalement autonomes et le maître disponible pour celui qui rédige. Les activités peuvent être uniquement des activités de français, bien entendu : ateliers de lecture, de fixation et mémorisation, d'orthographe. Chaque jour de la semaine, ces ateliers tournent, ainsi à la fin de la semaine tous les groupes ont fait le même travail.

L'écriture individuelle

La maître s'apercevra que certains enfants n'acceptent plus de travailler collectivement dès qu'ils maîtrisent à peu près le code écrit, car ils veulent pouvoir inventer leur histoire sans allégeance au groupe. Il faut **favoriser à tout prix ces initiatives et ces velléités d'indépendance**. À ce stade, ce qui compte c'est que l'enfant qui écrit seul remplisse le mieux possible le *contrat* demandé, c'est-à-dire ce qui a été mis au point en fiche-guide. Dès qu'un nombre important d'enfants écrivent seuls, le maître a tout intérêt à simuler collectivement une séance méthodologique de gestion du brouillon pour faciliter par la suite la correction des différents jets.

Dès qu'un enfant pense avoir terminé son brouillon, il le donne à un autre enfant qui a également terminé. À travers cet échange, on vise la correction mutuelle donc l'apprentissage par le pair qui, on le sait, est parfois plus efficace qu'une intervention magistrale. Les enfants ne doivent pas s'acharner uniquement sur l'orthographe : la correction orthographique interviendra au dernier jet. Ce qui importe à ce stade, c'est la **lisibilité du texte**. Un brouillon ne doit être ni incohérent ni mal calligraphié sinon le scripteur lui-même ne peut se relire, le maître encore moins.

Cette mise à l'épreuve des textes sous le regard des autres devrait entraîner une plus grande application et une décentration de l'enfant scripteur. La situation est différente quand l'enfant écrit uniquement pour le maître, car il sait que celui-ci essaiera de le comprendre malgré toutes les difficultés que cela présente. C'est une façon d'exiger des enfants un petit effort supplémentaire.

Dans le courant de l'année de CE1, tous les enfants doivent parvenir à écrire seuls. Le maître doit encourager les timides, les perfectionnistes et les autres en instaurant une atmosphère de confiance.

■ Utiliser l'imprimerie

Lors des deux premières années du Cycle 2, il est judicieux de recourir à l'imprimerie pour mettre au propre les textes. C'est un matériel assez coûteux, aussi faut-il chercher d'éventuelles imprimeries ou des typographes qui se débarrasseraient de leur vieux fonds.

On choisira des caractères assez gros pour que les enfants les reconnaissent et les manipulent aisément.

Ce système permet aux élèves de manipuler les mots lettre à lettre (activité d'analyse), aux plus maladroits d'obtenir un résultat propre, d'allier lecture-écriture et motricité fine, enfin de reproduire en grand nombre.

En atelier d'imprimerie, le maître initiera deux enfants, les plus dégourdis, à la recherche des caractères, à leur assemblage, à l'encrage de la presse (port du tablier hautement recommandé) et au tirage; puis ces deux élèves initieront deux autres et ainsi de suite. Il ne peut y avoir plus de trois individus à l'atelier d'imprimerie.

Voici comment on peut s'y prendre. La classe a un projet d'écrit qui demande la duplication en grand nombre. Il faut donc rechercher un moyen de reproduction autre que la photocopieuse dont l'usage ne représente aucun intérêt pédagogique. Le maître peut proposer l'imprimerie en expliquant son rôle et rapidement son fonctionnement à toute la classe (on peut visiter une imprimerie qui possède une vieille presse). On regarde soigneusement la première ligne à imprimer. On prend le premier caractère qui correspond à la première lettre (pour faciliter la recherche des caractères, on étiquettera les caractères sur les casses et on pourra y adjoindre des repères de couleur car les lettres ne sont pas rangées par ordre alphabétique : «t» se trouve à l'intersection de la ligne bleue et de la rouge), on le maintient bien à l'envers et on l'introduit dans le composteur de gauche à droite (comme notre écriture). On procède ainsi pour chaque lettre sans oublier les blancs.

Puis on vérifie dans un miroir que l'on n'a pas omis un caractère et qu'on l'a bien placé. Les composteurs sont ensuite rangés dans la presse. On enduit le rouleau d'encre et on tire une première feuille que l'on fait sécher sur un fil avec une épingle à linge.

Cette feuille permet de voir s'il faut faire d'ultimes corrections et rectifier la mise en page.

■ Utiliser le traitement de texte

On peut également utiliser l'informatique pour obtenir un beau texte bien imprimé et initier les enfants à l'utilisation de cet outil.

On peut aussi bien utiliser un *Nanoréseau* (plusieurs postes reliés à une unité centrale) qu'un poste isolé, plus souple d'utilisation dans une classe.

De toute façon, l'imprimante est indispensable. Pour le Cycle 2, le maître choisira des caractères assez gros au détriment de la visualisation de toute la page sur l'écran.

Quelques traitements de texte

- Si vous possédez un Exelvision, vous disposez gratuitement d'un traitement de texte.
- Si vous connaissez le langage Logo, le traitement de texte le plus simple est TTJV5 pour Nano, TO7 et TO8 (École Normale mixte, 1 Bd Victor Hugo, 51037 Chalons-sur-Marne, Cedex).
- Sinon, vous pouvez utiliser TGT TEXTE pour Nano, TO7, TO8, PC (CHRYSIS. La Croix blanche, RN 10, BP 38, 86361, Chasseneuil-du-Poitou, Cedex).
- Si vous voulez faire un journal d'école : TYPO 7 est plus simple que *Le Journaliste.*

Il est recommandé au maître d'utiliser lui-même le traitement de texte, pour stocker ses documents et préparer ses polycopiés. Il n'en initiera que mieux les élèves.

L'intérêt pédagogique réside là aussi dans l'activité d'analyse. Il faut que l'enfant cherche les lettres une à une pour composer les mots (avec une petite difficulté : la correspondance script et cursive. Il suffit de donner les correspondances à la demande des enfants. Ils l'intègrent très facilement.

On met deux enfants par poste : l'un tape, l'autre vérifie; chacun fait une phrase à tour de rôle. On n'omet pas de leur expliquer le rôle de la barre d'espacement et petit à petit comment on obtient les accents.

Au Cycle 2, il est difficile de jouer sur la police de caractères et la mise en page qu'on réservera au Cycle 3. C'est donc au maître, avec accord des élèves, de le faire. On imprime le texte.

Cris de joie des élèves devant le résultat!

Les activités autour du livre au Cycle 3

Les droits imprescriptibles du lecteur
« *1/ Le droit de ne pas lire.*
2/ Le droit de sauter des pages.
3/ Le droit de ne pas finir un livre.
4/ Le droit de relire.
5/ Le droit de lire n'importe quoi.
6/ Le droit au bovarysme.
7/ Le droit de lire n'importe où.
8/ Le droit de grappiller.
9/ Le droit de lire à voix haute.
10/ Le droit de nous taire. »
D. Pennac, *Comme un roman*, Gallimard.

La lecture, un enjeu vital

De nombreux enfants ne trouveront le livre qu'à l'école et cette rencontre sera pour eux décisive. Leur avenir scolaire pourra s'en trouver changé, mais aussi leur vie personnelle d'adolescents et d'adultes. Au-delà de la réussite immédiate, en effet, la lecture représente un enjeu vital. Même si les techniques audiovisuelles proposent désormais des supports variés d'information, la possibilité d'un recours facile et spontané à l'écrit reste une des clefs de la liberté individuelle.

L'École doit donc donner de la lecture **une image positive et stimulante**. C'est une de ses missions prioritaires dans son projet de former de futurs adultes responsables. Pour cela, elle doit commencer par abandonner certaines habitudes, parmi lesquelles le recours exclusif au manuel de morceaux choisis, l'utilisation systématique du questionnaire, la lecture du même livre au même moment, au même rythme par l'ensemble de la classe.

Si lire à l'école, c'est toujours ouvrir un manuel à une page donnée et répondre par écrit à des questions sur un texte plus ou moins *parachuté* au milieu d'autres activités, l'enfant qui ne voit pas vivre d'adultes lecteurs autour de lui risque de se trouver en difficulté. Il aura beaucoup de mal, en effet, à se rendre compte que la lecture présente de multiples facettes, qu'il y a des livres pour découvrir le monde et les gens, des livres pour rire, des livres pour rêver et que les personnages de papier peuvent nous intéresser et nous apporter autant que des êtres de chair.

Si la lecture prend toujours la forme d'un exercice, cet enfant risque de se figer définitivement dans une position d'indifférence ou de rejet et sa vie entière s'en trouvera appauvrie. **Amener l'élève à une représentation juste de la lecture** est donc une des tâches primordiales de l'enseignant.

■ Libérer la lecture ou «*Laissez-les lire !*»

Dans cette perspective, il est nécessaire de rapprocher le plus possible la lecture à l'école de la lecture réelle dans la vie de tous les jours. Il s'agit là d'un idéal qui n'est pas toujours réalisable dans la mesure où le milieu scolaire a ses contraintes propres, souvent contradictoires avec les conditions d'une lecture quotidienne réussie.

Les paradoxes de la lecture en classe

– L'enseignant est en charge d'un groupe.	– La lecture est avant tout une aventure individuelle et silencieuse.
– L'école a tendance à privilégier le raisonnement et l'intelligence logique.	– L'affectivité joue un grand rôle dans la lecture.
– L'enseignant doit souvent tenir le rôle d'évaluateur.	– La lecture s'épanouit dans la liberté.

Triple contradiction, triple paradoxe dont il faut tenir compte si l'on veut organiser au mieux les activités de lecture dans la classe.

Cette organisation, que nous étudierons ensuite dans le détail, devrait reposer sur quatre grands principes :

1. Faire lire les livres en entier

Si le livre est adapté et bien choisi, la lecture intégrale n'est pas plus difficile que celle d'extraits car le lecteur s'y trouve porté par l'histoire, l'aventure, le suspense. Par ailleurs, seul un texte suffisamment long, qui laisse le temps de s'installer dans un récit et de suivre des personnages, peut susciter l'intérêt.

2. Proposer des livres variés, pour que l'enfant puisse se rendre compte que le choix est très riche et qu'il y a des livres de tous styles sur tous les sujets. Pour **ne pas risquer d'enfermer l'élève dans ses préférences**, légitimes mais réductrices, l'enseignant se doit d'ouvrir largement l'éventail : romans, mais aussi documentaires, biographies et aventures vécues, car certains enfants, délaissant la fiction, ne s'intéressent qu'à des histoires vraies, l'humour aussi car ce qui fait le succès de la bande dessinée est trop souvent absent des livres de l'école.

3. Renouveler régulièrement le stock par un système de prêt fait par la bibliothèque municipale ou par la bibliothèque centrale de prêt départementale (BCP) et ses bibliobus. L'intérêt du coin-lecture risque de s'épuiser assez vite si l'on n'y apporte pas de temps en temps un peu de sang neuf. Comme l'adulte, l'enfant est sensible à l'attrait de la nouveauté. **L'aspect quantitatif n'est donc pas mineur**. Plus les livres seront nombreux et variés, dans la limite du raisonnable, plus on aura de chance de créer un déclic qui permette à chaque enfant de trouver sa propre voie.

4. Faire circuler l'information à propos de ces livres. Il ne suffit pas de montrer ces livres, il faut en parler. L'école a un rôle de **proposition**, mais aussi de **médiation**. Activité individuelle au départ, la lecture adulte débouche le plus souvent sur un **échange** qu'il est intéressant d'instaurer également à l'intérieur d'une classe.

Toutes les enquêtes montrent que l'enfant est plus facilement disposé à suivre le conseil d'un pair que celui d'un adulte (parent, enseignant ou bibliothécaire...). **Le bouche à oreilles est efficace. Il faut donc l'organiser**. Cela suppose que l'enseignant entre dans le jeu à égalité avec les élèves : lui aussi lit les livres qui circulent dans la classe.

Cet engagement n'est pas aussi coûteux en temps qu'on pourrait le croire (un adulte lit très vite un livre pour enfants) et il présente d'incontestables avantages.

L'enfant se sent pris au sérieux. Chaque livre lu en commun peut être l'occasion d'un dialogue au cours duquel chacun apprend beaucoup. Un échange de ce type, même à bâtons rompus, peut parfois débloquer une situation difficile, l'enfant y trouvant l'occasion de s'exprimer directement ou indirectement.

Dialogue autour d'un livre

Vincent est élève de CM2. Dans la collection «Lecture Junior» chez Gallimard, il vient de lire *Le Roi de la forêt des brumes*, écrit par Michael Mopurgo et illustré par François Place.

Le livre raconte l'histoire d'Ashley, un jeune Anglais vivant en Chine, et qui, en compagnie d'un moine tibétain, traverse l'Himalaya pour se rendre en Inde et, de là, regagner l'Angleterre. Le voyage se révèle très éprouvant. Un jour, le compagnon d'Ashley le laisse seul dans la montagne pour se mettre en quête de nourriture. C'est alors que le jeune homme se trouve face à face avec les yétis et, alors que tout le monde le croit mort, il va vivre en leur compagnie pendant des mois.

Vincent parle ici de ce livre avec un adulte. Ses réponses sont intéressantes par ce qu'elles **révèlent sur ses goûts en matière de lecture, ses motivations, ses attentes**...

Question – Comment as-tu lu ce livre? Qu'est-ce qui t'a donné l'idée ou l'envie de le lire?

Réponse de Vincent – C'est un copain qui me l'a offert.

Q– Et ton copain, il l'avait lu avant?

R– Non, je ne crois pas... je ne sais pas... je ne lui ai pas demandé...

Q– Quand tu as eu le livre entre tes mains, tu as dû le regarder, le retourner, le feuilleter... Qu'est-ce que tu t'es dit à ce moment là?

R– J'ai pensé que ce serait une histoire... une aventure... On voit des personnages qui marchent, sur la couverture. J'ai pensé que ce serait bien parce que c'est avec un yéti... Et je suis intrigué par le yéti, pour voir s'il existe ou pas...

Q– Alors, tu t'intéresses au yéti, au départ? Et pourquoi?

R– Parce que c'est une bête, elle est grosse... elle est peut-être inventée... et si elle existait, j'aurais peur...

Q– Et tu crois qu'elle existe?

R– Je ne sais pas.

Q– Mais est-ce que maintenant, tu sais plus de choses sur le yéti?

R– Oh! oui, et puis j'espère que tout cela est vrai...

Q– Donc, tu n'as pas été déçu par le livre?

R– Oh, non!

Q– Alors, est-ce que tu peux m'expliquer maintenant pourquoi cela t'a bien plu?

R– **Parce que je n'aime pas les histoire de sorcières, de balais** et tout ça... j'aime mieux les aventures, les énigmes, les mystères...

Q– Tu n'aime pas les histoires où il y a trop d'imaginaire, de merveilleux?

R– Non, même si c'est pas réel, je préfère des histoires qui racontent des aventures. Là, sur le livre, ils disent : «*La réalité et le merveilleux vont se trouver étroitement mêlés*».

Q– Et dans cette aventure-là, qu'est-ce que tu as le plus particulièrement aimé?

R– Le passage quand il est avec les yétis. Les yétis deviennent comme une famille. Il les sauve, il leur apprend des tas de choses, par exemple, à nager. Les yétis ne savaient pas nager.

Q– C'est l'amitié entre le héros et les animaux qui t'intéresse ?

R– Oui. J'aimerais bien voir si le yéti est vraiment gentil, ou s'il est méchant...

Q– Ah, je ne sais pas ! Si c'est une question que tu te poses, il faudrait chercher... Dis-moi maintenant ce que tu as le moins aimé, finalement.

R– Rien. Il y a peut-être un peu trop de dessins...

Q– Ah bon ? Beaucoup d'élèves de ton âge préfèrent qu'il y ait des dessins. Et puis, ils sont très beaux. Tu l'as présenté en classe ?

R– Non, parce que pendant les vacances, on doit lire les livres de la bibliothèque pour les présenter après. Mais ils ne m'intéressent pas beaucoup. Ce sont de gros livres...

Q– Moi, je trouve que celui-là tu devrais le présenter. C'est vraiment une très belle histoire.

R– Oui, je le trouve superbe.

Choisir les livres

Choisir des livres pour des enfants est une tâche difficile qui s'effectue le plus souvent de façon très subjective et très empirique. Le **goût de l'enfant** auquel on se réfère souvent reste une notion très floue et on observe des décalages fréquents, parfois explicables, parfois inexplicables, entre le choix de l'adulte et celui du plus jeune.

Choisir un livre impliquera toujours une part de hasard et d'incertitude car, dans ce domaine fortement teinté d'affectivité, rien n'est jamais simple ni parfaitement clair. Il serait donc absurde de vouloir à toute force établir une liste close de critères soi-disant objectifs et opérationnels.

Le livre idéal

Il est intéressant en revanche d'essayer de cerner la représentation que se font les enfants du livre idéal même si cette représentation reste toujours un peu mythique.

Une enquête de 1986, sur les comportements de lecture des enfants de huit à douze ans, peut nous aider dans cette voie. Réalisée du 25 octobre au 5 novembre de cette année-là sur un échantillon représentatif national et publiée dans le catalogue du *Salon du Livre* de Montreuil, elle permet, entre autres renseignements, d'ébaucher le portrait-robot du livre susceptible d'intéresser cette tranche d'âge.

L'analyse des réponses sur les goûts et les attentes des jeunes de huit à douze ans montre qu'un fort pourcentage d'entre eux aime les livres :
- qui font rire, 67 % ;
- où il y a du suspense, 50 % ;
- qui racontent des histoires où tout s'arrange à la fin, 46 % ;
- où il y a un héros que je connais bien, 45 % ;
- où il y a des héros qui ont des super-pouvoirs, 34 % ;
- qui font partie d'une collection que j'aime, 42 % ;
- où il y a de l'action, des aventures, 49 % ;
- qui racontent des histoires vraies, 45 % ;
- qui parlent d'animaux, 51 % ;
- qui racontent la vie des gens qui vivaient avant nous, 42 %.

■ Un questionnaire riche d'enseignements

Ce questionnaire montre d'abord **l'importance primordiale de l'humour** et l'urgence de proposer des livres drôles qui, en début d'année particulièrement, joueront le rôle de livres-amorces.

Il montre ensuite **l'aspect déterminant du contenu et du rythme de l'histoire**. Pour qu'un livre *accroche* un jeune lecteur, il faut qu'il retrace une aventure, il faut qu'il s'y passe quelque chose. Doivent donc être écartés, du moins pour certains lecteurs et dans un premier temps, les textes trop descriptifs ou trop statiques.

Pour ce qui est du héros ou de l'héroïne, les personnages qui ont vraiment existé et les personnages imaginaires arrivent presque à égalité. La cote des animaux reste également très élevée.

Un dernier point est significatif : **le choix de familiarité**. Comme beaucoup d'adultes, l'enfant, quand il a trouvé un livre qui lui plaît, exploite la série ou la collection. Choisir un nouveau livre, par définition inconnu, comporte toujours un risque. Avoir déjà une idée de ce que l'on va y trouver limite ce risque.

Il faut donc, au départ, utiliser ce comportement qui peut jouer un rôle moteur non négligeable. Mais l'adulte doit ensuite aider l'enfant à sortir d'un univers trop restreint. Les séries du type du «*Club des cinq*» sécurisent certains. Plutôt que de les condamner, employons-les comme des tremplins. En donnant aux élèves la possibilité de diversifier des choix souvent conservateurs, l'enseignant jouera pleinement son rôle.

■ Les exigences des adultes

Humour, aventure, suspense... l'adulte ne peut qu'acquiescer à ces critères, qui sont aussi des gages de qualité. Mais parce que son souci est d'aider l'enfant à enrichir sa connaissance du monde, son imaginaire et ses références culturelles, il doit aussi montrer d'autres exigences.

L'écrivain Michel Tournier a coutume d'expliquer qu'un bon livre pour enfant est un livre qui peut aussi être lu avec intérêt par un adulte. On peut développer cette réflexion, très souvent vérifiée, en disant qu'un bon livre pour enfant, outre les critères déjà mentionnés, doit élargir l'expérience et enrichir la sensibilité. On privilégiera donc, par exemple, les romans qui mettent en scène une aventure, des personnages intéressants auxquels l'enfant lecteur peut s'identifier, mais qui, en même temps, ménagent une ouverture sur une époque, un milieu, une civilisation... La sélection présentée page 76 propose, pour le Cycle 3, des romans qui répondent à ces critères, notamment dans la rubrique *Romans historiques* et dans la rubrique *Ailleurs*.

Des livres pour aider à grandir

La lecture de tels romans enrichit les référents culturels de l'enfant qui vont lui permettre à leur tour d'accéder à de nouvelles lectures, par un *effet boule de neige* bien connu.

Entrer dans l'univers d'un livre suppose qu'on ait, au départ, un minimum de connaissances préalables sur l'époque, le cadre, les situations évoquées. Si tel n'est pas le cas, le lecteur se trouve dans l'incapacité de créer des images mentales et sa lecture risque de rester purement mécanique, sans implications imaginatives ni affectives.

Pour que la lecture ait un sens, il faut que l'équilibre soit tenu entre le connu, qui permet de *lire entre les lignes* l'implicite du texte, et l'inconnu qui motive sa découverte.

Ouverture sur le monde, mais aussi ouverture sur les êtres humains et leur psychologie. Dans un souci légitime de promouvoir des valeurs positives et de montrer clairement le côté de la morale, la littérature de jeunesse tombe parfois dans le piège du manichéisme avec des personnages simplifiés, à la limite de la caricature.

En abordant de front des situations jadis ignorées, comme le divorce par exemple, la production récente échappe souvent à ce reproche en faisant vivre des personnages plus complexes et plus nuancés. Ces livres proposent au lecteur un reflet de ses propres préoccupations ou, au contraire, lui font découvrir quelque chose dont il n'a pas idée. **Ils l'aident à se situer et à grandir.**

La lisibilité

D'abord culturelle, la lisibilité est aussi typographique et linguistique. Cet aspect, important quand il s'agit d'adultes, devient décisif quand il s'agit d'enfants et particulièrement d'enfants en difficulté.

L'enquête réalisée par l'IFOP pour le *Salon du Livre de Jeunesse* de 1986 et dont nous avons parlé plus haut, souligne l'importance de l'aspect matériel de l'objet-livre : l'épaisseur, la taille des caractères, la couverture, la présence ou l'absence de dessins ou de photographies.

Un lecteur moyen d'une dizaine d'années répugnera à se lancer dans un texte trop long, imprimé trop petit ou trop serré et dans lequel les illustrations sont rares.

Il faut être bien conscient de cette réalité, d'autant plus que toutes les enquêtes montrent que l'adulte qui choisit un livre pour un enfant a tendance à surestimer de façon systématique la maturité et les capacités réelles de celui-ci. La prudence est donc de rigueur car un livre trop difficile peut créer un découragement et un désintérêt durables.

Notons à ce propos que la transition de l'album au roman se révèle parfois délicate. L'enfant de sept à huit ans passe, en effet, brutalement du monde de l'image, somptueuse ou drôle, à celui des petits signes qui dansent devant ses yeux. Du monde de la couleur au monde en noir et blanc.

À cette difficulté *technique* s'ajoute une brusque déperdition *affective*. Depuis qu'*il sait lire*, l'enfant se retrouve seul devant son texte, sans le dialogue et la médiation de l'adulte. Il a donc besoin d'être accompagné dans cette évolution nécessaire pour que la solitude de la lecture ne devienne pas pour lui un obstacle.

Quelques activités pour le Cycle 3

La lecture au Cycle 3 ne se résume pas aux activités que nous allons maintenant décrire. Ce sont, on va le voir, des situations où priment la liberté du choix, l'initiative, l'échange. Elles ne se substituent pas aux activités plus dirigées qui doivent se faire en parallèle pour améliorer les performances de lecture ou pour aider à la compréhension fine du texte.

■ Un espace de liberté

Comme le dit René Diatkine dans un interview récent, la lecture doit être pour l'enfant un espace de liberté. «*La littérature, pour rester attractive, doit garder ses secrets. Ce que l'enfant imagine ne peut être partagé. Si on fait lire un texte à un enfant et qu'on intervient immédiatement en le questionnant sur ses émotions ou ses fantasmes, on empêche l'envie de lecture de se développer.*»

■ Une bouteille à la mer

L'évaluation des capacités de lecture ne peut être absente de l'école. Mais elle doit être bien dosée, ciblée et circonscrite. Trop envahissante, elle devient nocive.

Donner un livre à un enfant, c'est toujours un peu lancer une bouteille à la mer. L'enseignant doit accepter cette part de hasard.

La pédagogie différenciée est plus que jamais à l'ordre du jour. En bouleversant délibérément la logique du grand groupe (groupe classe), les activités que nous proposons permettent d'introduire une grande souplesse pour diversifier les types d'approche, les niveaux et les exigences.

Fiche 24

Les activités de lecture

Exemple de répartition possible des activités de lecture au Cycle 3 sur une semaine

1. Autour d'un livre :

– activité *bibliothèque* : emprunter lire librement	30' à 45'
– livre-relais : 5' par jour ou lecture du maître ou présentation de livre	20'
– compréhension fine	45'

2. Activités d'entraînement :

Sous forme d'ateliers, pendant qu'un groupe travaille à la production d'écrits sous la houlette de l'enseignant : 45' par jour x 4.	3h

- Puzzles
- Textes écrémés
- Lire pour faire
- Fiches de jeux
- Exercices de rapidité et de mémoire
- Recherche documentaire

3. Séance consacrée à la méthodologie d'un des exercices :

– Explication des prises d'indices et d'un comportement de lecture efficace	30'
4. Total des activités de lecture/écriture :	5h 30'

Il reste 1h 30' pour les activités autour de la langue.

Fiche 25

Expositions de livres

Ce sont des expositions temporaires destinées à renouveler l'intérêt du coin-lecture. Il suffit pour cela d'une table dans un endroit accessible de la classe.

Les enfants sont invités à consulter, feuilleter et éventuellement emprunter.

Les livres sont prêtés pour trois semaines ou un mois par la bibliothèque municipale ou la bibliothèque centrale de prêt (BCP départementale), l'idée étant de lier concrètement les livres à :

• la vie de la classe : thème ou sujet d'étude en cours (en histoire, géographie, biologie), visite projetée, pays d'origine des élèves étrangers, etc.;

• la vie locale ou régionale, exposition, fête...;

• l'actualité enfin : l'échouage d'une baleine sur une plage de l'Atlantique, le réveil d'un volcan quelque part dans le monde, le lancement d'une sonde spatiale aux confins du système solaire... sont autant de balles à saisir au bond.

Le prétexte peut aussi être un film ou une émission de télévision car l'audiovisuel crée, en général, une puissante motivation.

Présenter des livres

• **Pourquoi ?**

L'objectif est de parler d'un livre qu'on a lu pour donner aux autres l'idée et l'envie de le lire à leur tour. Même si une trace écrite n'est pas à exclure pour la mémoire du groupe, il s'agit essentiellement d'une présentation orale : un enfant apporte le livre qu'il vient de lire et explique ce qu'on y trouve et pourquoi il l'a aimé.

Mais on peut aussi **varier les situations de communication** : la présentation peut être le fait d'un groupe d'enfants ou de l'enseignant et peut se faire devant une autre classe, par exemple.

On présente les livres qu'on a aimés, mais aussi des livres qui viennent d'être empruntés ou achetés par l'école, des livres qui font partie de l'exposition, etc.

Ces présentations prennent peu de temps. Dans une école où les échanges se font le plus souvent sur le modèle questions/réponses, elles fournissent aux enfants des occasions de produire des énoncés oraux longs.

• **Comment ?**

Dans le débat qui peut ensuite s'instaurer, les élèves apprennent à écouter et à défendre des idées.

Présenter un livre, c'est en dire suffisamment mais pas trop, de manière à créer une amorce sans tout dévoiler. Un tel exercice ne s'improvise pas et demande à être clairement guidé.

Présenter un livre par oral (devant la classe) ou par écrit (pour le fichier de la BCD ou pour le journal de l'école) est un exercice complexe.

Réflexion et préparation sont nécessaires avant de se lancer, car l'équilibre est difficile à tenir : il faut savoir **créer une attente** pour intéresser les lecteurs potentiels et les allécher, mais en même temps il ne faut pas trop en dire sous peine d'enlever à la lecture tout intérêt de découverte.

Pour que les enfants acquièrent une représentation plus claire de ce qu'ils doivent faire, on peut analyser avec eux quelques *quatrièmes de couverture* et dégager quelques *ingrédients* et quelques procédés d'un texte de présentation.

• Deux exemples : *La petite fille en kimono rouge* et *L'homme qui brillait la nuit.*

Si l'on regarde de près les deux exemples proposés page 72, on remarque que, de manière identique :

- ils campent brièvement le héros ou l'héroïne, ainsi que les personnages principaux ;
- ils situent l'action dans l'espace ;
- ils évoquent à grands traits la situation de départ ;
- ils anticipent sur la suite de l'histoire, mais sous forme de questions qui n'ont pas de réponses. Seule la lecture du livre peut apporter ces réponses.

Cette observation permet donc aux élèves d'organiser le canevas de leur présentation.

Il est possible également et selon les cas de :

- lire le début du livre ;
- expliquer le titre pour présenter le thème de l'histoire ;
- inventer un autre titre à sa façon ;
- présenter la couverture ou les illustrations ;
- raconter l'histoire en s'arrêtant soigneusement là où l'action démarre vraiment, sans la dévoiler ;
- lire un passage important ou significatif ;
- donner un avis motivé et justifié sur le livre ou du moins s'y essayer. Même au Cycle 3, cela reste quelque chose de difficile.

HAUGAARD Kay, *La Petite fille au kimono rouge*, Livre de Poche jeunesse.

JEU

CHARADE

– Mon premier est une lettre de l'alphabet

– On mange beaucoup mon deuxième au Japon

– Mon troisième est la moitié d'un gâteau

– Mon quatrième est dans le pain

Mon tout est en papier

Solution

ORIGAMI

– O

– RIZ

– GA

– MIE

HAUGAARD Kay, *La Petite fille au kimono rouge*, Livre de Poche jeunesse.

JEU

MOTS FLÉCHÉS

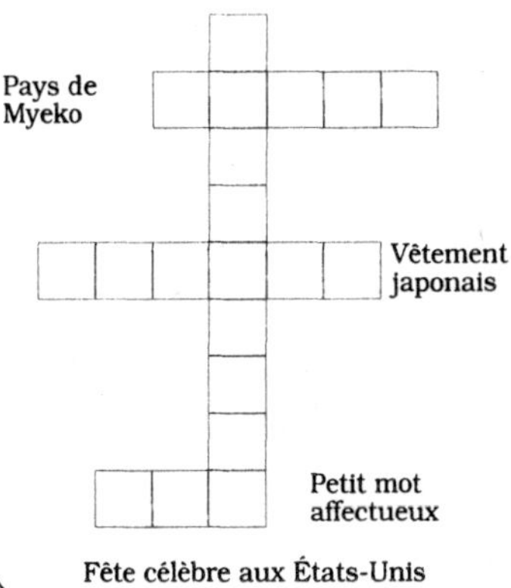

Solution

Fiche 27

La lecture partagée

Les cas de figure sont multiples.

• La lecture à haute voix de l'enseignant

Celui-ci lit régulièrement à la classe un conte ou une nouvelle, un épisode marquant d'un roman ou un montage d'extraits... On observe que les enfants sont très réceptifs à ce type de lecture et en gardent toujours des souvenirs très précis.

• La lecture à haute voix d'un enfant ou d'un groupe

La lecture oralisée prend ici tout son sens puisque les auditeurs ne connaissent pas le texte. Elle demande à être soigneusement préparée avec l'aide éventuelle d'un magnétophone.

• Le livre-relais

Choisir un livre à rebondissements qui se prête bien au découpage en feuilleton, par exemple, de Claude Klotz, *Drôle de samedi soir*[1], ou de Roald Dahl, *La Potion magique de Georges Bouillon*[2].

Découper le texte de manière que chaque épisode se termine par un moment d'incertitude ou de suspense.

Confier le livre à un élève pour une soirée : il devra lire le premier épisode et être capable de le raconter clairement à ses camarades le lendemain matin. Le soir même, un deuxième élève lit le deuxième épisode pour le raconter lui-même le lendemain, et ainsi de suite...

Il est important d'imposer un rythme soutenu. La lecture-relais ne doit pas dépasser une dizaine de jours. Pour que l'intérêt ne se dilue pas, il faut coller le plus possible au rythme réel de lecture dans la vie courante.

Facile à organiser et peu gourmande en matériel, cette activité enrichit l'expression orale des élèves sollicités. Elle permet une rotation rapide et tous les élèves sont amenés à participer activement.

Elle permet également à l'ensemble du groupe de prendre connaissance d'un nombre non négligeable d'histoires.

---

1. coll. « Livre de Poche », Hachette.
2. coll. « Folio-Cadet », Gallimard.

Fiche 28

Les jeux de lecture

Plutôt que des fiches de lecture classiques, on peut faire inventer aux enfants des fiches de jeux en rapport avec le livre qu'ils viennent de lire, les lieux, les personnages, les situations : mots croisés, mots fléchés, charades, rébus... L'enfant devra prévoir la correction au verso.

La confection de tels jeux suppose une lecture très précise. En outre, jouer avec les mots est une manière de les dominer.

Des jeux sont parfois organisés sur une plus grande échelle dans le cadre de ce qu'on appelle couramment un *défi lecture* : deux classes lisent par groupes le même ensemble de livres (une dizaine pour un Cycle 3) et se posent ensuite mutuellement des questions sur ces livres. La classe qui totalise le plus de réponses justes a gagné.

Des difficultés surgissent parfois quant à l'intérêt des questions, trop superficielles ou trop ponctuelles. Mais ces *défis* créent une évidente dynamique de lecture et chacun lit la quantité qu'il peut lire.

L'imagination et la mise en scène

Fiche 29

S'installer dans le livre, se le représenter en deux ou trois dimensions, le faire vivre de l'intérieur, tel est le but des activités proposées, qui à travers leur diversité, présentent deux points communs : elles s'inscrivent aisément dans le cadre d'ateliers différenciés, elles sont toutes orientées vers l'échange et la communication.

• **Mimer ou mettre en scène un ou plusieurs épisodes importants**
Le jeu dramatique oblige le lecteur à se décentrer pour se mettre à la place du personnage et à se représenter concrètement le cadre et les situations.

• **Traduire l'histoire en bande dessinée**
Tâche passionnante mais de longue haleine et qui demande une démarche progressive très structurée :
- analyse de la structure du récit et découpage des épisodes ;
- choix des *moments* privilégiés ;
- repérage de ce qui se passe par les dessins, les cartouches, les bulles du dialogue ;
- cohérence dans les détails des dessins.

• **Réaliser un montage de diapos**
Comme la bande dessinée, le montage de diapos suppose une analyse très poussée du texte. C'est une activité très complète qui peut mobiliser une classe pendant plusieurs semaines : préparation du texte et lecture orale, choix des musiques, réalisation des diapos (par des dessins directs sur calques ou par la photographie de dessins réalisés en grand sur des feuilles).

Analyse de l'objet-livre

Fiche 30

L'objectif est double :

• repérer tous les renseignements que l'on peut trouver en dehors du texte, proprement dit, roman ou documentaire ;

• montrer comment ces renseignements sont intéressants pour la compréhension du livre en général et d'un livre en particulier.

Fiche d'identité du livre

1 – Le titre et, éventuellement, dans le cas d'une traduction, le titre original
2 – L'auteur
3 – Éventuellement, le traducteur
4 – Éventuellement, l'illustrateur ou les illustrateurs
5 – L'éditeur : nom, logo, adresse...
6 – La collection : nom, logo
7 – Éventuellement, la tranche d'âge visée par le livre

8 – L'imprimeur : nom et adresse
9 – La date d'édition, le dépôt légal
10 – Le prix ou code barre.

L'illustration

11 – La couverture
12 – Les illustrations intérieures

Le hors-texte

13 – Texte de présentation, résumé (quatrième de couverture)
14 – Exergue (citation)
15 – Dédicace
16 – Avertissement, avant-propos, préface...
17 – Notice(s) biographique(s) sur l'auteur (et l'illustrateur)
18 – Table des matières
19 – Lexique, glossaire
20 – Documents, chronologie
21 – Autres titres de la collection ou de l'auteur
22 – Publicité

Des collections pour le Cycle 3

Bordas

Aux quatre coins du temps : titres variés faisant une large place à la vie quotidienne et à l'humour. Lecture assez facile (textes courts, présentation aérée).

Casterman

Aventures à construire : sur le modèle du «*Livre dont vous êtes le héros*», livres-aventure, livre-jeux à choix multiples.

Épopée : sous une forme accessible, quelques grands textes de notre littérature. À signaler particulièrement la série des volumes consacrés au cycle des Chevaliers de la Table Ronde.

Mystère : romans policiers.

Passé composé : romans historiques.

L'École des Loisirs

Renard Poche

Neuf

Médium
Ces deux collections font une large place à la vie quotidienne des enfants, leurs éventuels problèmes psychologiques et relationnels au sein de la famille, à l'école...
Classiques abrégés

Flammarion

Castor Poche Junior
Castor Poche Senior

De nombreux titres de styles variés : aventure, psychologie, histoire. Bonne lisibilité.

Gallimard

Folio Cadet : titres variés et grands auteurs (Roald Dahl, Isaac Asimov...) à partir du CE2. *Folio Junior* : auteurs reconnus (Pierre Gripari, Michel Tournier...) pour une collection variée où la difficulté de lecture est elle aussi variée.
Le livre dont vous êtes le héros.

Hachette

Une gamme de collections qui sait varier les genres.
Bibliothèque Rose : facile

Bibliothèque Verte

Verte Aventure : quelques titres classiques

Verte Série : aventure et suspense

Poche Jeunesse : du facile *(Zozo la Tornade* d'Astrid Lindgren*)*, et du moins facile *(Les aventures de Pinocchio* de Carlo Collodi, par exemple).

Hatier-Rageot

Histoires d'Histoire (romans historiques)

Cascade : aventures, histoires policières (Boileau-Narcejac, par exemple), etc.

Larousse

Classiques Junior

Magnard

Tire-Lire Poche

Fréquence 4

Nathan

Poche Nathan : titres de styles variés à partir du CE2.

Bibliothèque internationale : une ouverture vers d'autres cultures.

Nuits noires : romans policiers.

Syros

Souris noire (romans policiers)
Souris noire plus (romans policiers).
Pour ces deux collections langage parfois très familier.

Milan
Zanzibar : aventures.

Une sélection thématique pour le Cycle 3

Dans chaque rubrique, les livres sont classés du plus facile au plus difficile.

Humour et vie quotidienne

Lindgren, Astrid – *Zozo la tornade*, Livre de Poche Jeunesse.

Charpentreau, Jacques – *Comment devenir champion de football en mangeant du fromage*, « Ma première Amitié », Éditions de l'Amitié.

Klotz, Claude – *Drôle de samedi soir*, Livre de Poche Jeunesse.

Ciravegna, Nicole – *Chichois de la rue des Mauvestis*, « Aux quatre coins du temps », Bordas.

Kahn, Michèle – *Un ordinateur pas ordinaire*, « Aux quatre coins du temps », Bordas.

Humour, fantaisie et imaginaire

Gripari, Pierre – *Contes de la rue Broca*, La Table ronde.

Ces contes sont également disponibles en deux volumes : *Le Gentil petit diable* et *autres contes de la rue Broca* ; *La Sorcière de la rue Mouffetard* et *autres contes de la rue Broca*, « Folio Junior », Gallimard.

Tous les livres de Roald Dahl :

– *Fantastique Maître Renard*, « Folio Cadet », Gallimard.

– *La potion magique de Georges Bouillon*, « Folio Cadet », Gallimard.

– *Charlie et la chocolaterie*, « Folio Junior », Gallimard.

– *James et la grosse pêche*, « Folio Junior », Gallimard.

Rodari, Gianni – *La tarte volante*, « Folio Junior », Gallimard.

Kipling, Rudyard – *Histoires comme ça*, « Folio Junior », Gallimard.

Quelques albums

Brisville, Jean-Claude et Bour, Danièle – *Un hiver dans la vie de Gros-Ours*, Grasset Jeunesse.

Molan, Dennis – *Le château de sable*, « Sélection du Père Castor », Flammarion.

Murphy, Jim et Weatherby, Mark Alan, *Le dernier dinosaure*, L'École des loisirs.

Autrefois – Romans historiques

Préhistoire

Baumann, Hans – *Le mystère des grottes oubliées*, «Castor Poche», Flammarion : découverte des grottes de Lascaux.

Moyen Âge

Noguès, Jean-Côme – *Le faucon déniché*, Éditions GP, Livre de Poche Jeunesse.

Selve, Francine de – *Nicos de Provins*, «Passé composé», Casterman.

Fin de l'Ancien Régime

Helgerson, Marie-Christine – *Dans les cheminées de Paris*, «Castor Poche», Flammarion.

XIXe siècle : le travail des enfants

Helgerson, Marie-Christine – *Claudine de Lyon*, «Castor Poche», Flammarion.

Textes classiques

Daviot, François – *Trois histoires de Renart*, «Cadet Castor», Flammarion.

La série des *Chevaliers de la Table Ronde*, «Épopée», Casterman.

Ailleurs

Tous les livres de James Huston, «Castor Poche», Flammarion.

Haugaard, Kay, *La petite fille au kimono rouge*, Livre de Poche Jeunesse.

Tous les livres de Yvon Mauffret, «Bibliothèque de l'Amitié», Éditions de l'Amitié.

Tournier, Michel – *Vendredi ou la vie sauvage*, «Folio Junior», Gallimard.

Science-Fiction

Grenier, Christian – *Le secret des mangeurs d'étoiles*, «Ma première amitié», Éditions de l'Amitié.

Asimov, Isaac – *L'invité du ciel*, «Folio Cadet», Gallimard.

Cosem, Michel – *Alpha de la Licorne*, La Farandole.

Beaude, Pierre-Yves, Flora *l'inconnue de l'espace*, «Castor Poche», Flammarion.

La recherche documentaire au Cycle 3

Pourquoi une initiation à la recherche documentaire?

Au terme du Cycle 3, l'élève doit être capable de trouver les informations dont il a besoin sur un sujet donné, d'analyser ces informations, de les exposer et de les communiquer à autrui. Cette compétence, qualifiée de *transversale*, au même titre que le développement de la mémoire ou la mise en place de méthodes de travail par exemple, se construit progressivement tout au long de la scolarité élémentaire. Elle suppose des savoir-faire variés et complexes dont ne disposent pas tous les enfants en fin d'école primaire : lecture efficace et adaptée à toutes les situations, capacité d'abstraction, d'analyse et de synthèse... Elle est en cours d'acquisition. Le collège et le lycée la développeront et la renforceront.

La recherche et l'exploitation de documents constituent donc un domaine essentiel de l'activité de lecture. Il s'agit, en effet, de développer chez l'enfant : la curiosité intellectuelle et l'esprit de recherche, l'initiative et l'autonomie, l'esprit critique.

La recherche documentaire incite l'enfant à poser et à se poser des questions, tout en lui donnant les moyens d'y répondre. L'élève actif qui rassemble des documents et les compare, qui apprend petit à petit à organiser son travail et sa réflexion prépare un futur adulte plus libre et plus responsable.

Par les objectifs qu'elle se donne et par les activités qu'elle implique, la recherche documentaire suppose la possibilité d'accès à une masse importante de documents les plus variés, écrits et audiovisuels.

Certains travaux sont certes possibles dans les limites de la classe par le biais de prêts massifs émanant d'une bibliothèque municipale ou d'une BCP. Mais ils se justifient davantage dans le cadre même d'une bibliothèque *grandeur nature*, bibliothèque de l'école ou bibliothèque de la commune. L'enfant doit comprendre – en situation – qu'une bibliothèque est un espace dans lequel il faut se repérer et un outil dont il faut apprendre à se servir.

À défaut d'une BCP dont la création est pourtant fortement conseillée depuis une dizaine d'années, il est important d'exploiter en priorité les éventuelles ressources locales, aussi modestes soient-elles.

Comment chercher les documents ?

■ Avoir un projet motivant

Pour être vraiment efficace, la recherche documentaire doit être motivée et s'inscrire dans un projet.

La motivation peut être créée par le fort intérêt personnel d'un enfant ou d'un groupe d'enfants pour un sujet donné (pays d'origine, événement de l'actualité, prise en charge d'un animal familier), ou encore par un lien évident avec la vie du groupe (lecture, thème, sujet d'étude, visite, voyage, départ en classe de nature). Il est essentiel, en effet, que la recherche menée se trouve en relation étroite avec des centres d'intérêt individuels ou collectifs et qu'elle débouche sur une production dont la nature est connue à l'avance, communication orale (exposé) ou communication écrite (fiche compte-rendu, panneau à afficher). La forme sous laquelle un élève ou un groupe d'élèves rend compte de son travail modèle en partie le choix et le traitement des documents.

■ Élaborer un questionnement

L'enseignant doit aider l'enfant à préciser le sujet de sa recherche et à en cerner les limites. Cet accompagnement, essentiel au démarrage, constitue l'un des aspects de son rôle de *personne-ressource*. Il conditionne pour une part le type de documents vers lesquels il va falloir se tourner et l'exploitation qui en sera faite. Cela suppose que l'enseignant ait réfléchi à la problématique et vérifié, même brièvement, que la recherche est possible.

La littérature documentaire et encyclopédique réserve parfois, en effet, des surprises. Il existe, par exemple, très peu de livres actualisés sur les métiers, et en particulier les métiers plus contemporains : une recherche dans ce domaine risque donc de tourner court. Il peut se trouver aussi que tel mot-clef essentiel à la recherche ne figure pas dans l'index, cette absence rendant l'exploitation du livre problématique. Un repérage préalable n'est donc pas inutile. Il permet d'éviter beaucoup d'impasses et de découragements.

Il s'agit ensuite d'aider l'enfant à clarifier ses buts et ses intentions. Clarification relative et provisoire, d'ailleurs, car il est fréquent que la recherche elle-même fasse évoluer la problématique posée au départ : c'est en cours de route que l'enfant, comme l'adulte, peut élargir sa vision et prendre du recul.

Parfois, le questionnement existe au départ, spontané ou induit : *Pourquoi le ciel est-il bleu? Qu'est-ce qu'un ordinateur? Que mangent les baleines? Pourquoi les feuilles tombent-elles à l'automne? Qu'est-ce qu'un oiseau migrateur?* Les questions de ce type sont intéressantes parce que précises. Mais l'enfant doit savoir qu'il ne trouvera pas une réponse ponctuelle à une question ponctuelle. Il doit donc apprendre à diversifier ses questions et à élargir leur domaine.

Parfois, au contraire, faute de motivation ou de préparation, le questionnement est inexistant. L'enfant arrive alors à la bibliothèque en demandant «*des renseignements sur la forêt*» ou «*des livres sur l'astronomie*». Ces thèmes sont trop vastes pour donner lieu à une recherche pertinente. L'adulte doit guider l'enfant pour qu'il trouve lui-même les informations plus précises qu'il souhaite trouver.

■ Recourir à différents types de documents

Inséparable du questionnement sur le thème, le questionnement sur les différents types de documents à interroger.

L'un des objectifs terminaux de l'école élémentaire est que l'enfant soit capable, dans la plupart des cas, d'identifier les divers supports de l'information, de les nommer et d'expliquer quels genres de renseignements il va y trouver : encyclopédies générales (alphabétiques ou thématiques); encyclopédies spécialisées, dictionnaires encyclopédiques, dictionnaires de langue, atlas, documentaires, journaux, biographies... sans oublier les supports audiovisuels.

Les types de documents

Fiche 31

• Objectifs

Être capable de choisir tel ou tel type de document en fonction du renseignement recherché.

Par la fréquentation d'une bibliothèque, certains enfants acquièrent parfois, de façon implicite et pragmatique, une certaine connaissance des outils de la recherche documentaire. Une synthèse systématique est cependant utile, voire indispensable, pour la majorité d'entre eux.

• Organisation matérielle

Les élèves travaillent par groupes. À la disposition de chaque groupe :

– un dictionnaire de langue

Fiche 31

- un dictionnaire encyclopédique
- un atlas
- un documentaire
- un magazine type *Images Doc* (Bayard Presse) ou *Science et Vie Junior.*

• **Démarche**

1. Exploration libre des documents et échanges informels.

2. Fiche d'identité du livre :

- titre complet, sous-titre(s) et indications diverses figurant sur la couverture (par exemple : « édition de poche », « nouvelle édition », etc.),
- auteur(s),
- éditeur(s),
- collection (éventuellement),
- date de publication, périodicité.

3. Quels renseignements trouve-t-on dans chaque document ?

Dictionnaire de langue

L'orthographe et le sens des mots de la langue (que l'on peut retrouver facilement puisqu'ils sont classés par ordre alphabétique), mais aussi des dessins, quelques planches documentaires, des tableaux de conjugaison, etc.

Dictionnaire encyclopédique

Prédominance des noms propres, seuls ou mélangés à des noms communs intéressants pour leur aspect documentaire. On y trouve donc des renseignements historiques (personnages célèbres), des renseignements géographiques (sur des pays, des villes). À travers les noms communs, si noms communs il y a, tous les domaines de la connaissance peuvent être abordés : biologie, chimie, physique, astronomie, médecine...

Comparer, par exemple, l'article *lynx* dans le *Dictionnaire Hachette Junior* (dictionnaire de langue, 1988) et le *Dictionnaire Encyclopédique Junior* (Hachette, 1986) :

Dictionnaire Hachette Junior

lynx *nom m. 1 Animal sauvage qui ressemble à un chat. • Du haut de l'arbre, le lynx a bondi sur sa proie. 2 (fig.) AVOIR DES YEUX DE LYNX : avoir une très bonne vue, une vue perçante.*

Dictionnaire Encyclopédique Junior

lynx *nom m. Mammifère carnivore de l'hémisphère nord, haut sur pattes, aux oreilles longues et pointues se terminant par une touffe de poils en forme de pinceau. C'est un animal nocturne, qui vit dans les forêts épaisses et se nourrit de gibier.*

Abondance de dessins, de planches et de cartes.

Atlas

Cartes de tous les pays du monde et index alphabétique de tous les noms figurant sur ces cartes.

Documentaire

Les documentaires sont à l'heure actuelle d'une très grande variété. Tout dépend donc du choix proposé.

Certains livres creusent un sujet précis et bien cerné : Christophe Colomb, les poneys, le pissenlit, la Tour Eiffel... D'autres proposent des visions plus extensives et panoramiques : la vie quotidienne au Moyen Âge, les oiseaux, l'énergie, l'espace...

Magazine

Sujets documentaires variés, nouvelles de la science, courrier, jeux... Par rapport au documentaire, contenu plus en prise sur l'actualité, mais éclaté et imprévisible.

• **Réinvestissemen**t

Le réinvestissement se fait, à terme, dans les situations de recherche réelle.

On peut cependant proposer un réinvestissement immédiat sous forme de questions ponctuelles.

Exemple. Où peut-on trouver les renseignements suivants :

- *Combien y a-t-il d'habitants en Chine ?*
- *Où se trouve Franceville ?*
- *Qu'est-ce que le grisou ?*
- *Quelle est la superficie de l'Italie ?*
- *Comment s'écrit le mot [pitekãtR ɔp]*
- *Quel est le genre du mot* obélisque*?* etc.

Se familiariser avec les lieux

L'enfant apprend progressivement à repérer, dans les locaux de la bibliothèque : le coin des albums, le coin des romans (éventuellement, les premiers romans d'un côté, les romans pour lecteurs confirmés d'un autre côté), le coin des bandes dessinées, le coin des journaux et des magazines, le coin des documentaires.

Le repérage fin du domaine des documentaires est plus délicat. Ceux-ci sont, en effet, répertoriés selon les principes de la classification décimale Dewey qui répartit les connaissances humaines en dix classes, elles-mêmes divisées en dix sous-classes et ainsi de suite de manière à cerner au plus près chaque sujet et chaque domaine du savoir. La classification à l'usage des enfants est simplifiée. Elle nécessite cependant un apprentissage (voir page 84).

Apprendre à consulter les fichiers

Les fichiers, quand ils existent, permettent une utilisation plus rationnelle de la bibliothèque. La connaissance de ces outils, plus abstraite et complexe que le repérage direct des livres sur les étagères, représente un degré supplémentaire dans l'initiation. Cette compétence, en cours d'acquisition, sera renforcée au collège dont elle représente un objectif essentiel.

Les 100 cases du savoir

•

Les livres de la bibliothèque sont rangés selon ce plan

la lecture s'effectue dans le sens des colonnes, verticalement

•

Les livres sur les rayons sont rangés ensemble par discipline d'étude ou activité professionnelle.

A chaque domaine (ou case de la classification) correspond un nombre (indice)

•

Pour trouver un livre, repérez sa COTE :

La cote représente l'adresse du livre :

Tous les livres traitant d'une même discipline ont toujours la même cote numérique : ils sont ainsi regroupés dans l'ordre sur les rayons.

Conseil de recherche :
Votre sujet peut être vu sous plusieurs aspects : technique, juridique, économique, philosophique, littéraire, historique.
Consultez aussi les livres d'autres domaines.

•

Cette classification décimale a un usage international : vous la retrouverez dans la plupart des bibliothèques en France et dans le monde.

000 INFORMATION COMMUNICATION	100 PHILOSOPHIE	200 RELIGION	300 SCIENCES SOCIALES	400 LANGAGE	500 SCIENCES	600 TECHNIQUES	700 ARTS · LOISIRS	800 LITTERATURE	900 HISTOIRE GEOGRAPHIE
Bibliographies Catalogues 010	Metaphysique 110	Religion naturelle 210	Statistiques (population etc.) 310	Linguistique 410	Mathematiques 510	Medecine hygiene santé 610	Urbanisme art du paysage 710	Litterature americaine 810	Geographie voyages 910
Bibliothèque et lecture Documentation 020	Connaissance 120	Bible Evangiles 220	Politique l'Etat 320	Langue anglaise 420	Astronomie 520	Techniques industrielles mecanique electricite radio energie vehicules 620	Architecture 720	Litterature anglaise 820	Biographies vie d'un personnage genealogie 920
Encyclopedies generales 030	Parapsychologie Astro-chiro-graphologie 130	Theologie doctrinale chretienne (dogme) 230	Economie travail finances production consommation 330	Langue allemande 430	Physique 530	Agriculture forêt elevage pêche 630	Sculpture 730	Litterature allemande 830	Histoire ancienne 930
X	Systemes philosophiques 140	Theologie spirituelle vie religieuse personnelle 240	Droit (justice) 340	Langue française (dictionnaires grammaires) 440	Chimie mineralogie 540	Arts menagers cuisine couture soins de beaute puericulture 640	Dessin Arts decoratifs 740	Litterature française 840	Histoire de l'Europe 940
Periodiques generaux annuaires 050	Psychologie 150	Theologie pastorale la paroisse 250	Administration de l'Etat armee 350	Langue italienne 450	Sciences de la terre geologie meteorologie 550	Entreprise travail de bureau vente publicite 650	Peinture 750	Litterature italienne 850	Histoire de l'Asie 950
Organisations generales congres musees 060	Logique 160	L'Eglise chretienne et la societe 260	Aide Assistance Secours 360	Langue espagnole et portugaise 460	Paleontologie (les fossiles) 560	Industries chimiques et alimentaires 660	Arts graphiques gravure 760	Litterature espagnole et portugaise 860	Histoire de l'Afrique 960
Presse Edition 070	Morale (ethique) 170	Histoire de l'Eglise chretienne 270	Education enseignement 370	Langue latine 470	Sciences de la vie biologie genetique 570	Fabrications industrielles metallurgie bois textiles 670	Photographie 770	Litterature latine 870	Histoire de l'Amerique du Nord 970
Recueils melanges generaux discours 080	Philosophes anciens et orientaux 180	Autres confessions chretiennes 280	Commerce Transports Communication 380	Langue grecque 480	Botanique (les plantes) 580	Articles manufactures 680	Musique 780	Litterature grecque 880	Histoire de l'Amerique du Sud 980
Manuscrits Livres rares 090	Philosophes modernes (XVIe s. à nos jours) 190	Autres religions et mythologie 290	Coutumes et folklore (la mode, les fêtes...) 390	Autres langues russe arabe 490	Zoologie (les animaux) 590	Batiment construction 690	Loisirs spectacles jeux sports 790	Autres litteratures 890	Histoire de l'Oceanie 990

Se repérer dans la bibliothèque

Quand cela est possible, la découverte, le classement et le catalogage des livres et documents (fonds anciens déjà existants ou nouveaux achats) est toujours la meilleure formule : rien de tel que de *faire* et de *manipuler* pour connaître et comprendre.

Quand le contexte ne se prête pas à ce type de gestion directe et autonome, on peut mettre en place quelques activités qui combinent la connaissance concrète des lieux et l'apprentissage d'une classification décimale simplifiée.

1. Après une visite guidée des locaux, **compléter un plan muet** de la bibliothèque.

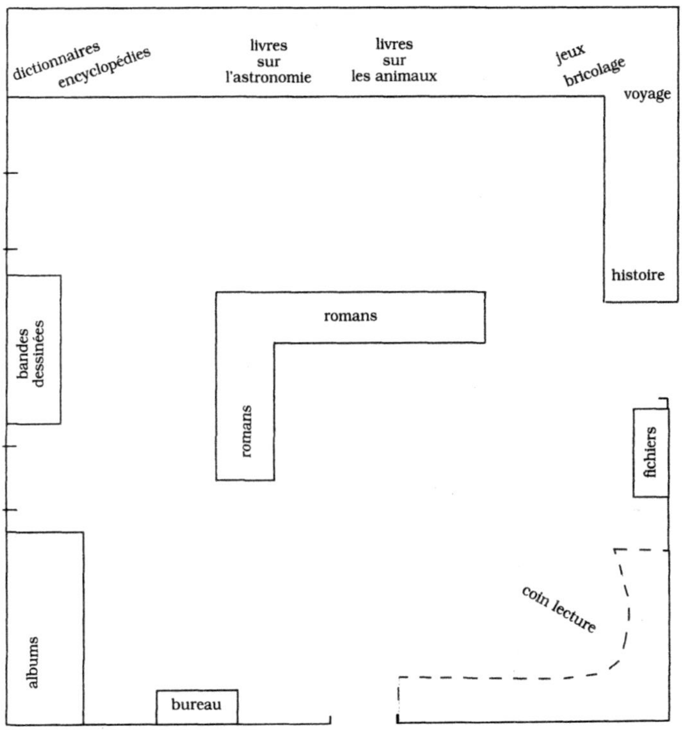

Exemple de travail effectué par une classe

2. Répondre à quelques questions systématiques concernant l'emplacement et la cote des livres. Même s'il est évident que c'est en utilisant une bibliothèque qu'on la découvre, un entraînement plus structuré peut être utile, du moins pour certains enfants. Cette *chasse aux livres* est d'ailleurs vécue davantage comme un jeu que comme un exercice.

– Chercher un livre sur la musique et en faire la *fiche d'identité* (titre, auteur, éditeur, collection, date de publication...),

– chercher s'il y a des livres sur l'astronomie. Combien ?

– Remettre un livre à sa place ;

Fiche 32

- à quoi correspond la cote 590?

- Je cherche la recette de la mousse au chocolat. Où ai-je des chances de la trouver?

Un questionnaire de ce type doit, bien sûr, s'adapter aux réalités et aux ressources locales.

Sur le plan muet de la bibliothèque, tu indiques

1.– le coin-lecture
– le bureau
– les fichiers
2.– les romans
– les albums
– les bandes dessinées
3.– les livres de voyages
– les livres sur l'astronomie
– les livres d'histoire
– les dictionnaires et les encyclopédies
– les livres sur les animaux
– les livres de jeux et de bricolage

Elle suppose une bonne intégration de l'ordre alphabétique, par le biais d'une manipulation active et continue du dictionnaire tout au long de l'école élémentaire ainsi que l'apprentissage du fonctionnement du système des mots-clefs.

Lire les documents

Utiliser un documentaire suppose une capacité de lecture plus complexe, plus diversifiée et plus élaborée que celle d'un roman. Il s'agit en effet d'**une lecture *sélective* et *flexible***. Sauf exception, il est impossible de tout lire de façon linéaire. Une lecture exhaustive se révèle le plus souvent inefficace car inutile et coûteuse en temps.

Fiche 33

La connaissance des fichiers

Ici encore, la meilleure méthode pour s'approprier un fichier est, lorsque les circonstances le permettent, de participer à sa confection ou à sa mise à jour : à partir d'un modèle et après analyse dirigée du livre ou du document, les enfants sont invités à rédiger eux-mêmes les fiches qu'ils utiliseront par la suite.

• **Identification des différents types de fichiers** par une présentation de l'adulte.

On pourra se reporter à la fiche 26 (page 73) pour établir une fiche-modèle.

– Fichier *auteurs*

– fichier *matières*

et éventuellement

– Fichier *titres*

– Fichier *collections*

• **Travail spécifique sur les *mots-clefs*.**

Le fichier *matières* est l'équivalent, à l'échelle de la bibliothèque, de l'index alphabétique d'un livre documentaire. Son maniement efficace est la clef qui permet de découvrir toutes les ressources disponibles sur un sujet donné. Il dépend de la capacité de l'enfant à formuler un questionnement juste et aussi, en cas d'échec, à modifier ou infléchir ce questionnement.

Par exemple, si un élève cherche des renseignements sur la navette spatiale, il ne trouvera peut-être pas de fiche *matière* libellée avec ce mot-clef. Il devra donc apprendre à élargir la recherche à un mot-clef voisin (*fusée, astronaute*) ou renvoyant à un domaine plus large (*espace, conquête de l'espace*).

De même, si un enfant s'intéresse au hamster, il devra acquérir le réflexe de regarder à *animal, animal familier, mammifère.*

• **Entraînement systématique** à travers quelques questions ponctuelles exigeant la manipulation des divers fichiers ;

– citer les titres des livres d'un auteur disponibles à la bibliothèque ;

– chercher le nom de l'auteur d'un livre dont on indique seulement le titre ;

– à quel(s) mot(s)-clef(s) faut-il se reporter si on veut des renseignements sur les papillons, sur les dauphins ou sur les locomotives ?

– Existe-t-il, dans la bibliothèque, des livres sur les robots ?

– Donner les références de deux livres sur un sujet donné.

Cette lecture est aussi *multiforme* et *pluridimensionnelle.* Il faut être capable, non seulement de lire du texte, mais aussi des symboles, des pictogrammes, des schémas, des tableaux, des diagrammes, et de mettre en relation des éléments complémentaires et diversifiés : un texte et une photographie, un texte et un tableau à double entrée, un schéma et une photographie, etc.

La recherche documentaire demande donc au lecteur de faire preuve d'un réel esprit d'initiative, qu'elle contribue d'ailleurs à renforcer. Elle rend nécessaire un entraînement systématique à la lecture exploratoire dont l'objectif est double :

– **apprendre à se repérer méthodiquement** à l'intérieur d'un ouvrage documentaire de manière à éviter les deux écueils possibles : la lecture *in extenso* longue et contraignante d'une part, la recherche fébrile totalement aléatoire d'autre part. Ce repérage peut se faire par une étude précise de l'objet-livre et de ses spécificités qui sont autant d'aides à la lecture.

– **apprendre à lire *en diagonale.*** Tous les livres, fichiers et logiciels dits de *lecture rapide* proposent des gammes d'exercices qui poussent

l'enfant à travailler dans cette direction en se donnant le droit de ne pas tout lire.
Il s'agit, par exemple de repérer rapidement un ***mot-signal*** dans une liste, de repérer rapidement une ***phrase pirate*** dans un texte, de **répondre à des questions sur un texte** au fur et à mesure qu'elles se présentent, sans l'avoir lu auparavant.

Tous ces exercices sont intéressants dans la mesure où ils permettent à l'enfant d'acquérir à la fois plus de rigueur et plus de souplesse.

Exploiter les documents

Activité intellectuelle complexe, l'exploitation de documents est une compétence en cours d'acquisition à l'école élémentaire. Elle nécessite, en effet, certaines capacités d'analyse et de synthèse qui sont davantage à la portée d'élèves du collège. Être capable d'exploiter correctement des documents, c'est être capable de **trier** ce qui est en rapport avec le sujet en écartant ce qui ne l'est pas, dans la masse d'informations disponibles, **distinguer** l'essentiel de l'accessoire, hiérarchiser les informations et **établir** entre elles des liens logiques.

Fiche 34

Se repérer dans un documentaire

Attirer l'attention de l'enfant sur l'existence d'*aides à la lecture* spécifiques et lui donner l'habitude de les utiliser, tels sont les objectifs de ce repérage dans les livres documentaires.

Faire travailler les élèves par groupes de deux et prévoir un document par *binôme.*

1. Observation de la couverture.
À partir du titre, de l'illustration, du nom de la collection, faire faire des hypothèses sur le contenu du livre.

Il faut mettre cette activité en relation avec la nécessité d'un questionnement préalable quand il s'agit d'aborder un thème documentaire : l'enfant doit progressivement apprendre à cerner ce qu'il cherche et à évaluer quel type de renseignements il pense pouvoir trouver dans tel ou tel document.

2. Découvrir librement le livre, le feuilleter.

3. Découverte dirigée à travers quelques questions précises.
Le livre comporte-t-il :

- une table des matières ou un sommaire ?
- un index alphabétique ?
- un lexique ou un glossaire ?
- une bibliographie ?

Noter ce que l'on peut trouver en plus : table des illustrations, cartes, frise chronologique, etc.

4. Mise en commun.
À quoi servent ces outils et quand faut-il les utiliser?

5. Manipulation et réinvestissement.
Chaque documentaire est accompagné d'une fiche de quelques questions qui obligent les enfants à le parcourir dans tous les sens pour en explorer toutes les ressources.

Exemples de questions possibles sur *La France sauvage, Plantes et Animaux protégés*, C.- M. Vadrot, «Échos», Hachette.

– *Si l'on veut faire la liste de tous les animaux actuellement protégés, quel chapitre faut-il lire?*

– *Qu'est-ce qu'un* droséras?

– *À quelle(s) page(s) trouve-t-on des renseignements sur le loup?*

– *À quel endroit du livre peut-on trouver la liste des plantes protégées?*

– *De quoi parle le chapitre intitulé* «Les chers disparus»?

etc.

Ces différentes opérations se manifestent le plus souvent, de façon concrète, par la prise de notes qui débouche soit sur un exposé oral soit sur un résumé écrit. Par la capacité d'abstraction qu'elle suppose, la prise de notes ne peut être un objectif de l'école élémentaire.

Il est nécessaire, en tout cas, de lutter contre l'habitude la plus répandue chez les enfants de cet âge mis en situation de recherche documentaire : la copie (ou la photocopie) de pages entières, sans discernement. Notons à ce propos que certains livres documentaires encouragent la lecture active et la reformulation : la collection «*Clin d'œil*», aux éditions Gamma, par exemple, propose à la fin des volumes des activités et des jeux qui invitent l'enfant à raconter ce qu'il a lu et ce qu'il a appris en utilisant ses propres mots.

Cet aspect essentiel de la lecture et du ***traitement de l'information*** demande à être exploité dans la classe de façon plus systématique. Il prend tout son sens quand il s'inscrit dans une véritable situation de communication : exposé oral, confection d'un panneau d'informations pour la classe, la bibliothèque ou un autre espace commun de l'école, etc. Dans la plupart des classes de Cours Moyen on pourra donc initier les élèves à la prise de notes et au résumé par quelques activités préparatoires. Par exemple :

– relier des phrases et des mots-clefs;
– relier des textes et des titres;
– surligner dans un texte les passages les plus importants;
– retrouver les paragraphes d'un texte dans lequel on a supprimé les passages à la ligne et trouver des sous-titres;
– reformuler oralement et de mémoire un texte lu à haute voix;
– prendre des notes sur un texte à haute voix.

Quelques collections de livres documentaires pour le Cycle 2

Hachette
Collection Cousteau : orientée vers la protection des animaux en danger (baleines, phoques).

Centurion Jeunesse
Premiers pas : à travers les aventures d'un animal (l'ours blanc, le gorille...), la connaissance d'un milieu.
Du... au... : par exemple : *Du cacao au chocolat, Du caoutchouc au plastique*... D'où vient ce que nous mangeons ? Comment sont fabriqués les objets qui nous entourent ?

Gallimard
Mes Premières découvertes : aborde des sujets variés. Présentation et illustrations somptueuses.

Nathan
Animaux copains : pour une meilleure connaissance des animaux familiers.

Gamma
Clin d'œil : s'intéresse avant tout aux plantes et aux animaux (le pissenlit, la coccinelle...).
Le texte et l'image se complètent et s'harmonisent de façon très intéressante.

Bordas
Le Petit chercheur : quelques expériences très simples à réaliser pour une toute première découverte du monde physique.

Gallimard
Les Chemins de la découverte : les animaux proches et ceux qui vivent plus loin de nous.
Découverte Benjamin : constituant une véritable encyclopédie, la collection aborde tous les domaines de la connaissance. Petit format très maniable.
Encyclopédie de Benjamin : histoire, géographie, vie des animaux et sujets scientifiques...

Quelques collections de documentaires pour le Cycle 3

Hachette

Échos Encyclopédie : encyclopédie de poche qui aborde tous les sujets à travers ses sous-collections : *Fondation Diderot, Palais de la découverte, Médias, la Vie quotidienne junior, Personnages...*

Le Tour de la question : thèmes scientifiques

Histoire junior

La Vie privée des animaux

Histoire secrète des animaux

Carnet de Bord : documentaires personnalisés qui retracent la vie de certaines espèces menacées à travers l'aventure individuelle d'un de ses représentants.

La Nouvelle Encyclopédie de la Jeunesse

Berger-Levrault

Aborde tout sujet de type culturel dans les domaines les plus variés. Par exemple : *Un village provençal, Le Bateau de Jacques Cartier, L'Avion de Lindbergh.* Très bonne lisibilité dès le CE2 et dessins très soignés.

Flammarion

Père Castor, Bibliothèque de l'univers : Isaac Asimov y présente l'astronomie de manière accessible avec de superbes photographies.

Nathan

Monde en Poche et *Doc en Poche* : encyclopédie de poche.

Hatier

Œil vert : un regard intéressant sur la nature. Le texte aide à bien lire les photographies.

Gallimard

Découverte Cadet : aborde tous les sujets. Très riche.

Les Yeux de la découverte : son grand format lui permet de présenter un texte très fouillé et une illustration variée.

Belin

Les Petits débrouillards : problèmes à résoudre, expériences à réaliser.

Seuil

Petit point : bonne vulgarisation scientifique où l'on prend les enfants au sérieux.

La lisibilité

Parallèlement aux recherches récentes sur la lecture, on a vu apparaître de nombreux travaux sur la lisibilité des textes. On voit bien comment, en effet, ces deux pôles – l'activité du lecteur, la présentation du texte et son écriture – peuvent se trouver assez étroitement liés. Des linguistes ont donc proposé des grilles d'analyse et des tests de lisibilité(1). La synthèse qui suit s'inspire largement de leurs réflexions et aussi des recherches approfondies que François Richaudeau nous livre dans son ouvrage *La lisibilité*(2).

Bien qu'il ne soit pas dicté par des préoccupations pédagogiques – et peut-être à cause de cela ! – ce discours sur la lecture et l'écriture intéresse l'enseignant au plus haut point. Non seulement il peut aiguiser le regard que celui-ci est amené à porter sur tous les textes qu'il propose à ses élèves : manuels, romans, documentaires... Mais aussi, il fournit des éléments facilement repérables et réutilisables quand ce même enseignant se trouve en position d'auteur : résumés, synthèses, supports divers de lecture ou d'exercices.

La lisibilité d'un texte peut s'analyser de façon convergente selon trois entrées.

1. **La mise en page,** c'est-à-dire tout ce qui concerne les aspects graphique et matériel : présentation, typographie, rapport texte/image, etc.
2. **La mise en texte** ou encore sa **macro-structure,** sa construction, sa progression...
3. **La mise en mots,** c'est-à-dire tous les phénomènes linguistiques qui concernent le niveau de la phrase.

■ La mise en page

• La taille des caractères

Plus le lecteur est jeune, plus les caractères doivent être gros. Une limite cependant : si les lettres deviennent trop grosses, l'œil ne pourra plus, à chaque point de fixation, saisir un ensemble significatif et signifiant.

1. Par exemple, G. Henry, *Comment mesurer la lisibilité ?* Nathan, et G. de Landsheere, *Introduction à la recherche en éducation*, Armand Colin-Bourrelier.

2. Publié chez Retz.

• La forme des caractères
Sans entrer dans le détail, signalons, par exemple, que les italiques sont moins lisibles que les caractères romains.

• Le dosage texte/illustration
Il faut trouver un équilibre entre une présentation trop dense (que l'on trouve dans la majorité des livres un peu anciens) et une mise en page trop éclatée que l'on déplore dans certains documentaires récents où dessins et textes très courts occupent en grand nombre une double page peu structurée. L'édition moderne, malgré quelques excès, arrive en général dans ce domaine à des résultats très satisfaisants.

• Titres, sous-titres, chapeaux, résumés introducteurs
Utilisés de façon modérée et pertinente, ce sont des facilitateurs de lecture. De façon plus générale, une mise en page correspondant à l'attente créée par le type de texte est une aide à la lecture.

Fiche 35

Différentes tailles de caractères

Voici les normes que François Richaudeau présente dans son livre comme souhaitables :

C 18..................chocolat
C 17..................chocolat
C 16..................chocolat
C 15..................chocolat
C 14..................chocolat
C 12..................chocolat
C 11..................chocolat
C 10..................chocolat

Enfants de 6 ans	corps 14 à 18
Enfants de 7-8 ans	corps 14 à 16
Enfants de 9 ans	corps 12
Enfants de 10 ans et plus ; adultes	corps 10 à 12

■ La mise en texte

• Le type de texte
De manière générale, les enfants lisent plus facilement un texte narratif (présentation plus concrète et personnalisée, progression chronologique...) qu'un texte explicatif ou informatif (présentation plus générale et abstraite, progression didactique...).

• La structure du texte
Est-elle conforme à l'attente du lecteur ou non? Si oui, le texte sera plus *facile*. On retrouve ici l'idée de norme par rapport à un type de texte. Ainsi, un jeune lecteur entrera plus facilement au départ dans un conte *traditionnel* dont il connaîtra les marques (*Il était une fois...*) que dans un conte transformé, éclaté, renversé... à la manière de Yak Rivais, dans *Les Contes du miroir*, L'École des loisirs, par exemple. (Mais le plaisir qu'on en retire récompense de l'effort!)

• La progression thématique
C'est la façon dont le texte progresse de phrase en phrase et la façon dont il intègre les informations nouvelles. La progression, dite à *thème constant*, est plus facile à suivre que celles qui introduisent des ruptures.

Exemple de progression à thème constant : «*Le panda vit dans les régions montagneuses de la Chine. Il se nourrit presque exclusivement de bambous, et en grande quantité. Il est aujourd'hui en danger.*» Dans ce type de progression, l'attaque de la phrase renvoie toujours au même élément.

D'autres progressions sont possibles : «*Le panda vit dans les régions montagneuses de la Chine. Les bambous forment presque exclusivement sa nourriture. Son existence est aujourd'hui menacée.*» ou «*Le panda vit dans les régions montagneuses de la Chine. Sa nourriture principale est le bambou. Son principal ennemi est l'homme.*»

Les types de phrases
Introduire des phrases interrogatives, exclamatives ou impératives brise la monotonie du texte en le personnalisant.

■ La mise en mots

• La longueur des phrases
La moyenne ne doit pas dépasser quinze mots. Une phrase beaucoup plus longue doit être structurée en unités plus petites, repérables : les mots soulignant nettement les articulations logiques (*quand, car, comme...*) sont des aides à l'anticipation, donc à la lecture.

• La construction des phrases
Pour une bonne lisibilité, il faut éviter une trop grande distance entre le sujet et le verbe ; les énumérations trop longues, surtout à gauche du verbe ; les enchâssements ; le passif.

• Le choix des mots
Les mots **les plus usuels sont les plus courts**; les plus abstraits et les moins courants sont les plus longs. Des formules de lisibilité introduisent donc le paramètre du nombre moyen de syllabes pour cent mots.

Mots peu courants, mots techniques, mots abstraits, les **mots techniques** sont souvent **plus faciles que les mots abstraits,** une définition suffit parfois à les éclairer.

L'abondance des mots personnels (noms de famille, prénoms, adjectifs et pronoms possessifs, pronoms personnels...) est un facteur de lisibilité. En général, les répétitions et la redondance facilitent la lecture mais elles n'ont pas bonne presse. La synonymie, la périphrase et tout glissement sémantique sont pourtant des obstacles à la lisibilité.

Par exemple : «***Le panda*** *vit dans les régions montagneuses de la Chine.* ***L'animal*** *se nourrit exclusivement de bambous.* ***Ce sympathique mammifère*** *est actuellement très menacé.*»

La lisibilité : un exemple

Le texte suivant donne un bon exemple de lisibilité satisfaisante.

De nouvelles formes d'activité *«À force de remplacer les hommes par les machines, disent certains, il n'y aura plus de travail pour eux et le chômage sera généralisé.»* Quelle erreur ! Jamais la machine ne sera intelligente. Certes, elle peut calculer plus vite que l'homme, garder en mémoire plus d'informations, porter des charges plus lourdes, être plus précise,	• 15 mots en moyenne par phrase • progression à thème constant pendant une grande partie du texte
mais jamais elle ne pourra «comprendre» et «s'adapter», c'est-à-dire être intelligente et innover.	• variété dans le style des phrases et leur construction
Certes, elle remplacera l'homme dans les travaux pénibles, répétitifs, de peu d'intérêt en général, à l'usine ou au bureau,	• style direct
mais elle permettra de produire plus de richesses, de satisfaire de nouveaux besoins et de créer de nouveaux emplois, des emplois différents.	• liaisons logiques bien marquées
Tout d'abord, il faudra construire ces machines, ces robots, ces ordinateurs. Il faudra ensuite remplir leur mémoires,	• beaucoup de verbes —> texte dynamique
créer leurs programmes, les perfectionner et les commander. Voilà certaines des nouvelles activités de l'homme : moins de tâches pénibles et plus d'initiative.	• vocabulaire de la langue courante, peu de mots techniques, peu de mots abstraits.

Hervé Nora et Philippe Vuitton – *L'informatique, la télématique, les techniques nouvelles*, coll. «En savoir plus», Hachette, 1981.

Et voici maintenant une traduction du texte beaucoup moins lisible :

Certains se trompent en pensant que le remplacement systématique des hommes par la machine entraînera une généralisation du chômage, car une machine ne possède pas d'intelligence. Ses possibilités de calcul et de mémorisation, sa puissance et sa précision sont plus grandes que celles de l'être humain, mais ses facultés de compréhension et d'adaptation, c'est-à-dire son intelligence et sa capacité à innover sont nulles. Certes, son développement libérera l'homme des travaux pénibles, répétitifs, de peu d'intérêt en général, à l'usine ou au bureau, mais il permettra aussi de produire plus de richesses, de satisfaire de nouveaux besoins et de créer de nouveaux emplois, des emplois différents. Tout d'abord, la construction de ces machines, ces robots, ces ordinateurs sera nécessaire. Il faudra ensuite remplir leurs mémoires, créer leurs programmes, les perfectionner et les commander. On verra donc apparaître de nouvelles formes d'activités, faites de tâches moins pénibles mais nécessitant davantage d'initiative.

- 25 mots en moyenne par phrase
- de nombreuses ruptures dans la progression du texte
- types de phrases et constructions uniformes
- abondance des nominalisations, donc des mots abstraits.

Qu'est-ce que comprendre un texte au Cycle 3 ?

«Lire, c'est comprendre»

Cette petite phrase fut le profession de foi de tous les chercheurs et pédagogues des années 80 qui ont montré avec ténacité l'insuffisance – sinon la nocivité – d'un apprentissage trop exclusivement centré sur le déchiffrage et d'une pratique scolaire trop exclusivement oralisante. Largement diffusée parmi les enseignants, elle a fait faire à la pédagogie de la lecture un gigantesque bon en avant. Il est maintenant généralement acquis qu'apprendre à lire, ce n'est pas uniquement apprendre la combinatoire des lettres et des sons et que savoir lire ce n'est pas uniquement savoir dire un texte à haute voix. Du Cycle 1 au Cycle 3, la prise de sens est devenue une préoccupation majeure et le modèle de lecteur visé par l'école a progressivement évolué : à travers les multiples manuels, fichiers et logiciels proposés par l'édition, l'oralisant s'est transformé en preneur d'informations.

Qu'est-ce que comprendre ?

En effet, si la réponse à la question : *Qu'est-ce que lire?* est maintenant bien explorée, la réponse à l'interrogation suivante : *Qu'est-ce que comprendre* ? ne va pas du tout de soi.

On s'est contenté jusqu'à présent de solutions intuitives et pragmatiques : l'enfant est invité à lire silencieusement un texte, puis à répondre par écrit à des questions, questions qui – nous le verrons – l'entraînent essentiellement à prélever un certain nombre d'informations ponctuelles.

Cette compétence est intéressante, particulièrement pour la lecture des textes informatifs. Mais elle se révèle insuffisante dans un certain nombre de cas. C'est d'ailleurs une des conclusions qui semble ressortir de l'évaluation CE2-Sixième au plan national.

« La compréhension globale ne pose pas de problème à la majeure partie des élèves. La recherche d'informations littérales est réussie par plus de 80 % d'entre eux. Cependant, on remarque que lorsque le niveau de compréhension requiert des mises en relation ou des déductions, les résultats deviennent moins bons : 65 % de réussite sur un texte relevant du cours préparatoire » (1).

Ce texte fait état de la difficulté de nombreux enfants à développer devant un texte une activité intellectuelle autre que le simple repérage d'informations. Une compréhension fine et plus approfondie nécessite donc un apprentissage spécifique.

Lire entre les lignes

Lire un texte, c'est donc bien sûr au départ accéder à la compréhension littérale. Cette compréhension littérale s'appuie sur la connaissance du vocabulaire, sur le suivi de la progression logique ou chronologique et sur le système de représentation (le fonctionnement des pronoms par exemple), etc.

Mais c'est aussi, bien au-delà de cette lecture de surface, être capable de lire entre les lignes, c'est-à-dire d'approcher l'implicite du texte. Comme le dit Umberto Eco dans *Lector in fabula*(2), le texte est *une machine paresseuse* qui fonctionne à l'économie. Tout texte, sous peine de devenir complètement illisible, renferme sa part d'ombre et de non-dit. Tout texte, aussi clair et lumineux soit-il, demande à être interprété et c'est au lecteur qu'incombe cette tâche.

La lecture n'est donc pas un enregistrement passif d'événements, de faits, d'informations, mais une création individuelle qui se renouvelle à chaque lecture. La plupart des écrivains en sont pleinement conscients et admettent parfaitement qu'une fois publié, un livre leur échappe et devienne ce qu'en font les lecteurs, chacun le lisant et l'interprétant en fonction de son histoire personnelle.

La compréhension, un phénomène complexe

Elle varie en fonction de l'âge et de la culture du lecteur. Elle varie également en fonction du type de texte.

Comprendre un texte de type documentaire, c'est avant tout saisir les informations pertinentes, les relier entre elles, les hiérarchiser, éventuellement les mémoriser.

Comprendre un mode d'emploi, c'est, à partir de la compréhension littérale, être capable de se représenter mentalement la succession des diverses tâches à accomplir.

---

1. Évaluation CE2-6e, résultats nationaux, septembre 1989, in *Éducations et Formations*, hors série de février 1990, Ministère de l'Éducation nationale, de la Jeunesse et des Sports.
2. U. Eco, *Lector in fabula*, Grasset, Paris, 1985.

Comprendre une nouvelle de science-fiction peut supposer, comme dans les deux cas précédents, la mise en œuvre d'un travail logique. Mais cela implique aussi, pour que le texte *vive*, la création d'images mentales personnelles. La lecture est obligatoirement plus libre et plus *divergente* que celle d'un texte informatif ou descriptif.

■ Qu'est-ce que comprendre un texte ?

La compréhension fine d'un texte s'appuie donc, à des degrés divers, sur des facultés intellectuelles variées : raisonnement et logique, mais aussi imagination, mémoire et affectivité.

Elle est donc difficilement mesurable et c'est là une difficulté pédagogique majeure. À la différence de la compréhension littérale, elle échappe entièrement aux questions *fermées* : recherche d'informations ponctuelles, réponses par *oui/non* ou par *vrai/faux*.

Nous allons donc tenter de montrer comment par le choix des textes puis par la conception des questionnaires, on peut aider les enfants à affiner et approfondir leur lecture et leur compréhension.

Fiche 37

Qu'est-ce que comprendre un texte ?

La compréhension fine d'un texte ne se résume pas à une prise d'indices ou à un relevé d'informations ponctuelles.
C'est une opération intellectuelle complexe qui suppose chez le lecteur une attente et une certaine activité créatrice : il ne peut y avoir de lecture passive. Cette attente et cette activité créatrice seront d'autant plus riches et plus efficaces qu'il s'agira d'une lecture motivée et finalisée. Le choix de la situation et celui du texte revêtent donc une importance considérable.
La compréhension découle de multiples interactions entre le texte et le lecteur.

Interactions texte <——> lecteur

Intellectuelle	Imaginative	Affective
• chronologie • cohérence logique • implicite • réseaux de signification	• création d'images mentales : *«se faire du cinéma dans sa tête»*	• résonances dans le vécu personnel • connotations

L'implicite du texte

Avant d'étudier plus précisément les divers aspects de l'implicite des textes et la manière de les cerner, deux remarques préliminaires s'imposent. Les exemples proposés s'adressent essentiellement au Cycle 3. Cela ne signifie nullement que la compréhension fine soit l'apanage de ce niveau. Elle doit, bien au contraire, être assurée dès les premiers contacts de l'enfant avec l'écrit. Tout ce que nous avons dit sur ces premiers contacts et sur l'apprentissage de la lecture le montre assez. La prise de conscience de la situation de communication et le type de texte, la formulation d'hypothèses sur l'image, le texte, la suite de l'histoire mettent le jeune élève sur le chemin de la compréhension fine.

Les textes envisagés sont majoritairement des textes narratifs ou, tout au moins, des écrits de l'imaginaire, par opposition aux écrits du réel que sont la consigne, l'énoncé de problème, la recette, la règle du jeu... Cela ne signifie pas que l'implicite soit absent de ces textes, surtout en ce qui concerne la situation de communication et le référent culturel.

■ L'implicite du récit

Il faut prendre ici le mot *récit* dans le sens de *manière dont les événements sont racontés*. Il s'oppose à *histoire* qui désigne alors *l'ensemble* et *la succession des événements racontés, la matérialité des faits* en quelque sorte. Le récit est la traduction en texte de l'histoire. Celle-ci peut être racontée de multiples façons, différentes selon le point de vue du narrateur et l'ordre dans lequel il choisit de présenter les choses.

• Dans *Le Secret de Maître Cornille*

Le Secret de Maître Cornille, d'Alphonse Daudet, est un bon exemple de *l'implicite du point de vue*. Les agissements du personnage sont racontés entièrement de l'extérieur. Jamais le *secret* n'est vraiment expliqué. C'est au lecteur de le découvrir en relevant et en interprétant des indices épars dans le texte.

• Dans *Les Habits neufs de l'empereur*

On retrouve une situation un peu analogue, bien que moins marquée, dans le conte d'Andersen intitulé *Les Habits neufs de l'empereur*. Deux escrocs, se disant tisserands particulièrement habiles, promettent à l'empereur de lui faire fabriquer une étoffe magique capable de détecter les imbéciles de son entourage : seuls les gens intelligents sont capables de la voir. Mais en réalité, point de magie là-dedans. Les deux malfaiteurs font semblant de travailler sur le métier. Et toute la cour, l'empereur en tête, de s'extasier devant la qualité du travail. Cette attitude absurde l'amène à revêtir l'étoffe fantôme et descendre nu au milieu de son peuple, jusqu'à ce qu'un enfant brise la chape d'hypocrisie en s'écriant innocemment : «*Mais le roi est nu !*».

Telle est l'histoire. Le récit d'Andersen joue en partie sur l'implicite du point de vue. La description des deux escrocs est souvent ambiguë dans la mesure où tout a l'air de se passer normalement. Seules quelques notations éparses indiquent très discrètement que tout est simulacre.

Pour atteindre une compréhension fine, il faut que l'enfant soit capable de clarifier la situation en levant explicitement l'ambiguïté latente.

Après l'implicite du point de vue, voyons l'**implicite de la construction du récit** à travers un bref récit de science-fiction.

L'Oubli

Le navigateur était déjà loin de la planète Synx quand il se rendit compte qu'il avait oublié sa boite d'allumettes.
Un instant il pensa à ce monde sur lequel il avait fait un atterrissage forcé. Ce monde informe, rempli de fosses et de ténèbres, troué de cavernes dans lesquelles stagnaient des créatures de goudron, presqu'aussi informes que leur planète.
Dix ans plus tard, un autre astronef se posa sur Synx.
Le navigateur demeura sidéré en constatant que la réalité ne ressemblait pas aux descriptions qu'on lui avait faites de ce monde.
Un peu partout dans les replis du sol étaient ancrés d'énormes blocs rectangulaires aux couleurs agressives, des blocs clos, sans issues et sans fenêtres. Et autour de ces blocs étaient plantées de longues tiges rouges, aussi droites que des bambous.
Il fut encore beaucoup plus étonné de constater que tous les blocs portaient la même inscription, il la comprenait :
Union allumettière nationale – Marque déposée.
Tous les blocs portaient cette griffe géante, avec les trois torches rouges qui symbolisaient la marque de fabrique.
Il releva le fait, il en fit un rapport confus et incrédule.
Il ne pouvait soupçonner la vérité. Si simple pourtant.
Les créatures de Synx avaient trouvé la boite d'allumettes. Elles l'avaient considérée comme un objet étonnant, issu d'une notion de beauté qu'ils subirent sans doute comme un envoûtement. Ils avaient utilisé cette boîte d'allumettes.
À leur façon.

J. Sternberg, *Contes glacés*, Marabout, *1974*.

1

• **Dans *L'Oubli***

Dans le texte de Jacques Sternberg (page 100), le récit ne respecte pas le déroulement chronologique de l'histoire. Il donne d'abord les deux visions contrastées de la planète, la clef de l'énigme vient ensuite, et sous une forme relativement peu explicite. Comprendre le texte, c'est rétablir cette chronologie et aussi relier logiquement les deux états de Synx.

Un questionnaire de type informatif serait ici inopérant. *Comment s'appelle la planète? De quelle couleur étaient les tiges? Qu'y avait-il d'écrit sur les blocs?*

De telles questions cantonnent l'enfant à la surface du texte et ignorent ce qui en fait l'enjeu. En revanche, on peut imaginer une autre approche qui obligerait à cerner l'essentiel.

– *Faire la liste des personnages et l'expliquer* (il y a deux navigateurs).

– *Expliquer le titre de la nouvelle.*

– *Reformuler l'histoire en respectant l'ordre chronologique des événements.*

Ces questions sont des questions *ouvertes* qui nécessitent une vision globale du texte et une mise en relation logique de ses éléments.

■ L'implicite des personnages

Certains textes expliquent clairement les agissements des personnages ainsi que leurs motivations. D'autres, en revanche, racontent l'histoire davantage *de l'extérieur*, laissant au lecteur le soin de faire ce travail d'explication et d'interprétation, telle la fable d'Arnold Lobel, *l'Ours et le Corbeau* (p. 102).

Ici encore, un questionnaire du type suivant : *Où l'histoire se passe-t-elle ? Que porte l'Ours au début du texte ? Où le Corbeau est-il perché ? Que porte l'Ours à la fin du texte ?* reste à la surface des choses et n'aide pas l'enfant à cerner l'essentiel du texte et son enjeu : les motivations profondes de l'Ours et l'éclairage qu'elles apportent sur certains comportements humains. Il s'agit, en effet, d'une fable, c'est-à-dire d'une histoire et d'une situation exemplaires et généralisables. L'implicite des personnages rejoint l'implicite du type de texte.

Voici donc, à partir de ces bases, un questionnement possible :

– *Trouver au moins trois adjectifs qualificatifs qui pourraient caractériser le comportement de l'Ours dans cette histoire.*

– *Trouver un autre titre plus explicite sur la situation.*

– *Donner le texte sans la* morale *et en faire inventer une. Elle peut être différente de la morale donnée par l'auteur.*

– *Qu'est-ce qu'une fable ?* (Travail collectif après lecture du questionnaire et recherche d'exemples.)

– *Est-ce que le texte correspond bien à la définition courante d'une fable ? Pourquoi ?*

L'Ours et le Corbeau

L'Ours était en chemin vers la ville. Il avait mis son plus beau pantalon et sa plus belle veste. Il portait son plus joli chapeau melon et ses chaussures les mieux cirées.
« Comme j'ai grand air » se dit l'Ours. « Les citadins vont être impressionnés. Mes vêtements sont à la dernière mode. »
« Pardonnez-moi d'écouter » dit un Corbeau assis sur la branche d'un arbre « mais je dois vous dire que je ne suis pas d'accord. Vos habits ne sont pas du tout du dernier cri. Je viens de voler à la ville. J'en reviens, et je peux vous dire exactement comment les messieurs élégants sont habillés là-bas. »
« Dites-le moi ! » s'écria l'Ours. « Je voudrais tant avoir le costume au goût du jour ! »
« Cette année » dit le Corbeau « les élégants portent des poêles à frire sur la tête. Ils ne mettent ni pantalon ni veste. Ils s'enroulent dans des draps. Ils ne mettent pas de chaussures. Ils enfilent des sacs en papier à leurs pieds. »
« Oh mon Dieu ! » s'écria l'Ours « je me suis complètement trompé ! »
L'Ours courut chez lui. Il enleva son pantalon, sa veste, son chapeau et ses chaussures. Il se mit une poêle sur la tête. Il s'enroula dans un drap. Il fourra ses pieds dans de grands sacs en papier et se précipita vers la ville.
Quand l'Ours arriva dans la Grand Rue, les gens ricanèrent, sourirent bizarrement, et le montrèrent du doigt. « Quel Ours ridicule ! » disaient-ils.
L'Ours, horriblement vexé, fit demi tour et courut chez lui. En chemin, il vit à nouveau le Corbeau.
« Corbeau, tu ne m'as pas dit la vérité ! » rugit l'Ours.
« Je t'ai parlé de beaucoup de choses » dit le Corbeau en s'envolant de l'arbre « mais pas une seule fois je ne t'ai dit que je te disais la vérité ! »
Le Corbeau était déjà loin dans le ciel que l'Ours entendait encore les notes aiguës de son rire saccadé.

Quand l'envie est trop forte, certains croiraient n'importe quoi.

A. Lobel, *Fables*, L'École des loisirs.

1

L'implicite de la situation de communication

Qui parle ? À qui ? Pourquoi ? Telles sont peut-être les premières questions à poser et à se poser devant un texte quelconque. Donner ce réflexe est un objectif important du Cycle 3 et du collège. Il prépare la voie d'une lecture plus critique et plus éclairée sur les raisons profondes ou les intérêts qui poussent quelqu'un à écrire telle ou telle chose, sur l'effet recherché, etc.

La lecture de documents historiques (documents d'époque) fournit de multiples occasions d'aborder ces problèmes de point de vue. Par exemple, un poilu, un général et un journaliste auront probablement sur la vie dans les tranchées des regards assez différents. La confrontation d'une lettre du premier avec un rapport du second et un article de presse permet de mettre en évidence l'importanoe du narrateur et du message qu'il veut faire passer.

Cette composante de la signification d'un texte est particulièrement évidente dans le cas des *écrits du réel* ou des *écrits sociaux*, les journaux tout particulièrement.

Mais on en trouve également trace dans certains textes narratifs dont la fonction se trouve détournée. Il ne s'agit plus simplement de raconter une histoire pour le plaisir du dépaysement ou du suspense. Il s'agit surtout, à l'occasion de ce récit et à travers lui, de faire passer un message en grande partie implicite.

Des textes narratifs ou descriptifs dans leur forme deviennent alors, par leur fonction, des textes argumentatifs ou polémiques, des textes engagés.

La Peau bleue, une nouvelle de Christian Léouvrier, en est un bon exemple (voir page 104). Il s'agit d'un texte à implicite fort. Le récit met en place, de l'extérieur, une succession de faits et fournit le minimum de détails sur *ils*, *elles* et *je* (implicite sur les personnages). Seuls quelques indices épars dans le texte permettent de détecter le récit de science-fiction (implicite du genre).

Le gor à la peau bleue n'est pas seulement un extraterrestre débarqué d'une planète inconnue pour une raison inconnue (mais surtout implicite du message). Il devient le symbole de la différence et de l'exclusion, victime perpétuelle de la méfiance, de l'intolérance et de la cruauté. Ici encore, le questionnement devrait s'attacher en priorité à ces différents aspects de l'implicite.

■ L'implicite du type de texte

Souvent utilisé pour faire passer un message de façon plus efficace, le jeu sur le type de texte est un grand générateur d'humour.

Dans le texte page 105, le dragon n'est pas un personnage de conte, mais le sujet d'un développement documentaire descriptif. Tout comme le chien ou le chat, il devient animal familier qu'il faut savoir aborder. Fidèle à cette logique, le texte propose donc des conseils pratiques du type *faites / ne faites pas*. Le type descriptif souligne l'impression de réalité et accentue le décalage avec la teneur contenue.

Un des moyens les plus efficaces de faire sentir ce décalage serait peut-être d'en faire écrire une imitation en prenant pour sujet un autre animal fabuleux (licorne, phénix, sirène...). Selon la démarche suivante :

– lecture et analyse du texte ;

– organisation, le point de vue, les moyens linguistiques utilisés...;

– recherche de documents précis sur un autre animal : aspect physique, domicile, nourriture, habitudes, particularités diverses...;

– réécriture d'un texte humoristique de facture identique : à raison d'un animal par élève ou par groupe, on peut créer une galerie de portraits étonnante.

La Peau bleue

Ils ont dit que j'avais la peau bleue.
Ils ont ri et ils se sont enfuis.
Ils n'ont pas voulu que je joue avec eux.
Ils ont dit que je venais d'ailleurs, qu'ils ne voulaient pas de moi dans leurs jeux.
Ils ont dit : ceux qui ont la peau bleue sentent mauvais ; et aussi : retourne chez toi, sale gor.
Alors j'ai pleuré, et ils ont dansé autour de moi.
Eux, ils riaient.
Où c'est, chez moi ? Je n'ai pas demandé à venir.
Ils riaient, et j'ai voulu me battre avec eux. Ils ont dit : on ne se bat pas avec une peau bleue. Ils se sont enfuis.
Elle s'est approchée. Elle souriait. Elle a essuyé les larmes sur mes joues avec sa main.
Elle était si jolie, avec ses grands yeux verts et ses cheveux blonds. Elle sentait si bon, peut-être à cause des fleurs dans ses tresses.
Elle a dit : ne fais pas attention à eux, ce sont des petits, ils sont bêtes.
Elle a dit : moi, j'ai douze ans.
Elle a pris ma main ; je me sentais tout intimidé.
Je n'avais plus envie de pleurer.
Elle a dit : viens près de la rivière. Nous y sommes allés. Il y avait des bateaux.
On a lancé des pierres dans l'eau, à celui qui les jetterait le plus loin. Au début, j'ai fait bien attention à ne pas les lancer trop fort, pour ne pas la vexer. Puis j'ai oublié, et mes cailloux sont allés loin, loin, presque sur l'autre rive. Elle a dit : tu es drôlement fort.
Ensuite, nous avons cueilli des fleurs. Je me sentais bien.
Puis elle a demandé : est-ce que tous les gors sont aussi bleus que toi ?
Et j'ai eu, de nouveau, envie de pleurer.

Ch. Léourier, « La Peau Bleue », in *L'habitant des étoiles et autres récits sur les extra-terrestres*, Gallimard, 1985.

1

Des habitudes de dragon...

Les dragons, animaux mystérieux et agressifs, ont toujours été difficiles à observer. Ils ne vivent pas n'importe où, et leurs habitudes font que vous avez de fortes chances de les rencontrer en des lieux précis. Par exemple, il est très improbable d'en croiser un dans le désert : trop chaud et surtout trop sec pour eux ! Il leur faut une humidité permanente, aussi vivent-ils toujours là où il y a de l'eau. C'est pourquoi ils sont les gardiens des sources miraculeuses et des vieux puits oubliés. En Orient, ils aiment à vivre dans les fleuves tumultueux, au fond des océans, ou au cœur de gros nuages noirs. Ainsi, certains soirs d'orage, risquez-vous d'en apercevoir un qui s'agite dans le ciel, pris d'une violente colère. Depuis le Moyen Âge, ils se plaisent loin des villes et de l'agitation humaine, dans les landes isolées de l'Occident, au plus profond de cavernes humides et sombres, ou encore ils rampent lentement dans les marécages fétides, en guettant leurs proies... Alors un conseil : si vous traversez un de ces endroits particulièrement dangereux, ouvrez l'œil ! Un dragon veille peut-être...
Si par hasard vous croisez un dragon, il est bon que vous connaissiez quelques-unes de ses habitudes, cela vous permettra de mieux le combattre... ou de mieux vous enfuir !
Voici quelques principes de vie du dragon :
Le dragon occidental (l'espèce la plus dangereuse) mange et boit beaucoup, mais ne dort jamais. Il s'est donc spécialisé dans la garde des trésors qu'il surveille jour et nuit. Souvent même, il n'a pas de paupières. Pour cette raison, il était associé par les Grecs à la déesse Athéna qui, comme la sagesse, doit demeurer toujours en éveil.
Le dragon oriental, lui, est moins méchant, mais c'est un grand gourmand qui ne boit pas que de l'eau (il adore l'alcool !) et un gros dormeur parfois paresseux : il lui arrive de dormir plusieurs mois d'affilée. Alors, si vous devez frôler les naseaux d'un dragon assoupi, renseignez-vous avant sur son identité : oriental ou occidental ?
Attention ! face à n'importe quel dragon, même immobile, vous êtes en danger mortel sans le savoir, car un simple regard peut vous paralyser immanquablement (sauf si vous êtes protégé par un talisman ou des formules magiques). Il est donc préférable de ne pas le fixer dans le blanc des yeux...
Si vous le contournez à une distance respectable, le dragon peut encore être dangereux : il est capable de cracher le feu et de détruire ainsi toute vie à des dizaines de mètres autour de lui. Il faut donc vous protéger (en emportant au minimum un bon bouclier et un casque).
Il y a encore pire : son haleine empoisonnée constitue une invisible source de danger en raison des vapeurs mortelles provenant de sa combustion interne, qui peuvent tuer si vous les respirez. Aussi, avant d'affronter un dragon, soyez d'une vigilance extrême, équipez-vous, ne le regardez pas dans les yeux... et bloquez votre respiration !

G. Ragache et Fr. Philippe (ill.), *Les Dragons*,
Hachette Jeunesse.

1

L'implicite du référent culturel

Cet implicite concerne les reprises parodiques de textes universellement connus. En matière de littérature de jeunesse, le procédé a été surtout utilisé pour des contes. Le conte est un genre extrêmement codifié qui se prête bien à divers types de réécritures : changement de certaines caractéristiques des personnages (le Petit Chaperon s'habille de toutes les couleurs, mais surtout pas de rouge), changement d'époque, changement de point de vue, bouleversement de la chronologie, etc. La lecture de ces textes n'est intéressante que par rapport au référent culturel implicite : la convention littéraire du genre et l'argument précis d'un conte.

Le questionnement devra donc porter sur le travail de réécriture et de transposition comme source du comique. On trouvera des exemples particulièrement réussis de contes revus et corrigés dans les deux recueils suivants : Ph. Dumas, *Contes à l'envers*, L'École des loisirs et Y. Rivais, *Les Contes du miroir*, L'École des loisirs.

Comprendre un texte, c'est le relier à son expérience personnelle, au sens large du terme : ce qui a été vécu, mais aussi ce qui a été lu auparavant. Sous peine de rester lettre morte, la lecture d'un texte nécessite la mobilisation des connaissances préalables sur le monde. L'absence ou la pauvreté de ces connaissances est une des causes de l'échec en lecture. Mais l'ambiguïté réside dans le fait que c'est par la lecture elle-même que se construisent ces connaissances : le cercle est parfois difficile à briser.

Par exemple, si le lecteur du texte des pages 107-108 n'a pas quelques lumières sur le système des castes en Inde, il risque de ne pas vraiment comprendre pourquoi Gopal est triste. Mais inversement, c'est peut-être cette histoire qui va lui faire découvrir cette particularité de la société hindoue.

En dehors de l'intérêt documentaire évident du texte (climat, conditions de vie...), l'amitié contrariée de Mohini et de Gopal est un aspect essentiel du texte qui demande à être élucidé.

Comment concevoir un questionnaire ?

Poser des questions sur un texte est une activité pédagogique banale et en apparence anodine. Mais on s'aperçoit finalement que la réalité est plus complexe. Il existe, en effet, plusieurs types (ou plusieurs niveaux) de questionnements qui visent chacun des objectifs particuliers et qui font implicitement référence à des comportements de lecteur différents, preneur d'informations ou lecteur d'implicite.

Pour plus de clarté, nous proposons d'étudier ces différents niveaux de questionnement à partir du texte *Mohini s'en va*.

Mohini s'en va

Gopal regardait Mohini, assise dans la Jeep du docteur Adil qui allait la conduire à l'hôpital de la ville. Le docteur, qui venait une fois par mois au village de Nagod, avait trouvé la fillette brûlante de fièvre depuis trois jours. La saison des pluies n'était que trop propice aux maladies. Il fallait l'emmener au plus vite.
Mohini avait dix ans, le même âge que Gopal, et, depuis toujours, ils avaient partagé leurs joies et leurs jeux...
Pâle et silencieuse, elle se tenait, intimidée, à la barre de la Jeep.
«Je vous la ramènerai bientôt en meilleure santé. Ne vous faites pas de souci!» dit le docteur Adil en guise d'adieu à ceux qui étaient venus assister au départ; et il démarra. Ils le suivirent en criant; «Ram-Ram, *Mohini, que Dieu te protège!* Ram-Ram, *docteur Adil, à bientôt!»*
À la sortie du village, il fallut pousser la voiture qui patinait dans le chemin plein de boue. Puis, la Jeep s'éloigna et ne fut plus qu'un petit point à l'horizon.
Le soleil continuait sa course brûlante vers le sud. Gopal leva la tête et vit s'accumuler les lourds nuages chargés d'eau. Dans le ciel d'orage sillonné par des éclairs volait une file de grues blanches, semblables à une guirlande de lotus emportée par le vent.
Soudain, une bourrasque agita les arbres et, de nouveau, la pluie tomba. La terre, gorgée d'eau, ruisselait de toutes parts. Des torrents de boue jaune et brune coulaient dans les champs comme des serpents.
Gopal courut vers la maison.
Dans la cour, les vaches se serraient les unes contre les autres sous l'averse. Gopal aida son père, Maniram, à les faire entrer sous leur abri de tôle.
Avec une trentaine de bêtes, Maniram Dhanore possédait l'un des plus beaux troupeaux de la région. Il avait aussi des terres sur lesquelles il cultivait le coton, comme, avant lui déjà, son père et son grand-père.
Mais il gardait la fierté de ses ancêtres thakour*, des chefs de village apparentés à la caste des guerriers.*
Mohini, elle, était la fille d'un simple potier. Mais, tout petit déjà, Gopal s'était mis dans la tête qu'ils appartenaient à la même famille. Sa grand-mère, Hirabaï, avait beau lui répéter que les thakour ne doivent pas aller avec les potiers... Les enfants allaient dans la même école et ils se voyaient presque tous les jours. «C'est le monde à l'envers. C'est la fin des traditions!» disait Hirabaï en hochant la tête. Soubhadra, la mère de Gopal, ne disait rien, car elle avait de l'affection pour la fillette.
La journée s'achevait...
La pluie s'était arrêtée. Gopal se déchaussa et s'installa sous la véranda pour faire ses devoirs.
Quand il se prosterna comme chaque soir aux pieds de ses parents, Maniram et Soubhadra le bénirent à tour de rôle en posant leurs mains sur sa tête. Il sentit la force rassurante de son père, la tendresse de sa mère. Pourtant, il avait le cœur lourd. Il se demandait si Mohini était gravement malade et s'il la reverrait bientôt.

Il s'en alla s'étendre sur le charpaï*, le lit de lanières tressées. L'air était moite. Dehors, on entendait les chants des grenouilles et des*

1

milliers d'insectes de la nuit. Un chacal hurla dans le lointain. Gopal ne pouvait pas dormir. Soubhadra, qui avait deviné la peine de son fils, resta longtemps auprès de lui...

M. Ballero et Cl. Sauvageot, *Gopal et le secret du temple*, Coll. « Un jour dans mon village... En Inde », Larousse.

2

Comprendre un texte narratif

Ce n'est donc pas :
- aller vite ;
- percevoir des formes (par exemple, repérer un mot le plus rapidement possible);
- prélever des informations de surface ;
- mémoriser des détails non pertinents.

Mais c'est :
- lire entre les lignes ;
- relire ;
- saisir la cohérence du texte ;
- interpréter les comportements des personnages ;
- cerner l'**enjeu du texte** et traduire son message.

Fiche 38

Canevas pour un questionnaire

Objectifs

• Lutter contre une lecture

- trop rapide parfois
- trop globale
- superficielle
- indécise
- mal ciblée
- anecdotique

• Guider le lecteur sur le chemin d'une compréhension

- plus précise
- plus fine
- plus profonde
- plus explicite

et pour cela, au Cycle 3, essayer de créer quelques réflexes et quelques habitudes face à un texte, l'**ébauche d'une lecture méthodique**.

Il faut concevoir le questionnaire comme une aide à la lecture, un moyen d'apprentissage, et pas seulement un outil de contrôle et d'évaluation.

Quelques idées de questions et d'activités autour du texte

1. Reconnaissance du type de texte

2. Analyse de la situation de communication et de la fonction du texte :

- qui écrit ? (où? à quelle époque ? éventuellement)
- à qui ?
- pourquoi ?

3. La construction et le fonctionnement du texte : cohérence logique et chronologique.

- quelle est la situation au début du texte ? (où ? à quelle époque ? éventuellement)
- quelle est la situation à la fin du texte ? (où ? à quelle époque ? éventuellement)
- identifier et caractériser les personnages ;
- trouver un (autre) titre qui donne bien la *clef* du texte ;
- lecture en feuilleton, en demandant à chaque étape d'imaginer la suite,
- résumé et reformulation ;

et aussi :

- texte-puzzle ;
- traduction en dessins de certains passages ou certains aspects du texte ;
- création d'une bande dessinée ;
- choix du vrai résumé au milieu de plusieurs faux résumés très proches ;
- mime, etc.

4. L'implicite du texte, le *second degré*

Pour les différents aspects de cette question, voir p. 99 à 106.

5. Réactions personnelles du lecteur : mise en relation avec son vécu, jugement critique.

6. Incitation à écrire

- une suite
- une autre fin
- un épisode manquant, etc

Fiche 39

Établir un questionnaire

Comment concevoir un questionnaire ?	Objectifs	Types de questions	Exemple de questions (à partir du texte *Mohini s'en va*)	Remarques
PREMIER NIVEAU	• Prélèvement d'informations • Compréhension littérale de la matérialité du texte	• Essentiellement des questions fermées • Questions de type QCM (questions à choix multiples) • Questions appelant des réponses : – par oui / non – par vrai / faux – par un mot, un groupe de mots, une phrase au maximun	1. Qui est Mohini ? 2. Entoure la bonne réponse : Gopal est • le frère • le cousin } de Mohini • l'ami 3. Comment s'appelle la grand-mère de Gopal ? 4. Qu'arrive-t-il à Mohini ? 5. Vrai ou faux ? Gopal est très content.	Ce genre de questionnement correspond aux textes de type informatif. Pour qu'il se justifie, il faut en effet que les informations relevées soient pertinentes et intéressantes à mémoriser. Dans le cas d'un texte narratif, il risque de maintenir l'enfant dans un mode de lecture superficiel. Ainsi, la question 2 n'est intéressante que si on en tire les conséquences, et la question 5 si on va chercher le pourquoi. Il faut donc entraîner l'enfant plus avant.

Comment concevoir un questionnaire ?	Objectifs	Types de questions	Exemple de questions (à partir du texte *Mohini s'en va*)	Remarques
DEUXIÈME NIVEAU	• Traitement de l'information, c'est-à-dire mise en relation d'informations éparses dans le texte, avec synthèse et déduction.	Essentiellement des questions ouvertes impliquant une explication et une reformulation	• En lisant ce texte, qu'as-tu appris sur l'Inde : son climat, la façon de vivre de ses habitants ?	Les réponses à des questions de ce type sont évidemment moins commodes à évaluer que les questions fermées plus ponctuelles pour lesquelles la vérification est immédiate. En revanche, plus globales, elles sont moins nombreuses, et elles sont les seules à requérir de l'enfant, une véritable activité intellectuelle.
TROISIÈME NIVEAU	• Lecture fine, *entre les lignes* • Compréhension et exploitation des différentes formes de l'implicite du texte		• Pourquoi Gopal est-il triste ? • Trouve un autre titre pour le texte.	

Fiche 39

2

Entrer dans une démarche méthodologique

Écrire c'est tirer les ficelles d'une marionnette complexe. L'enfant doit surmonter un nombre considérable d'obstacles liés à la connaissance du type de texte à rédiger, donc à son expérience de lecteur, à sa capacité à tenir compte du sujet, de l'organisation du discours, de la syntaxe et de l'orthographe...

L'apprentissage de l'écriture devra donc développer tous ces savoirs, en interactivité et non en sous-ensembles morcelés. La gestion mentale efficace de tous les phénomènes scripturaux devient alors une activité de résolution de problèmes auxquels s'attaquent les élèves et à travers lesquels ils construisent leurs savoirs.

SOMMAIRE

Démarche générale en production d'écrits

Présentation générale

Les recherches de ces dix dernières années ont fait considérablement évoluer la production d'écrits. On parle moins d'*expression* que de *production d'écrits* et l'on insiste davantage sur la variété des textes que doivent concevoir les élèves, en liaison avec la lecture. Nous sommes loin de la rédaction au sujet imposé où l'enfant était livré aux affres de la feuille blanche. On considère désormais que **lire apprend à écrire et qu'écrire permet de mieux lire**. L'écriture n'est plus un don des muses ou des dieux mais elle s'apprend.

Autre évolution, dont témoignent les cahiers d'évaluation nationale, celle de la démarche puisque nous trouvons dans ces cahiers un brouillon, un guide de relecture et des critères d'évaluation. On n'exige plus que l'élève soit capable de faire son brouillon et de recopier immédiatement après. On sait qu'écrire se développe dans le temps, que cette tâche demande de revenir sur son texte pour l'amender et que le brouillon est une étape provisoire mais nécessaire.

Grâce à la psycholinguistique, nous connaissons la surcharge mentale qu'imposent, à l'enfant, les difficultés de gestion à la fois de ce qu'il veut écrire et de la manière dont il faut écrire.

Toutes ces innovations, qu'il ne faut pas considérer comme des modes mais comme le résultat de recherches scientifiques et d'une meilleure connaissance de ce qui se passe *dans la tête* de l'enfant lorsqu'il écrit, demandent une mise au point.

Qu'est-ce que produire un texte ?

C'est choisir le type de texte en fonction de l'enjeu : informer, expliquer, conter... Il faut avoir quelque chose à dire : sélectionner et organiser les informations (même imaginaires), sélectionner le vocabulaire adéquat et tenir compte du destinataire (marque de deuxième personne, niveau de langue, savoirs implicites...). C'est maîtriser la macro-structure d'un texte et son mouvement général : prévoir le plan d'ensemble et ses masses ; enchaîner les phrases par des connecteurs, des substituts nominaux, des pronoms de reprise, des déictiques..., respecter les caractéristiques du texte y compris dans sa matérialité (en-tête, texte en colonnes, emploi des temps du récit ou ceux du discours...) ; maîtriser la micro-structure : il est en outre nécessaire de respecter la syntaxe, l'orthographe et la ponctuation et de se relire pour vérifier toutes les composantes que l'on vient d'énumérer.

Comment faire produire un texte ?

■ Projet ou non ?

Un projet donne à la production d'écrits sa légitimité, implique davantage les enfants et impulse une dynamique. C'est souvent ce projet lui-même qui éclaire les enfants sur le choix du texte et le statut du destinataire. Par exemple, pour demander l'autorisation de visiter les locaux de la mairie, les enfants sauront qu'ils devront écrire une lettre destinée au maire de la commune. Ils découvriront **en situation** la fonction de ce type de texte.

Mais ce n'est pas une obligation pour les écrits non fonctionnels. Autant il est difficile d'imaginer que l'on fasse écrire une lettre sans véritable destinataire; autant on peut faire écrire un récit sans autre lecteur que la classe.

De toutes façons, on peut expliquer aussi de temps en temps aux enfants que les contenus d'enseignement sont déterminés au niveau ministériel et que le maître doit leur apprendre comment on écrit tel ou tel type d'écrit au même titre que les tables de multiplication.

■ Planification ou non ?

On peut envisager de faire écrire immédiatement un premier jet et de ne faire rectifier les erreurs qu'*a posteriori* lors d'une confrontation collective qui demandera par la suite un recours à des exemples étudiés en lecture. Cette façon d'opérer est réellement constructive dans la mesure où ce sont les erreurs et les difficultés qui amènent les enfants à la lecture.

Mais c'est aussi, sauf exception, dévaloriser l'effort fourni au premier jet dont on ne peut garder très souvent que peu d'éléments.

Afin d'éviter cette dépréciation, source possible de lassitude, on peut recourir, avant d'écrire, à des **référents** que l'on va analyser en lecture et dont on va tirer la planification du texte écrit.

Si par exemple, la classe veut écrire un journal on a deux possibilités. Ou bien, on se met à rédiger des articles immédiatement et on voit ensuite comment les journalistes rédigent leurs articles, comment ils sont répertoriés dans le journal et comment se présente la mise en page. Ou bien, ayant le projet de faire rédiger des articles, le maître consacre un certain nombre de séances à la lecture de journaux et à l'analyse d'articles avant de passer à la rédaction. La première démarche a pour point de départ les activités des enfants, la seconde celles imposées par le maître.

Élaborer un guide

Il y aura un *brain storming* avant ou après le premier jet au cours duquel les enfants discuteront de ce qu'ils ont à faire et qui donnera naissance à un guide qui servira ultérieurement à l'évaluation.

Il ne faut pas chercher à ce que les élèves mettent au point un guide exhaustif et qu'ils tiennent compte de tous ses éléments. Il faut veiller à ce que ce guide soit le reflet des connaissances réelles des enfants. Comme il est fait par l'ensemble de la classe, le maître tirera des enseignements sur les élèves qui le respectent et sur ceux qui oublient un certain nombre de repères.

Il pourra ainsi proposer à ces derniers des lectures complémentaires pour parfaire leurs connaissances (si le problème est à ce niveau) ou les aider à reprendre le guide et à améliorer leur texte (si le non respect tient à la surcharge mentale ou à la fatigue due à un effort soutenu).

Ce guide pourra être transmis au collègue de la classe suivante pour lui indiquer où en sont les enfants dans leur apprentissage de tel écrit. S'il le reprend, il verra quels sont les oublis dus aux vacances et jusqu'où il peut amener les enfants dans leurs améliorations. Ces activités donneront naissance à un autre guide qui servira de référence aux enfants et au prochain instituteur et ainsi de suite.

> **Premier guide** :
>
> *«J'écris une lettre avec : la date et le lieu, l'en-tête :*
>
> *Cher, Chère...*
>
> *J'explique pourquoi j'écris,*
>
> *Je mets une formule de politesse.»*

On peut imaginer ainsi un cahier où seraient conservés ces guides servant de référentiel à la production de textes, qui passerait de classe en classe, qui s'enrichirait et se perfectionnerait avec les ans.

Trois possibilités pour organiser la classe

Si le maître planifie la production d'écrits sur une plage hebdomadaire fixe, tous les enfants écrivent en même temps, donc ses interventions ou celles des élèves s'adressent à tous. Pour des projets importants dans les grandes classes, il peut même y consacrer deux plages par semaine. Mais, alors il a un lot important de textes à corriger en même temps, ce qui est fastidieux et peut nuire à la qualité des corrections et au moral.

Le maître partage sa classe en deux. Une moitié écrit, l'autre se consacre à des activités qui requièrent moins la présence du maître, avec un système d'auto-correction par exemple. Les enfants qui écrivent peuvent se déplacer lorsqu'ils ont fini et apporter leur travail au maître qui corrige immédiatement. Cette procédure demande un peu plus d'organisation. Le maître n'emporte pas (ou peu) de copies chez lui. Mais aucune correction n'est reprise en grand groupe et le maître dit à chacun ce qu'il pourrait dire à tous.

La classe est répartie en quatre groupes qui vont *tourner* sur la semaine scolaire. Chaque jour, sur la plage de français (45 à 70 minutes pour les grands), un groupe écrit, les trois autres font des activités différentes. Chaque jour, un groupe différent écrit. Cette procédure demande que le maître soit très organisé et qu'il **accepte de travailler sous forme de contrat**. Elle est très fonctionnelle dans les petites classes, car l'enseignant peut se consacrer entièrement au groupe qui écrit. Elle apprend aux enfants à être autonomes. Elle libère le maître du poids des copies car il n'en a qu'un quart chaque jour.

La gestion du brouillon

Les enfants reprendront leur premier jet, car il est impossible de tout gérer en même temps. Il faut donc prévoir matériellement comment éviter les surcharges illisibles et, pire encore, l'éternel recommencement.

Pour ce faire, on peut leur apprendre à utiliser une grande copie double où ils écrivent la première fois à gauche et une ligne sur deux ou trois. L'interligne permettra les ajouts de mots, la page de droite les ajouts de paragraphes numérotés. Les élèves ont à leur disposition le guide d'écriture soit au tableau soit sur une feuille ronéotée insérée dans la copie ainsi qu'une petite feuille pour les essais orthographiques.

Pour les aider, le maître peut simuler une première fois une séance d'écriture au tableau, divisé en deux comme la copie, où il procédera comme les élèves devront le faire.

Se relire mutuellement

Les enfants qui ont fini d'écrire s'échangent leur brouillon et se relisent mutuellement. Présentation, calligraphie, ponctuation, phrases bancales... sont passées au crible. Il ne s'agit pas de régler ses comptes, mais d'aider le camarade à faire mieux. C'est une première décentration souvent efficace. Les enfants font plus d'efforts s'ils savent qu'ils sont relus par les camarades plutôt que par le maître qui, ils le savent, est capable de tout déchiffrer.

Le deuxième jet devra leur permettre d'améliorer leur texte dans son contenu et sa présentation en tenant compte des critères annoncés dans le guide. Il peut arriver que le premier guide évolue entre deux étapes. En effet, si le maître fait comparer deux ou trois textes d'élèves pour montrer qui a suivi le guide, qui ne l'a pas fait, qui a écrit quelque chose d'intéressant et d'inattendu, le premier guide peut subir des ajouts ou des précisions qui montrent bien que les représentations des élèves évoluent. (Par exemple : les enfants respectent les normes de mise en page de la lettre.)

Pour que les enfants se corrigent, le maître portera ses annotations sur le guide inséré dans le brouillon. Il évitera ainsi de surcharger le texte de l'enfant et il individualisera les corrections. À l'un, il demandera de reprendre le troisième critère, à l'autre les deux premiers... en fonction des oublis et des possibilités de chacun.

Le troisième jet sera consacré aux améliorations de la micro-structure. Dans la marge, la maître note le code de la fiche où l'enfant peut trouver comment se corriger. Par exemple, s'il est écrit : «*Les chiens du voisin aboie*», il se reportera à la fiche consacrée à l'accord sujet-verbe. Pour les erreurs qui ne sont pas à la portée des enfants, tant au plan du lexique qu'à celui de la syntaxe, c'est le maître qui les corrige. Les erreurs de langue serviront de base à une séance en orthographe ou en grammaire qui aboutira à la correction du texte écrit.

Production d'écrits et orthographe

Si l'on observe les emplois du temps et les pratiques, on s'aperçoit que l'orthographe tient une large place dans les enseignements : plus de cinq heures au CM sur huit heures officielles de français sont souvent consacrées à la dictée, à la grammaire, à la conjugaison.... Il reste bien peu pour la lecture et la production d'écrits!
Tous les maîtres s'accordent à dire que les enfants réussissent parfaitement les exercices d'application mais qu'ils ne réinvestissent pas leur savoir lorsqu'ils écrivent ailleurs qu'en orthographe. À quoi peut-on attribuer cet écart? À la seule inattention?

Les deux principales raisons sont la surcharge mentale et la construction du savoir.

La surcharge mentale

Les enfants ne peuvent tout gérer à la fois : planifier leurs idées, s'assurer de la cohérence de leur texte et vérifier leur orthographe, sans parler de l'habileté à tracer des signes écrits! (Que l'on imagine des adultes face à un clavier et devant écrire un texte en cherchant les lettres les unes après les autres et tapant avec deux doigts!) C'est pourquoi on préconise de dissocier les tâches et de faire écrire les enfants par étapes, chacune étant consacrée à un objectif.

La construction du savoir

L'expression écrite n'est pas une structure d'accueil où les enfants doivent appliquer les règles emmagasinées dans la semaine, le mois, l'année. L'esprit humain quand il apprend ne fonctionne pas ainsi. Lorsqu'un élève écrit, il écrit comme il sait et il apprend à écrire, y compris à orthographier en écrivant. C'est-à-dire que **l'apprentissage ne se fait pas par accumulation de savoirs mémorisés mais par essais, erreurs et réussites**. Ce qui a pour conséquence que plus un enfant écrit, plus il met en œuvre de savoirs et de savoir-faire, mieux il saura écrire et donc orthographier.

L'objectif de l'enseignement de l'orthographe n'est pas de savoir faire des exercices systématiques, mais de savoir écrire un texte en respectant le code. Il est donc urgent de renverser l'ordre habituel des choses, de consacrer plus de temps à la production d'écrits, de considérer celle-ci comme un champ où l'enfant **expérimente**, **tâtonne** et **apprend**, mais aussi comme un lieu d'évaluation de ses acquis et de ses difficultés.

La révision de texte

Le premier savoir orthographique à acquérir est la révision de texte afin d'aboutir à un écrit socialement recevable, qui respecte le code de notre langue.

Tout adulte qui écrit un texte important se relit, ou se fait relire et corriger. C'est l'aveu que le respect du code est une difficulté, que sa maîtrise est imparfaite et difficilement conduite en même temps que l'acte d'écrire. Il est vrai que les maîtres demandent aux enfants de se relire. Que constate-t-on? Rien! Car il faut apprendre à se relire. Cela suppose d'être capable d'identifier une erreur et trouver les moyens d'y remédier. Comment?

Mettre le texte à distance

• Par la lecture différée

Les élèves relisent ce qu'ils ont voulu écrire et non ce qu'ils ont écrit effectivement. Pour qu'ils voient leur texte tel qu'il est, il faut laisser s'écouler du temps entre la production et la relecture. La correction orthographique se fera donc lors de la dernière séance consacrée à la production et espacée d'au moins 24 heures de la précédente.

• Par la lecture d'un tiers

Les élèves s'échangent leur production et lisent attentivement en désignant le ou les passage(s) qui leur semble(nt) douteux. Mais c'est l'auteur du texte qui souligne le passage incriminé et c'est lui qui cherche seul la solution, ce qui ne signifie donc pas de correction par un autre.

• Par un travail spécifique

Le maître a repéré des problèmes fondamentaux dans le premier jet. Il les fait émerger par l'examen de quelques textes et fait rechercher des solutions.

En fin de séance, chaque enfant retourne à son propre texte et corrige.

• **Par l'oralisation du texte**
Oraliser permet souvent à l'enfant de prendre connaissance des manques, des incohérences et des défauts de ponctuation. La voix ralentissant les yeux, l'enfant lit ce qu'il a écrit effectivement.

Donner une méthodologie

Se relire et se corriger entraînent des modifications, ajouts ou suppressions de mots, de phrases, de paragraphes et nécessitent certaines compétences.

• **Gérer matériellement son brouillon** (1)
Le brouillon doit se présenter de telle sorte que l'enfant puisse intervenir dessus. Il faut donc prévoir d'écrire une ligne sur deux pour des petits rajouts et uniquement sur la page de gauche, celle de droite étant réservée à l'ajout de passages plus importants. On peut utiliser des couleurs différentes pour les ajouts.

Il vaut mieux rayer que de mettre du blanc ou gommer. Le travail de révision fait partie de l'apprentissage. Il est donc montrable et non déshonorant.

Rajouter, c'est mettre des flèches, des astérisques ou des numéros pour repérer où se fait la jonction entre tel et tel morceau.

Il faut savoir recopier en repérant la bonne version. Pour cela on peut souligner en un trait continu ce que l'on veut recopier.

• **Une séance collective de simulation pour asseoir cet apprentisage**
Le maître prend un passage d'un texte d'élève de l'année précédente et le recopie tel quel au tableau. Puis il demande aux enfants quelles améliorations ils proposent de lui apporter. Le maître accepte tout, y compris ce qui lui semble erroné. Puis les enfants doivent lui indiquer comment et où placer les corrections. Enfin on relit et on vérifie la justesse des propositions. Si les enfants ne sont pas satisfaits, on continue à corriger. Bref, le maître simule au tableau ce que chacun aura à faire, les tâtonnements, les hésitations, les maladresses et les erreurs.

• **Le maître n'exige ni la perfection ni l'exhaustivité**
Un enfant ne peut tout corriger. Ses corrections dépendent de la longueur de son texte, du nombre d'erreurs, de sa capacité à mobiliser ses savoirs... Là, comme ailleurs, il convient d'individualiser les corrections. Certains corrigeront une page, d'autres une ligne et ils auront pourtant tous fourni un effort proportionné à leur capacité.

• **Le maître aide l'enfant à trouver des réponses**
Il accepte les hésitations et les doutes. Il peut proposer aux enfants une petite feuille jointe au brouillon qui servira à faire des essais orthogra-

1. J. Rillard et J.-M. Sandon, « Découvrir le système de la langue en reproduisant des textes », in *Repères* n°78, 1989, p. 63-81.

phiques. Chacun s'est surpris à griffonner dans un coin plusieurs graphies d'un même mot pour trouver la bonne *silhouette*. Il s'agit d'autoriser et même d'encourager les enfants à faire de même. Ce petit travail permet de mobiliser la mémoire visuelle et de trouver une solution de façon totalement intuitive. Ce sera aussi, pour le maître, une source d'interprétation qui lui révélera les savoirs mis en jeu par l'enfant.

Il apprend à l'élève à **souligner la zone de doute** pour y revenir plus tard. Le but est de ne pas interrompre l'écriture qui mobilise déjà l'esprit de l'enfant dans ses efforts de planification. Celui-là revient sur cette zone, déchargé de toute autre préoccupation. Il est intéressant de voir cette zone s'affiner au cours de la scolarité pour ne plus porter que sur un élément dans un mot.

Il lui apprend à **se servir d'outils**. Il ne s'agit pas uniquement d'outils d'adultes tels que le dictionnaire ou les tables de conjugaison. En effet, s'il convient d'apprendre à chercher dans un dictionnaire, c'est pour sensibiliser les enfants au sens, à la polysémie et pour leur apprendre à interpréter la définition, l'exemple, les abréviations, la mise en page... Mais le dictionnaire n'est pas opératoire à 100 % pour l'orthographe d'un mot puisque son classement est alphabétique. Son usage suppose donc parfois que l'on connaisse au préalable l'orthographe du mot que l'on cherche du moins en partie !

De même pour l'orthographe d'un verbe conjugué. Comment trouver la solution si je ne sais pas à quel modèle verbal il appartient, à quel temps et à quel mode je l'emploie ?

Voilà bien des savoirs abstraits qui ne précèdent pas le savoir orthographique, mais au contraire le suivent. De toutes façons, on évitera que les enfants s'arrêtent d'écrire pour recourir à ces outils. La recherche leur prend tellement de temps et les distrait tant qu'ils perdent le fil de leur pensée.

Il s'agit plutôt, surtout au Cycle 2, d'outils confectionnés en classe par les enfants, qui se trouvent dans un cahier ou un classeur et qui sont affichés en classe. Ils doivent permettre aux élèves de fonctionner par analogie et non par raisonnement. Nous en donnerons un exemple plus loin[1].

Comment faire pour que l'enfant se corrige ?

Habituellement, les maîtres prévoient à cet effet des séances de grammaire où ils expliquent ce qu'est le nom, ce qu'est le verbe et les rapports qu'ils entretiennent. Suivent des exercice

1. S. Djebbour et R. Lartigue, « L'orthographe à l'école élémentaire : création et utilisation d'outils de référence analogique », in *Cahiers du C.D.D.P.* n°12, 8 rue de l'Hôpital, 77007 Melun Cedex.

À partir d'un texte d'enfant

Mathias, 8 ans, présente un livre : *Le Zibou de l'espace*[1].
Ne regardons ce texte que du point de vue de l'orthographe.
«Séverine et Daniel joue tout les deux dans la foret à coté de la maison de Severine pui ils entendent un gros brui ils se dirigent verre [ ] brui et ils voient une boule en metal et le bord souvre pui il en sor un animal bisar une boule avec plien de poile otour de la boule il y a plen de tentacul et Severine le pren dans les bras et sa lui brule elle le lache pui David lui chatouille le nez et sa lui fait la meme chose. Mais Severine a une idée. L'animal les sui.»

TYPOLOGIE DES FAUTES

Notre analyse repose sur la description du pluri-système telle que la font Nina Catach et son équipe[2].

• **Erreurs phonétiques** : altération de la prononciation : **plien**.

• **Erreurs phonogrammiques** (mauvais choix de graphème) : ***bisar, sa, poile, otour, tentacul, idé, plen,*** (l'adjonction d'un **e** muet n'est pas toujours liée au genre féminin : *un tentacule*; *en* est un graphème fréquent de [ã], ***s*** intervocalique fait bien [z].

• **Erreurs morphogrammiques**
– morphèmes lexicaux : ***brui***
– morphèmes grammaticaux : **tout les deux**, ***pale***, ***tentacul***,
– morphèmes verbaux : *Séverine et David **joue**, il en **sor**, Séverine le **pren**, l'animal les **sui***

• **Erreurs logogrammiques** : logogrammes : ***verre***
• **Erreurs extra-alphabétiques** : absence de ponctuation.
• **Erreurs asystématiques** : absence de lettres ou de mot, *verre **(le)** brui*
• **Lettres historiques ou étymologiques** : ***bisar, pui***
À travers ce relevé, on constate que peu d'erreurs sont illogiques et que les plus fréquentes sont dans la zone des morphogrammes verbaux. Ceci n'a rien d'étonnant. Au CE2 commence le difficile apprentissage des rapports entre le groupe nominal et le groupe verbal.

REPÉRAGE DES SAVOIRS EN CONSTRUCTION DANS LA ZONE DES MORPHOGRAMMES VERBAUX.

Nous allons regarder attentivement les groupes verbaux écrits par cet enfant, non pour constater les écarts par rapport à la norme mais pour percevoir ce qu'il sait intuitivement.
En allant de ce qu'il sait à ce qu'il ne sait pas.
Il semble maîtriser parfaitement la troisième personne du singulier des verbes du premier groupe conjugués au présent de l'indicatif : *la boule souvre, sa lui brule, elle le lache, David lui chatouille.*

---

1. collection «J'aime Lire», Bayard Presse.
2. Nina Catach, L'orthographe française, traité théorique et pratique, Nathan Université, 1980.

> Il maîtrise l'accord entre le pronom de troisième personne du pluriel et le morphogramme verbal du présent de l'indicatif : *ils entendent, ils se dirigent, ils voient.*
>
> Il omet cet accord dès que le sujet se compose de deux noms au singulier : *Séverine et David joue.*
> Il y a donc un maillon manquant entre les noms et les pronoms d'une part et leur rôle par rapport aux verbes de l'autre.
> Il méconnaît le morphogramme des verbes du troisième groupe conjugués au présents de l'indicatif : *il en sor, Séverine le pren, sa lui fait, l'animal les sui.*
>
> « Fait » est bien orthographié parce que c'est une forme très fréquente. On s'appuiera sur cette connaissance pour rapprocher les autres formes et faire remarquer qu'on trouve très fréquemment **t / d**.
>
> Pour conclure on peut dire que cet enfant a repéré un grand nombre de variations morphologiques même s'il n'y a pas systématisation.

de systématisation, en général réussis. Mais l'effet n'est pas immédiat ; les enfants ne réinvestissent pas ce qu'ils ont appris. Si on les interroge, ils répondent que le verbe s'accorde avec son sujet. Mais lorsqu'ils écrivent, ils omettent de faire l'accord.

Faire cet accord, en effet, exige bien autre chose que la simple connaissance de la règle :

- être sensible à la nécessité de cet accord pour respecter le code ;

- savoir que les marques à écrire, souvent, ne s'entendent pas et donc que l'on ne peut se fier à l'oral ;

- être capable d'analyser la langue tout en gérant ses idées ;

- savoir reconnaître un verbe conjugué ;

- savoir trouver son sujet ;

- faire ces reconnaissances de manière intuitive et automatique pour ne pas s'arrêter d'écrire à tous les mots ;

- écrire le morphonogramme verbal correspondant.

Voilà beaucoup de préalables qui peuvent expliquer que les enfants, à la fin du CM2, n'accordent le verbe et le sujet qu'en cas de proximité immédiate.

Depuis quelques années, les chercheurs en didactique se sont penchés sur ce problème (en particulier l'équipe INRP de Melun dirigée par S. Djebbour et R. Lartigue) et proposent, après l'avoir expérimenté dans des classes, de favoriser une approche plus intuitive de la langue qui demandera moins d'effort analytique. Cette approche se fonde sur la comparaison et les rapports d'identité.

Aider à corriger : * *tu est.*

Fiche 41

• Condition préalable
Il faut que cette erreur soit fréquente dans la classe. En effet, on ne traite pas de cas individuels qui sont, soit corrigés par le maître si cette correction est hors de portée de l'enfant, soit corrigés par l'enfant à l'aide d'une fiche type ORA contenant la réponse.

• La correction ne sera envisagée qu'en troisième jet afin de bien dissocier le fond et la forme.

• Confection d'un ORA
On propose aux enfants de chercher dans des textes d'auteur des phrases contenant *tu* et de recopier au moins une phrase sur une bandelette. Les enfants se groupent par quatre ou cinq et comparent leurs phrases avec celle qui a servi de point de départ *Henri dit : «Tu es dans un cirque.»* en mettant les bandelettes les unes sous les autres. Si c'est un CP ou un CE1, il n'est pas obligatoire de parler de sujet et de verbe. On peut dès le CP souligner en rouge ou écrire en rouge le verbe afin d'introduire implicitement l'idée que c'est le pivot de la phrase.

Que constate-t-on ? Y a-t-il quelque chose de commun ?

- ***Peux**-tu me donner un peu de paille ?*
- *N'**as**-tu pas peur du chat ?*
- *Tu la **tapes** contre un mur.*
- *Tu ne **manges** que des noisettes ?*
- *Tu **es** sûrement le soleil de la nuit.*
- *Tu **as** une tête de rien du tout.*

Tous les mots soulignés en rouge se terminent par un **s**.

Tu peux possède un **s** *déguisé* en **x**.

Comment doit-on corriger la phrase de départ ? Il n'est pas utile de chercher le verbe et le sujet ; il est inutile de faire conjuguer tous les verbes. L'enfant voit, sans qu'il soit nécessaire de lui fournir l'explication, qu'avec *tu* le mot rouge prend un **s**.
On veillera aussi à varier autant que possible les types de phrases et de constructions. Les phrases-exemples doivent refléter celles que l'enfant peut rencontrer et écrire. Il faut proscrire absolument les phrases aseptisées, lyophilisées et totalement factices que l'on rencontre si souvent dans les manuels de grammaire.
La fiche ainsi constituée servira de référentiel. Chaque enfant la recopie sur un cahier en y ajoutant une phrase personnelle. Le maître l'affiche dans la classe et lui donne un numéro de code.
Il n'y a pas d'exercice d'application. Nous sommes dans une phase de découverte. L'application sera exigée lors de l'écrit. Si ce n'est automatiquement, ce sera par un retour à la fiche dont le numéro de code apparaît dans la marge.
En revanche, on habituera les enfants à utiliser les fiches et à s'y repérer :
– on donne une phrase et les enfants doivent chercher à quelle fiche elle appartient
– on donne un exercice du type : «*Complète...*» et les enfants font cet exercice en utilisant les fiches ; On mettra des pièges dans l'exercice afin que l'enfant compare bien chaque phrase de l'exercice à celles de la fiche référentielle.

Fiche 42

Évolution des fiches

De l'implicite à l'explicite

Bien entendu, ces fiches vont évoluer dans le temps en fonction des connaissances des élèves. Leur présentation peut également changer.

PREMIÈRE FICHE

– Le**s** poisson**s** mir**ent** la tête hors de l'eau.

– Il**s** la trouvèr**ent** délicieuse.

– **Papa** et **maman** berc**ent** mon petit frère.

– Il**s** ne son**t** pas fatigués.

– Est-ce qu'il**s** le reconnaiss**ent**?

DEUXIÈME FICHE

On lui ajoute un titre : «*Un sujet pluriel* —> **nt** *au verbe*», mais on ne change pas les phrases.

TROISIÈME FICHE

On change le titre : « GN-GV», on diversifie les cas de figures en fonction des difficultés rencontrées, c'est-à-dire selon la plus ou moins grande proximité du sujet et le type de sujet.

– Le**s** poisson**s** mir**ent** la tête hors de l'eau.

– **Papa** et **maman** berc**ent** mon petit frère.

– Il**s** ne son**t** pas fatigués.

– Il**s** la trouvèr**ent** délicieuse.

– Le**s** femme**s** **qui** défil**ent** port**ent** des habits créés par les plus grands couturiers.

Ces fiches sont donc ouvertes, évolutives et reflètent un état provisoire du savoir des enfants. La démarche part de l'implicite pour aller vers l'explicite, en fonction de l'âge et en mesurant la complexité des problèmes abordés.

De la grammaire en texte (CM2)

Fiche 43

L'exercice qui suit convient aux grandes classes car il met en jeu de nombreuses compétences et permet de faire une synthèse des difficultés de la langue écrite. Il ne s'agit pas de tout savoir mais d'offrir un panorama vrai dans la mesure où l'on travaille sur un vrai texte.

Objectif : sensibiliser à un maximum de cas de figures pour l'accord GN-GV.
Consigne : réécrire le texte suivant comme s'il y avait deux chevaux, Noiro et Bruno. Faire tous les changements nécessaires.

Texte de départ (page 127); texte modifié (page 128)

Si les enfants s'aperçoivent des imprécisions de ce texte dues à la coupure, laisser dire.

Histoire d'un petit cheval noir qui voulait être blanc

Au pays du Froid, là où les voitures ne vont pas, où il n'y a ni rue ni trottoirs, vit Noiro, le cheval noir.
Il tire un beau traîneau qui glisse dans les montagnes, tout là-haut.
Quand arrive le cheval noir, le bonhomme de neige agite son balai, à défaut de mouchoir, pour lui dire bonsoir !
Mais Noiro a le cœur gros. Il hennit et rue dans son écurie. Depuis bien longtemps, il rêve de devenir un cheval blanc. [...]

Noiro va voir le peintre son ami qui accepte de le peindre en blanc. Un peu plus tard...

Noiro hennit de joie dans son écurie, et étonne un peu la souris. Il crie sans arrêt « je suis tout blanc ! » avant d'aller courir dans les champs.
Mais Hans le cocher, rouge de colère, fait claquer son fouet en l'air :
« Noiro, reviens tirer le traîneau, reviens, Noiro ! »
Et voilà le cheval qui part au galop, qui s'élance, en évitant Hans.
Le Soleil fait la grimace, il n'aime pas du tout ce qui se passe et décide de faire neiger pour punir le fier coursier.
La neige en tombant fait couler la peinture sur ses flancs. Bientôt, il ne reste plus de blanc et le cheval en pleurant regrette d'avoir menti.
Le coq du clocher s'égosille et appelle les garçons et les filles :
« Venez voir ce vilain menteur, qui a retrouvé sa vraie couleur ! »
On se moque et on rit de ce cheval blanc-noir, blanc-gris.
Hans a pitié de lui, et va le brosser près de l'écurie. Seule une petite tache blanche au-dessus des yeux lui rappelle l'idée qu'il a eue un soir de ne plus être noir.
Noiro maintenant n'est plus menteur. Il aime bien sa couleur.
Hans le laisse galoper dans la forêt et, comme il n'a pas de queue, chacun le reconnaît.

Ernst Heimeran et Marlène Reidel, *Histoire d'un cheval noir qui voulait être blanc*, K. Fhienemanns, Fernand Nathan pour la traduction française.

1

Fiche 43

Histoire de deux petits chevaux noirs qui voulaient être blancs

Au pays du Froid, là où les voitures ne vont pas, où il n'y a ni rue ni trottoirs, vivent Noiro et Bruno, les chevaux noirs.
Ils tirent un beau traîneau qui glisse dans les montagnes, tout là-haut.
Quand arrivent les chevaux noirs, le bonhomme de neige agite son balai, à défaut de mouchoir, pour leur dire bonsoir !
Mais Noiro et Bruno ont le cœur gros. Ils hennissent et ruent dans leur écurie. Depuis bien longtemps, ils rêvent de devenir des chevaux blancs. [...]

Noiro et Bruno vont voir le peintre leur ami qui accepte de les peindre en blanc. Un peu plus tard...

Noiro et Bruno hennissent de joie dans leur écurie, et étonnent un peu la souris. Ils crient sans arrêt « nous sommes tout blancs ! » avant d'aller courir dans les champs.
Mais Hans le cocher, rouge de colère, fait claquer son fouet en l'air :
« Noiro et Bruno, revenez tirer le traîneau, revenez, Noiro et Bruno ! »
Et voilà les chevaux qui partent au galop, qui s'élancent, en évitant Hans.
Le Soleil fait la grimace, il n'aime pas du tout ce qui se passe et décide de faire neiger pour punir les fiers coursiers.
La neige en tombant fait couler la peinture sur leurs flancs. Bientôt, il ne reste plus de blanc et les chevaux en pleurant regrettent d'avoir menti.
Le coq du clocher s'égosille et appelle les garçons et les filles :
« Venez voir ces vilains menteurs, qui ont retrouvé leur vraie couleur ! »
On se moque et on rit de ces chevaux blanc-noir, blanc-gris.
Hans a pitié d'eux, et va les brosser près de l'écurie. Seule une petite tache blanche au-dessus des yeux leur rappelle l'idée qu'ils ont eue un soir de ne plus être noirs.
Noiro et Bruno maintenant ne sont plus menteurs. Ils aiment bien leur couleur.
Hans les laisse galoper dans la forêt et, comme ils n'ont pas de queue, chacun les reconnaît.

1

Correction

Le maître demande aux enfants d'expliquer leur choix graphique et laisse les controverses s'installer avant de donner la réponse circonstanciée. Dans une autre séance, les enfants classeront en un tableau synthétique les accords en allant du simple au complexe. On fera remarquer les zones de difficulté où il faut redoubler de vigilance.

Groupe nominal

Que se passe-t-il au niveau du groupe nominal ?

Noms	**Oral**	**Écrit**
– un cheval/des chevaux	[ ]/[o]	aux
– coursier/coursiers	– – –	+ s
– menteur/menteurs	– – –	+ s
Pronoms		
• en position de sujet		
– je/nous	[nu]	nous
– il/il + voyelle	[ilz]	+ s
– il/ils	– – –	+ s
– qui/qui	– – –	– – –
• en position de complément		
– le (peindre)/les	[le]	+ s
– lui (dire bonsoir)/leur	[lœR]	leur
– (a pitié de) eux	[ø]	eux
Déterminants		
– un (petit cheval)/de deux	[dø]	deux
– un (cheval)/des	[de]	des
– le/les :	[le]	+ s
– ce/ces :	[se]	+ s
– son/leur (ami)	[lœr]	leur
– ses/leurs (flancs)	[lœr]	leurs
Adjectifs		
Épithètes		
– fier/fiers	– – –	+ s
– blanc/blancs	– – –	+ s
– vilain/vilains	– – –	+ s
– blanc-noir	– – –	– – –
– blanc-gris	– – –	– – –
Attributs		
– nous sommes tout blancs	– – –	+ s
– Noiro et Bruno maintenant ne sont plus menteurs	– – –	+ s

Fiche 44

– Histoire de deux petits chevaux qui voulaient être blancs	– – –	+ s
– l'idée qu'ils ont eue un soir de ne plus être noirs	– – –	+ s

Conclusion
À travers ce tableau, on se rend compte des difficultés rencontrées par les élèves. S'ils se fient à l'oral, il y a peu de variations. S'ils pensent qu'il suffit de rajouter un *s*, ils se trompent. Il leur faut constamment être capable de faire une analyse des rapports entre les mots.

Exemples
– **qui** : ne varie pas mais implique, ici, un pluriel ;

– **des fiers coursiers** : seul le déterminant indique que tout le groupe est au pluriel ;

– **leur** : adjectif possessif renvoie à plusieurs possesseurs mais ne prend un *s* que si le nom déterminé est lui-même au pluriel. Les adjectifs attributs sont tous séparés du nom auquel ils se rapportent et parfois par plusieurs éléments ...

Fiche 45

Le groupe nominal et le groupe verbal

Que se passe-t-il entre le GN et le GV dans le texte ?

	Oral	Écrit
Sujet + Verbe :	avec variation	
– je suis/nous sommes	V	sommes
– reviens/revenez	V	ez
– il va/ils vont	V	vont
– Noiro et Bruno ont	V	ont
– il n'est plus/ils ne sont plus	V	sont
– il hennit/ils hennissent	V	ssent
	sans variation	
– ils rêvent	SV	+nt
– ils tirent	SV	+nt
– ils crient	SV	+nt
– ils aiment	SV	+nt

Sujet + Verbe + Verbe :	sans variation	
– ils hennissent et ruent	SV	+nt
Verbe + Sujet :	sans variation	
– vivent Noiro et Bruno	SV	+nt
– quand arrivent les chevaux	SV	+nt
Sujet + Complément + Verbe :	sans variation	
– les chevaux en pleurant regrettent	SV	+nt
Antécédent + qui + Verbe :	avec variation	
– ces menteurs qui ont	V	+nt
– qui partent	V	+nt
– deux petits chevaux qui voulaient	sans variation	+nt
– qui s'élancent	sans variation	+nt
Sujet + (...) + Verbe :	sans variation	
– Noiro et Bruno (hennissent de joie dans leur écurie et) étonnent	SV	+nt

On voit là toute la difficulté et les raisons pour lesquelles les enfants à la fin du CM2 n'accordent pas toujours le verbe avec le sujet. Certes, il suffit de rajouter ***-nt,*** mais sans se fier uniquement à l'oral, en prenant garde à la place du sujet (sujet inverse ou lointain) et à sa forme (simple ou composée de deux éléments singuliers).

Quelle importance accorder à l'orthographe ?

Nous voudrions conclure ce petit chapitre consacré à l'enseignement de l'orthographe par quelques mots encourageants que nous emprunterons à A. Chervel et D. Manesse.

« Le seul fait vraiment nouveau dans l'histoire de l'enseignement de l'orthographe au XXe siècle, c'est qu'on en a retiré l'exclusivité à l'enseignement primaire. Depuis 1977, il est entendu que l'école élémentaire doit s'attacher plus à la qualité des acquisitions qu'à leur quantité, et que l'acquisition doit se poursuivre dans les classes du collège, lequel doit accepter de voir en Sixième cet apprentissage seulement commencé et s'efforcer de le parfaire par une action appropriée. » (1)

« Même le deuxième cycle du secondaire est aujourd'hui mis à contribution, puisqu'une instruction récente prévoit en classe de Seconde des éléments de maniements de la connaissance de l'orthographe lexicale et grammaticale. » (2)

1. Circulaire du 14 juin 1977.
2. Instructions du 5 février 1987.

«Mais l'orthographe fait-elle véritablement partie des disciplines fondamentales de l'école et du collège? Lire, écrire, compter, bien sûr, mais aussi s'exprimer (oral et écrit), s'intégrer dans une culture (langue maternelle, textes, littérature), se situer, s'ouvrir au monde (histoire, géographie, sciences), à la réflexion abstraite (mathématiques, philosophie), aux arts, aux activités physiques : voilà les disciplines essentielles auxquelles tous les élèves doivent et devraient accéder.

L'orthographe n'est pas du nombre. Malgré les apparences, et en dépit de la place que lui a accordée l'enseignement du français, elle n'a pas le même caractère de nécessité que les autres. Comme pour cent choses enseignées, on doit admettre qu'une fraction de la population y résiste, ou y répugne ; et d'ailleurs on l'admet parfaitement dans la réalité. Il est nécessaire que tous les français sachent de l'orthographe le plus possible, bien sûr, parce qu'elle est une partie constitutive de l'écriture. Mais la perfection en la matière serait un objectif non seulement illusoire mais vain. Considérations qui rejoignent d'ailleurs une considération historique déjà présentée : le faible niveau de connaissance de l'orthographe chez les personnes cultivées du XVIIe *et* XIIIe *siècle.*»[1]

1. A. Chervel et D. Manesse, *La dictée, les Français et l'orthographe*, Calman-Lévy, 1989.

Quelle place pour la grammaire?

Quelle place doit-on réserver à la grammaire dans l'enseignement du français à l'école élémentaire ? Il s'agit là d'une question très polémique. Certains, en effet – s'inscrivant ainsi dans la grande tradition classique issue de Port-Royal[1] – voient dans la grammaire une discipline reine, essentielle non seulement à la connaissance et à la pratique de la langue, mais aussi à la formation de l'esprit logique sinon scientifique. D'autres, en revanche – dans le sillage de Célestin Freinet – pensent que cette activité, du moins telle qu'elle est conçue traditionnellement, est parfaitement inutile et que seules comptent les activités d'expression : les grands écrivains connaissent-ils les règles de grammaire ?

Deux positions extrêmes, donc : du solfège, rien que du solfège ; du Mozart, rien que du Mozart. Entre ces deux pôles diamétralement opposés, les choix des enseignants sont, dans la réalité, extrêmement variés. Variés, mais implicites. L'école a hérité d'une longue tradition grammaticale, et il fallait bien préparer les élèves à l'étude du latin. Faire de la grammaire va donc de soi. C'est une obligation rarement soumise à l'examen critique et qui occupe, finalement, une masse horaire assez importante.

Même s'ils restent implicites, les choix concernant la grammaire (horaire, progression, point de départ des activités, utilisation ou non d'un manuel...) sont cependant très révélateurs d'une conception de la langue, de la norme, ainsi que d'un modèle de transmission du savoir et d'appropriation par l'enfant des moyens d'expression.

Il est donc essentiel que, dans ce domaine comme dans les autres, un futur enseignant soit en mesure de clarifier et d'expliciter ses options.

1. *Grammaire de Port Royal ou Grammaire générale et raisonnée*, 1660.

Au fil des projets que nous développons, nous proposons, pour les activités grammaticales, une organisation assez éloignée de ce qui se pratique le plus communément. Cette organisation peut dérouter. Il convient donc de l'expliquer, et c'est l'objet de ce chapitre.

Le relatif échec de l'enseignement grammatical traditionnel

Par *enseignement grammatical traditionnel*, il faut entendre : **une approche de la grammaire qui en fait une discipline spécifique,** autonome, étanche, étrangère à toute préoccupation de lecture ou d'expression écrite, **un enseignement qui privilégie l'analyse et l'acquisition d'une terminologie** au détriment du réinvestissement dans l'écriture.

Sans vouloir se montrer trop pessimiste ou trop polémique, on peut parler d'échec relatif de cette approche, courante dans les classes, dans la mesure où les connaissances des élèves à l'aube du collège se révèlent finalement très modestes par rapport au temps passé à les acquérir. Ceux-ci trébuchent souvent sur des questions simples : identification des adjectifs qualificatifs et de leur fonction, reconnaissance des verbes et de leur temps, reconnaissance des différents types de compléments, malgré tous les efforts déployés par les enseignants.

La qualité des maîtres n'est pas en cause, ni d'ailleurs l'intelligence des enfants. Il faut chercher d'autres raisons à ce diagnostic assez sombre.

■ On commence peut-être trop tôt...

...dès le CE1 ! la grammaire réflexive, explicite et rationnelle, celle qui demande de reconnaître et de nommer les éléments d'une phrase. Or cette activité nécessite maturité et recul par rapport à sa propre langue. Et ce recul n'est possible que si la maîtrise en est déjà assurée, à l'oral comme à l'écrit.

■ La finalité de la grammaire reste obscure pour les enfants

Les leçons de grammaire sont trop souvent parachutées, sans lien aucun avec les autres activités du moment. Les élèves ne voient donc pas du tout à quoi tout cela sert. Le réinvestissement possible de leurs connaissances grammaticales, notamment en expression écrite, est rarement explicité. Il n'est donc pas réalisé, et il y a là une déperdition importante d'énergie et temps.

■ Le réinvestissement est, de toute manière, difficile...

... en raison du constant décalage entre le programme de grammaire et les exigences de la progression écrite.

Ainsi, dès que les enfants se mettent à écrire, ils ont besoin d'utiliser des phrases complexes, mais celles-ci n'apparaissent que beaucoup plus tard dans la progression grammaticale classique.

Ce décalage est d'autant plus flagrant que les grammaires scolaires, pour faciliter l'observation et la démonstration, travaillent le plus souvent sur des phrases canoniques, construites pour les besoins de la cause.

Les constructions de ces phrases simplifiées, sinon aseptisées (*sujet + verbe + complément...*) sont très éloignées de la langue réelle, écrite ou parlée. L'enfant se trouve donc démuni lorsqu'il aborde, en lecture et en écriture, des constructions plus complexes et aussi moins normées.

Observons, par exemple, les phrases simples suivantes. Elles sont difficilement analysables à la lumière des outils de la grammaire scolaire.

– *J'ai acheté un sirop contre la toux.*

—> *contre la toux* est-il un complément de nom, bien qu'introduit par la préposition *contre*?

– *En ce temps-là, les hommes vivaient heureux.*

—> *heureux* est un attribut, bien que le verbe *vivre* ne soit pas répertorié dans les verbes d'état traditionnels.

– *Émerveillés, les enfants admiraient le funambule.*

—> La grammaire scolaire évoque rarement l'apposition ou l'épithète détachée.

– *On a annoncé la nouvelle dans un flash spécial.*

– *Jadis, les enfants aidaient leurs parents dans les travaux.*

—> Comment analyser les groupes introduits par *dans*?

– *Je n'aime pas les pommes vertes.*

– *Catherine préfère les maisons anciennes.*

– *Demain, il mettra son gilet neuf.*

– *Isabelle a les yeux bleus.*

– *Lydie a le sourire triste.*

– *Mon frère adore les bombes glacées.*

– *L'école n'accepte pas les enfants malades.*

—> Á en juger par ces phrases, est-il juste de voir dans l'adjectif qualificatif une expansion du nom que l'on peut facilement supprimer?

■ Autre sujet de trouble chez l'enfant : l'absence de progression claire et organisée

L'enseignement grammatical en France est actuellement vécu sur le mode du *ressassement spiralaire*, très démobilisateur. La table des matières d'un manuel de CE2 et celle d'un manuel de Cinquième sont quasiment identiques. Chaque notion est vue, en effet, et revue à tous les niveaux successivement, de façon de plus en plus complexe.

Par exemple, pour la structure du GN, **d'abord** : *déterminant + nom*
puis : *déterminant + nom + adjectif qualificatif*
et : *déterminant + nom + complément de nom*
et enfin : *déterminant + nom + proposition subordonnée relative*

Les inconvénients de cette démarche sont évidents : l'enfant a l'impression de piétiner et finit par se désintéresser d'une discipline qui ne le fait pas progresser; elle dispense d'une évaluation formative. On passe parfois beaucoup de temps à revenir sur des choses déjà acquises.

Il faut convenir qu'il est plus difficile d'établir une progression rationnelle dans l'enseignement de la langue maternelle que dans toute autre discipline. On doit cependant pouvoir y introduire un minimum de clarté et de cohérence.

■ La grammaire traditionnelle est une discipline hétérogène...

...elle poursuit sans le dire, et selon les moments, des objectifs forts différents. Quand on travaille sur la reconnaissance des éléments constitutifs de la langue, leur classification et leur étiquetage, on fait de la grammaire pour la grammaire, de même quand on s'attache à l'analyse des fonctions dans la phrase. En revanche, si l'on en juge par la table des matières des grammaires scolaires courantes, de nombreux chapitres abordent en réalité des problèmes d'orthographe. Ainsi, par exemple, tout ce qui tourne autour de la relation *sujet/verbe* (*groupe sujet/groupe verbal*) débouche directement sur des problèmes d'accord. Il en est de même pour toutes les leçons sur le genre des noms, le nombre, la structure du groupe nominal, l'adjectif qualificatif...

La notion de *complément d'objet direct* sert-elle à autre chose qu'à expliquer l'accord du participe passé avec l'auxiliaire *avoir*, se demandent parfois les mauvais esprits. Comme l'explique André Chervel[1], de nombreux concepts grammaticaux ne se justifient que par les nécessités de l'orthographe. Il montre bien que ce sous-bassement orthographique de la grammaire scolaire s'est consolidé au moment de l'institution de l'école obligatoire : il fallait bien alors, pour des raisons historiques et politiques, unifier les pratiques de la langue, orale et écrite.

■ Le désordre de la terminologie...

... enfin, achève de brouiller les cartes dans l'esprit des élèves, comme dans celui des enseignants et des parents, cet aspect, le plus évident pour les usagers de la grammaire, est aussi celui que l'on monte le

1. André Chervel, *Histoire de la grammaire scolaire... et il fallut apprendre à écrire à tous les petits Français*, Payot, 1977.

plus souvent en épingle, même s'il ne nous paraît pas le plus important. La nomenclature, en effet, devrait toujours être un moyen et non une fin, le résultat et l'aboutissement de l'analyse plus qu'un présupposé. Dans cette perspective, les choix multiples, ou même les incertitudes, perdent de leur importance et deviennent acceptables par la liberté qu'ils donnent.

Le constat, cependant, est rude : le flou terminologique jette le discrédit sur la discipline et accentue la démobilisation des élèves à son égard.

Explorer d'autres voies

Pour éviter de piétiner, d'enfoncer des portes ouvertes, de perdre du temps, de s'ennuyer..., l'enseignant doit explorer d'autres voies en se posant clairement les vraies questions : comment créer les conditions d'une meilleure maîtrise de la langue? Comment organiser les différentes activités pour leur donner la meilleure efficacité possible?

Les réponses à ces questions impliquent que l'on clarifie ses objectifs et ses priorités et que l'on établisse, pour les enfants, des liens évidents et explicites entre les *disciplines* du français, et, en particulier, entre les activités dites spécifiques d'une part, et celles de lecture et d'expression d'autre part.

Ce qui doit donc primer, ce n'est pas le programme de grammaire, c'est le projet de lecture-écriture que se donne la classe dans une situation réelle de communication.

Parce que ce projet est centré sur un type de texte particulier (lettre, bande dessinée, règle du jeu, récit...), l'enfant lit, observe et analyse pour mieux écrire lui-même. Et parce que chaque type de texte présente des particularités et des difficultés linguistiques, l'enseignement grammatical s'attaque méthodiquement à ces problèmes, en situation et en fonction des nécessités de l'écriture : emploi des temps, connecteurs, système de représentation, vocabulaire...

La boucle est alors bouclée, et le réinvestissement immédiat. L'élève éprouve concrètement la nécessité de l'effort grammatical qui prend tout son sens. En même temps, il découvre une discipline moins figée, plus riche et plus stimulante : une discipline qui s'intéresse à des textes et non plus simplement à des phrases un peu simplettes, une discipline qui prend en compte le sens et non plus seulement la forme, en donnant l'occasion d'exercer la réflexion et l'intelligence.

De ce cadre général, que nous venons ici de résumer brièvement et que chacun des projets illustre à sa façon, découlent en effet un certain nombre de conséquences techniques quant à la nature même et à l'objet de la réflexion grammaticale, ainsi qu'à sa progression sur une année ou sur un cycle de trois ans.

Dépasser le cadre de la phrase

Une grammaire qui se donne comme objectif prioritaire la maîtrise de la langue envisagée sous l'angle de la réception (lecture) comme sous l'angle de la production (expression écrite) doit impérativement dépasser le cadre étroit de la phrase.

La grammaire scolaire, même la plus moderne et la plus rénovée, se présente toujours essentiellement comme une grammaire de phrase :

– l'étude est centrée sur l'analyse et le fonctionnement de la phrase simple ;

– la progression ne va jamais au-delà de la phrase complexe ;

– les exercices proposés sont des phrases ou des suites de phrases sans lien entre elles.

Si le texte apparaît, en point de départ de leçon, c'est seulement comme réservoir d'exemples et d'observations : son fonctionnement propre et celui des outils grammaticaux qu'il implique ne sont pas étudiés en tant que tels.

Pourtant, pour écrire un texte correct, il ne suffit pas d'écrire une suite de phrases correctes. La progression satisfaisante d'un texte et sa cohérence reposent, en effet, sur des phénomènes transphrastiques complexes.

L'étude des pronoms personnels et des substituts du nom en fournit une illustration particulièrement frappante. On peut aussi citer le travail sur les connecteurs logiques et chronologiques, ainsi que l'étude des différents systèmes de temps[1].

L'approche que nous proposons de tous ces sujets – qui représentent d'ailleurs, si on les additionne, une part considérable du *programme* – montre bien l'impossibilité de les traiter en dehors du cadre du texte, pour des raisons linguistiques évidentes, mais aussi pour des raisons pédagogiques.

La grammaire de phrase, en effet, isole les phénomènes par l'analyse. La situation d'écriture demande, elle, de faire au même moment la synthèse du fonctionnement de nombreux outils grammaticaux et d'opérer des choix. Il y a donc une contradiction à vouloir faire écrire des textes aux enfants et, dans le même temps, à cantonner l'étude de la langue à celle de la phrase, simple ou complexe. Il y a là un décalage et un *vide didactique* qu'il faut absolument combler.

Cela ne veut pas dire qu'il faille s'interdire l'analyse de la phrase qui, à la fois mélodie et structure de groupes hiérarchisés, reste l'unité lin-

1. Voir à ce propos, partie IV, p. 219 et suivante.

guistique de base accessible aux jeunes enfants. Elle servira toujours pour mettre en évidence – comme dans un laboratoire – une catégorie ou une notion. Rien n'est possible sans l'intuition linguistique de la phrase, condition nécessaire mais non suffisante quand il s'agit de construire des textes.

■ Assouplir la progression

La progression rigide qui fait référence habituellement n'est en rien dictée par les textes offociels qui se contentent d'indiquer la liste des thèmes imposés, sans indication stricte de chronologie. Il ne s'agit donc nullement d'un absolu et rien n'interdit d'y apporter certains aménagements, à condition, bien sûr, de respecter quelques règles de bon sens : par exemple, ne pas, à toute force, asséner le passé simple dès le CE1 ; ne pas faire l'impasse totale sur une catégorie grammaticale, etc.

Assouplir la progression, cela signifie concrètement :

• **S'attacher prioritairement aux outils linguistiques** spécifiques des différents types de textes abordés. La lecture de la fiche 46 montre qu'en procédant de cette manière, le risque n'est pas grand de laisser dans l'ombre des pans entiers importants du programme. On peut d'ailleurs contrôler tout cela en cochant, au fur et à mesure, sur la table des matières d'un manuel, les sujets traités au fil des projets d'écriture. Si, au cours d'une année, des questions importantes échappent à la grille, on peut toujours ajuster et combler le manque en les traitant de façon indépendante.

• **Définir des priorités en fonction des difficultés** les plus fréquentes chez la majorité des enfants,

– la ponctuation

– l'emploi des temps

– l'emploi des mots de liaison

– les répétitions

– les niveaux de langue

– les négations incomplètes.

Il y a là les bases solides d'un enseignement grammatical soucieux de prendre en compte les problèmes réels d'expression.

• **Voir plus loin la notion de classe grammaticale** et jeter des ponts entre des outils linguistiques de natures différentes. L'établissement de ces liens vient d'ailleurs de lui-même, dès lors qu'on s'attache à résoudre des problèmes d'écriture. On le voit bien quand on réfléchit aux différentes manières d'exprimer la chronologie dans un texte (voir Partie IV, p. 219).

Fiche 46

Activités linguistiques

TYPES DE TEXTES	CYCLE 2	CYCLE 3
AFFICHE	- sonorités (assonances et allitérations)	– sonorités (assonances et allitérations) – création de mots (par préfixation et suffixation, mots-valises...) – métaphores, sens propre / sens figuré, – phrases nominales
LETTRE	– ponctuation – système des temps du discours	– ponctuation – système des temps du discours
JOURNAL		– les types de phrases – les groupes nominaux – les temps des verbes – la ponctuation – la tournure passive
RÈGLE DU JEU	– conjugaison : impératif, infinitif, indicatif présent – vocabulaire spécifique	– conjugaison : impératif, infinitif, indicatif présent – expression de la chronologie – expression de l'obligation et de l'interdiction – systèmes hypothétiques – vocabulaire spécifique
COMPTE-RENDU		– relations logiques : cause / conséquence – nominalisation – les substituts du nom : pronoms et autres...

TYPES DE TEXTES	CYCLE 2	CYCLE 3
RÉCIT	– désignation des personnages – suppression des répétitions – indicateurs de temps	– désignation des personnages – suppression des répétitions – système des temps du récit – indicateurs de temps – connecteurs logiques – ponctuation du dialogue
BANDE DESSINÉE	– types de phrases – ponctuation – système des temps du discours – *je* / *tu* et *il* (*elle*) – registres de langue	– types de phrases – ponctuation – système des temps du discours – registres de langue
POÉSIE	– sonorités – structures syntaxiques	– sonorités – réseaux lexicaux – réseaux métaphoriques (images, comparaisons, métaphores) – structures syntaxiques

Mais on le voit aussi en de multiples occasions. Ainsi, pour désigner un personnage dans un récit, on utilisera successivement un nom propre, un groupe nominal plus ou moins étendu (*le prince, notre héros, le jeune et vaillant chevalier...*), un pronom. De même, pour supprimer une répétition, on aura recours, selon les cas, à un pronom de nouveau, à un synonyme, à une construction différente de la phrase... Enfin, la catégorie classique des conjonctions de coordination paraît bien fragile dès qu'on s'attache à l'ensemble des mots et des procédés de liaison : conjonctions donc, mais aussi adverbes, groupes nominaux (*pendant ce temps, au signal*).

• **Introduire la terminologie de manière souple et progressive**

La démarche que nous préconisons amène souvent à être en avance sur le programme et à manipuler des outils et des structures que les enfants ne sont pas en mesure d'analyser : par exemple, la phrase complexe au CE1. Cette situation n'est pas gênante. Elle n'est d'ailleurs pas nouvelle. Les enfants, en effet, font de la grammaire (implicite) dès lors qu'ils apprennent à parler. Le jeune élève qui déclare doctement : *«J'ai prendu un pinceau. J'ai bien peinturé.»* se livre, en réalité à une activité métalinguistique qui lui permet de construire progressivement sa conjugaison.

De même, dès l'école maternelle, l'enfant, confronté à de l'écrit ponctué avec des majuscules, peut intégrer intuitivement la notion de phrase, même si le mot lui est inconnu. La reprise orale systématique d'une structure (*quand... si... parce que...*) est déjà une activité grammaticale. Un peu plus tard, l'élève de CP se trouve confronté au pluriel et au problème de l'accord, même si les termes ne sont pas employés.

La grammaire n'est donc pas une invention du CE1. Elle existe depuis plus longtemps sous sa forme implicite. Cela nous montre clairement que l'on peut faire l'économie d'une terminologie compliquée, ou, tout au moins, que l'on peut l'adapter au niveau de maturité des élèves concernés.

Envisager la grammaire comme une discipline expérimentale

La proposition de séquence sur l'emploi du pronom personnel (p. 214) est une bonne illustration du déroulement que nous pensons souhaitable. Ni cours magistral, ni suite d'exercices oraux ou écrits, la *leçon* de grammaire doit :

• **s'attacher à résoudre une situation-problème.**
Par exemple, on isole un problème d'expression apparu dans de nombreux textes d'enfants.

• **faire appel à** l'observation, la comparaison, l'analyse, la manipulation, le classement et la synthèse.

• **solliciter l'activité intellectuelle de l'enfant**. Il s'agit de partir de l'observation concrète des faits de langue dans toute leur diversité, pour *remonter* à l'explication, la règle ou la ligne de conduite à adapter au moment d'écrire.

En suivant pas à pas le déroulement de la séquence, on arrive au schéma suivant :

1. Explication de la raison d'être de la séquence, de ses objectifs, de son réinvestissement futur.
2. Sensibilisation au problème, observation.
3. Manipulations, ici à partir de phrases tirées des textes écrits par les enfants.
4. Éventuellement, exercices annexes de renforcement (ceux proposés pour l'étude des temps du récit dans la partie IV).
5. Aboutissement du travail : réalisation d'une fiche référentielle, fiche de synthèse et d'aide à l'écriture.

Les enfants savent qu'ils pourront s'y reporter quand ils auront à résoudre un problème analogue d'expression. Il s'agit d'une fiche évolutive qui fait la synthèse de leurs connaissances à un moment donné et qui s'enrichit au fur et à mesure des lectures et des découvertes.

3

Entrer dans l'écrit du réel

Utiliser l'affiche, le journal, la lettre ou le compte-rendu, c'est relier l'école à la vie. Nous y avons ajouté la règle du jeu qui est le plus motivant des textes prescriptifs. Il ne s'agit pas de singer à tout prix le support authentique, mais de créer un support parallèle et scolaire.

On sait maintenant que les compétences en lecture sont approfondies par les activités rédactionnelles. Les caractéristiques des textes sont donc découvertes chemin faisant.

Nous nous situons là dans une pédagogie du projet. En outre cette façon de travailler intègre les apprentissages linguistiques dont on trouvera développés ici quelques exemples.

SOMMAIRE

L'affiche au Cycle 2

Les enfants, de nos jours, sont quotidiennement confrontés aux affiches et particulièrement à celles de la publicité dont ils sont souvent les cibles prioritaires car les agences de publicité ont compris que l'enfant, dans notre société, est un consommateur privilégié même s'il ne détient pas directement les cordons de la bourse.

Notre rôle d'enseignant est d'éduquer ce jeune consommateur et de l'initier aux images pour qu'il n'en soit pas la victime fascinée et passive. Utiliser les affiches permettra d'user d'authentiques supports de lecture, de faire entrer la vraie vie à l'école, de la relier à son environnement social et culturel. On initiera l'enfant à la lecture d'images en lui faisant comprendre leur rôle éminemment séducteur et en lui faisant produire des affiches. Il s'interrogera sur la manière de transmettre un message qui n'est pas obligatoirement explicite. Comme le montre l'organigramme, c'est un projet ambitieux et pluridisciplinaire qui requiert en particulier une certaine aisance en arts plastiques.

Commentaire de l'organigramme du projet CP/CE1

Ce projet permet de rassembler des activités diverses autour d'un même support, l'affiche, qui fait partie de l'environnement familier de l'enfant ; ce dernier est donc amené à lire un écrit authentique. On observe la même différence de point de vue entre un enseignement musical qui passerait d'abord par la répétition des gammes et celui où l'on apprend directement un morceau en faisant appel à la mémoire et à la motivation. Les gammes viendront plus tard.

■ Inciter les enfants à discuter

Pour mener à bien un tel projet, les enfants devront beaucoup discuter ; il y aura de véritables échanges pour confronter les opinions sur le

Projet d'enseignement

L'AFFICHE

Construction de la personnalité
Acquisition de l'autonomie
Apprentissage de la vie sociale
(Cycles 2 et 3)
- Partager des points de vue
- Accepter la responsabilité d'une tâche
- Accepter le choix du groupe
- Écouter les autres
- Prendre la parole

Géographie
- Décrire son environnement immédiat

Construction du concept d'espace (Cycles 2 et 3)
- Où voit-on des affiches ?
- Où mettre notre affiche ?
  - repérage de l'espace-école
  - repérage de l'espace-ville

Compétences méthodologiques (Cycles 2 et 3)
- Mener un travail à son terme
- Le faire avec soin

Lecture

C1 • Reconnaître le type d'écrit

C2 • Reconnaître certains éléments

C3 • Expliquer l'idée contenue symboliquement dans l'affiche

Mathématiques (Cycle 1)
- Comparer et partager des collections

Langage oral

C2 • Prendre sa place dans un dialogue
• Oser s'exprimer
• Commenter une image

C3 • Expliquer, justifier

Poésie

C3 • Jouer avec la langue : fabriquer un slogan

Arts plastiques

C1 • Réaliser une production
• Appliquer une technique

C2 • Jouer avec les formes, les couleurs, les matières, les objets, les images
• Adapter une technique

Production d'écrits
- Écrire le slogan
- Choix de la typographie
- Choix de la mise en page
- Écriture, copie, lisibilité

Progression et activités des enfants

L'AFFICHE

1. Langage oral
- Nous devons faire venir les parents pour... Comment faire ?
- À quoi servent les affiches en général ?
- Qu'est-ce qu'une affiche ?
- Comment allons-nous fabriquer une affiche ?

2. Géographie
- Où voit-on des affiches ?
- Qui produit l'affiche ?
- Pour qui ?

3. Parcourir des rues autour de l'école : typologie des espaces d'affichage

4. Compétences méthodologiques
- Mener le travail à son terme
- Le faire avec soin

5. Lecture
- Tri de textes : « Le symbolique ».
- Tri de types d'images
- Tri de types de slogan
- Recours à des éléments iconiques et alphabétiques
- Interprétation : dénoté et connoté

6. Mathématiques
Tri d'affiches en fonction ;
- des formats
- des couleurs dominantes
- du thème

7. Arts plastiques
- Choix du support papier, carton : lisse ou rugueux
- Choix de la technique, aplats, collages, pochoir
- Organisation de l'espace

8. Production d'écrits
- Écrire le slogan
- Jouer avec les sons, avec les mots
- Jouer avec la typographie
- Choix de l'instrument, du type de lettres
- Recopier lisiblement

9. Construction du concept d'espace
- Parcours de l'école, cheminement
- Choix des lieux de rencontre
- Choix des espaces les mieux « vus »

N.B : la numérotation correspond à l'ordre possible des séquences.

but des affiches, sur leur composition et sur la manière dont ils envisagent de mener leur projet. Les activités de langage seront ancrées dans de véritables situations de communication. Le maître veillera à distribuer la parole afin que personne ne la monopolise. Tous les élèves pourront intervenir, mais à tour de rôle et ils devront s'écouter pour échanger valablement leurs points de vue. Étant donné leur âge, ce n'est pas un objectif que l'on atteindra parfaitement, mais il est nécessaire pourtant de commencer très tôt à y travailler. Le maître pourra être exigeant sur la précision de la pensée. Il aidera les enfants sans toutefois les interrompre à tout moment. Il renverra à l'ensemble de la classe une synthèse très claire et riche en vocabulaire précis.

Ces échanges verbaux et la construction du projet fourniront l'occasion aux élèves de se donner eux-mêmes des tâches qu'ils auront à cœur de mener à bien pour ne pas rompre leur propre contrat. C'est déjà l'apprentissage de la vie, avec ses contraintes subies ou acceptées, les échanges de points de vue et l'acceptation, bon gré mal gré, que ce ne soit pas sa propre idée qui triomphe mais celle d'autrui.

Le maître pourra rappeler à un enfant dont la motivation viendrait à manquer, son rôle et sa responsabilité dans la réalisation globale du projet.

■ Inciter les enfants à observer l'environnement

En visitant le quartier à la recherche d'affiches, les enfants regarderont autour d'eux, désigneront avec le plus de précision possible les lieux qu'ils rencontrent et l'emplacement des affiches dans l'espace urbain.

Cette activité n'est pas une simple promenade. L'enfant se construit des *repères spatio-temporels* et en découvre les équivalents langagiers : *en haut, à ma gauche, près de, à l'arrière du bus, sur le panneau publicitaire*... Il enrichit son vocabulaire et sa pensée en décrivant les lieux. Le maître observe et évalue les progrès faits par les uns et les autres. La recherche d'espaces où coller leurs propres affiches dans l'école et dans le quartier sera une excellente situation d'évaluation finale sur la perception du rôle informatif et attractif de l'affiche, de l'importance du regard d'autrui (ce qui demandera une bonne décentration), de la pertinence des lieux choisis.

■ Les disciplines en jeu dans ce projet

Pour avoir une activité **mathématique**, on pourra leur demander de classer les affiches selon les critères qu'ils détermineront : taille, couleur, objet... L'évolution des critères sera également un élément d'évaluation.

Le domaine de la **lecture** est privilégié ici puisque les enfants apprendront à reconnaître ce support parmi d'autres et surtout à en repérer les spécificités. L'affiche est le support idéal pour faire émerger des hypothèses, déduire des informations à partir d'éléments reconnus alphabétiques mais aussi iconiques. C'est donner à l'enfant l'occasion d'avoir une véritable attitude de lecteur.

Une prise de conscience des effets provoqués et désirés dans l'affiche peut être envisagée dès le Cycle 3. On pourra demander de justifier le choix des couleurs ou des objets pour les amener à réfléchir sur l'implicite, le suggéré, le connoté ou le symbolique, développant ainsi la conscience critique du futur adulte.

Lors de la fabrication du slogan, les enfants seront sensibilisés à la fonction expressive de notre langue devenue matériau sonore, source d'humour et de drôleries. En manipulant des slogans, en essayant diverses constructions, ils feront de la **grammaire** sans le savoir comme Monsieur Jourdain de la prose. Ici la démarche n'est pas habituelle puisque les enfants devront maîtriser les diverses constructions de la phrase avant de savoir les nommer, les désigner et ces manipulations ne seront pas détachées en une séquence dite de grammaire mais insérées dans celles de **production écrite**.

Ils réaliseront également une véritable **production plastique** en jouant avec des formes, des couleurs et en appliquant diverses techniques.

Nous avons volontairement omis de parler de la symbolique des couleurs et des effets rhétoriques de l'image que l'on peut trouver sur les affiches à but publicitaire (*paradoxe* et *anachronisme* : la Joconde avec un casque stéréo; *métonymie* : le bloc de glace qui représente le frigidaire). Il nous semble que cet aspect est plutôt dévolu au collège.

Nous donnons un éventail de séquences essentiellement pour le Cycle 2, que le maître peut réduire ou augmenter à volonté, selon l'âge des enfants, la durée de leur motivation et son projet pédagogique.

L'affiche et la publicité

Le maître pourra replacer l'affiche dans un plus large contexte médiatique. En effet, ce n'est pas le support le plus familier. Les enfants préfèrent et connaissent mieux les spots publicitaires de la télévision. Il serait intéressant d'enregistrer quelques messages publicitaires et d'en analyser les composantes comme pour les affiches. D'ailleurs, certaines de ces dernières font écho à des publicités télévisuelles. Enfin, il sera utile d'enregistrer des slogans radiophoniques pour en comprendre les effets.

Les enseignants que l'audiovisuel passionne pourraient faire réaliser des publicités radiophoniques qui vont demander aux élèves de mettre au point des textes et des bruitages, de travailler l'intonation et la lecture à voix haute. L'écoute de soi et des autres, à travers un enregistrement est, en général, très formatrice.

Si les maîtrees ont le matériel et les compétences nécessaires, ils pourront également faire travailler la classe avec un caméscope. Les objectifs alors concernent tout aussi bien le maniement de l'appareil que la réalisation d'un spot.

Des situations authentiques

Pour qu'un tel projet existe, il faut que le recours aux affiches soit nécessaire. La classe voisine nous a demandé un service. Elle part en classe de découverte et a besoin d'argent. Pour aider au financement du projet, elle a décidé de vendre des gâteaux aux récréations. Elle nous a sollicités pour réaliser des affiches afin de le faire savoir et d'inciter tout le monde à acheter des gâteaux. (Réaliser des affiches pour promouvoir la collection « Souris Noire »(1) afin que le plus grand nombre d'enfants les lise.)

Sensibiliser aux affiches

On profitera d'une visite dans le quartier (voir exemples de chasse à l'écrit au CP, p. 29) pour faire remarquer la présence des affiches. Plusieurs études montrent que les enfants y sont si habitués qu'ils ne les voient pas. Avant de réaliser des affiches, on doit en observer un grand nombre. On pourra en rechercher pour faire une collection d'exemples sur lesquels on travaillera. On se procurera dans les magazines les reproductions d'affiches vues à l'extérieur. Les enfants noteront les divers endroits où ils en ont vu : dans la rue, sur des panneaux réservés à cet effet ; sur des voitures ; sur des bus ou des cars ; dans les journaux, revues et magazines (reproduction en petit format). Ils compléteront cette liste au fur et à mesure de leurs trouvailles.

Analyser les affiches

Comment se présentent-elles ? À quoi servent-elles ? De quoi parlent-elles ? À qui s'adressent-elles ? Ces questions sont primordiales et il est souhaitable que les enfants puissent y répondre seuls. C'est par leur investigation qu'ils construisent des éléments de réponses. Il est fort probable qu'avant d'obtenir tous les éléments, il se passera du temps.

Qu'est-ce que comprendre ?

Cette activité d'analyse se situe dans la perspective d'un travail visant la **compréhension fine** : lire est autre chose que syllaber ou percevoir globalement. Elle est à la fois construction du sens, réflexion et jugement critique à quatre niveaux d'objectifs.

1. Romans policiers de littérature de jeunesse publiés par les éditions Syros.

1. Niveau pragmatique. L'enfant doit être capable d'identifier l'écrit et le nommer ; de le situer dans son environnement social : «où le voit-on, où le trouve-t-on, où peut-on le lire ?» et d'en percevoir le but : «à quoi ça sert ?»

2. Niveau discursif. L'enfant doit être capable de répondre avec précision (en fonction de son âge) aux questions suivantes : *qui a écrit ? à qui est-ce adressé ? quel est le vrai message, même caché ? quel support a-t-on employé (type de papier, format...) ? quel code a-t-on utilisé ?, autre que celui de la langue (dessin, schémas, symboles...)*, de situer l'écrit dans le temps et de trouver les connaissances extérieures nécessaires à la compréhension.

3. Niveau textuel. L'enfant doit être capable de décrire la mise en page : présentation, typographie, paragraphes...

4. Niveau linguistique. L'enfant doit être capable de trouver les articulations logiques du texte, les jeux phonologiques (s'il y en a), les types de phrases, les procédés les plus simples de la rhétorique (comparaisons, métaphores, périphrases, jeux de mots, humour...). En termes d'objectifs, nous venons d'énoncer ceux que les enfants devraient atteindre en fin d'école primaire en matière de lecture-compréhension et qui devraient être le point d'appui de projets de cycles.

Qu'est-ce qu'une affiche ?

Dans un premier temps, les enfants exprimeront oralement toutes leurs représentations. Pour aller plus loin, le maître pourra faire comparer deux supports radicalement différents : l'affiche et la lettre, par exemple.

À l'aide de questionnaires, les enfants cerneront quelques caractéristiques : l'affiche est un papier de grande taille ; elle comporte généralement un grand dessin ; l'écrit tient souvent moins de place que l'image ; l'affiche ne s'adresse pas à une personne en particulier, mais à tout le monde...

À quoi sert l'affiche ?

Pour répondre à cette question, on peut procéder comme précédemment. On peut aussi, pour changer, mener une enquête auprès des élèves plus grands, des frères ou sœurs aînés, des parents. Chaque enfant demande à quoi sert une affiche et note la réponse sur une feuille qu'il rapporte en classe. Le maître fera une synthèse selon les conseils de la fiche suivante. On devrait aboutir à une fiche ouverte (c'est-à-dire qu'elle pourra être complétée par la suite) du type suivant.

Une affiche sert à :
- informer d'un événement, d'une manifestation : la tenue d'une réunion, par exemple ou la venue d'un cirque ;
- vendre un produit, par exemple, la farine Francine ;
- prévenir d'un danger, par exemple, la rage ;
- promouvoir des idées.

Comparer la lettre et l'affiche

Fiche 49

• **Objectif**

Faire cerner les grandes caractéristiques d'une affiche.

• **Moyens**

Comparaison entre une affiche et une lettre.

• **Déroulement**

Mettre les enfants en groupes. Distribuer à chaque groupe une affiche et une lettre.

Donner la consigne de travail avant les documents (afin que les enfants puissent cibler efficacement leur attention) et l'écrire au tableau.

Comment se présente une affiche ?

Que trouve-t-on sur une affiche qu'on ne trouve pas sur une lettre ?

Y a-t-il des points communs entre l'affiche et la lettre ?

Au CP, il sera impossible de leur faire noter toutes les remarques. On procédera donc oralement.

Puis le maître fera la synthèse au tableau ou directement sur une grande feuille qui restera dans la classe.

Il demandera au premier groupe ce qu'il a vu, de quels éléments se compose une affiche...; il notera au tableau la première réponse; puis il demandera aux autres groupes s'ils sont d'accord, s'ils ont quelque chose à ajouter.

On procédera ainsi pour tous les éléments trouvés par les enfants, en faisant parler en premier un groupe différent à chaque fois pour que chacun se sente concerné et que personne ne soit privilégié.

Ce moment est délicat car il ne faut pas influencer les élèves tout en distribuant la parole. On doit arriver à une synthèse simple et courte qu'on fera noter sur le cahier si l'on pense que les élèves en sont capables, sinon on polycopiera la synthèse qu'on leur fera coller.

À partir de ces premières données, on pourra faire classer les affiches collationnées en fonction des quatre buts énoncés ci-dessus, puis, tour à tour, toutes celles que l'on possède. Par exemple : comment pourrait-on faire comprendre que cette affiche sert à faire acheter ? Comment le symboliser ?

Il faudrait trouver un moyen simple et clair, que tout le monde pourrait comprendre. Se mettre d'accord sur un dessin.

Acheter 

Fiche 50

Analyser une affiche

• Objectif

Faire analyser le but d'une affiche.

• Moyen

Quatre affiches dont les buts sont évidents et différents :

– le septième Salon du Livre,

– le piège,

– la farine Francine,

– une affiche en liaison avec l'éducation civique.

• Déroulement

D'abord demander aux enfants de regarder ces affiches et de voir de quoi elles parlent.

Le maître distribue la parole, demande aux enfants d'argumenter les réponses : *à quoi vois-tu que cette affiche parle du tabac ? de livres ?* ...

Si le maître pense qu'un enfant analyse l'image de façon erronée, il peut renvoyer les assertions de celui-ci au groupe afin qu'il y ait un échange fructueux entre enfants (*oui... peut-être... les autres, voyez-vous la même chose ?...*).

Une argumentation claire et fondée permet à l'enfant de bien *lire* l'image plus que l'assentiment ou la réprobation du maître. Ce dernier n'est pas l'unique détenteur du savoir. Une fois la classe d'accord sur le sens des affiches, demander quel est leur but.

On sollicitera la classe comme précédemment. Une fois les enfants d'accord sur le but de chacune de ces affiches, les faire réfléchir sur la manière de symboliser ces buts, l'essentiel étant d'aboutir à un codage clair.

Fiche 51

Tableau analytique d'affiches

Affiches / caractéristiques	Lieu		But
N°1 Farine	sur le paquet		acheter
N°2 Fumer	dans un magazine		avertir
N°3 Livre	sur une vitrine		informer
N°4 Idée	sur un panneau		promouvoir

Fiche 52

Affiches

Affiche éditée et diffusée par le comité pour la santé, 2, rue Auguste-Comte, 92170 Vanves

On construira les premiers éléments d'un tableau qui s'enrichira au fil des activités. Bien évidemment, dans les affiches, il y a à la fois de l'information et de la séduction : tout est extrêmement imbriqué. Il ne s'agit pas ici de nier la multiplicité des sens possibles mais de choisir un vecteur simple et essentiel pour classer.

On procédera de même pour définir à qui s'adressent les affiches : à tout le monde, aux parents, aux enfants, aux électeurs, aux fumeurs... Le tableau (page 153) se développera dès que les enfants analyseront d'autres affiches, à la fois en en citant de nouvelles, mais aussi en trouvant d'autres entrées : *pour qui, quoi, dessin, texte...*

Activités de lecture parallèle

Régulièrement, on prendra une affiche comme support d'activité de lecture.

■ L'activité puzzle

C'est la plus simple. Elle peut se mener selon diverses variantes. On prend une affiche (ou la page de magazine équivalente) que l'on découpe en plusieurs morceaux et on demande de la reconstituer comme un véritable puzzle. Le maître conserve un double de cette affiche pour qu'elle serve de référence lors de l'auto-correction. À partir de cette donnée de base, on peut faire varier le nombre de morceaux découpés (on en donne peu pour un enfant en difficulté, beaucoup pour un autre) ; on peut faire cette activité à partir d'une affiche connue pour les plus faibles, jamais vue pour les plus forts. On peut donner des affiches évidées de tout écrit puis des textes, et demander de faire les bons assemblages : une affiche et plusieurs slogans, des affiches et un slogan, même nombre d'affiches et même nombre de slogans mais en plus ou moins grande quantité selon les enfants. Le texte peut être du format exact de celui de l'affiche (prises d'indice sur le sens et la forme géométrique), ou réécrit par le maître (seul indice possible : le sens). Les affiches sont connues ou non (dans ce cas il est nécessaire que les enfants soient capables de lire une grande partie du texte).

• Le maître peut organiser différemment l'activité
En groupe classe (il gère la distribution de la parole); en petits groupes qui observent des affiches différentes (en fin de séance chaque groupe ou un enfant présente le travail); individuellement.

Tout le monde travaille sur un puzzle différent parce que le maître a évalué l'effort que chacun était capable de fournir; ou bien quelques enfants ont un puzzle, d'autres font une autre activité. Dans ce cas l'enseignant va d'un enfant à l'autre, prévoit une fiche d'auto-correction, une fiche d'évaluation formatrice où il nommera l'activité, le support, le temps de réalisation, la plus ou moins grande réussite, ce qui lui permettra d'étalonner par la suite la difficulté de l'activité.

Pour une meilleure individualisation, on peut accorder quelques minutes d'attention et d'échange avec les élèves les plus en difficulté pou essayer de cerner par où ils pêchent : manque d'intérêt pourl'activité, problème méthodologique (absence de prise d'indice, lecture déficiente...), peu de mémoire visuelle...

• **Donner des aides méthodologiques**
Il conviendra de faire une **correction collective en grand groupe** au moins une fois pour donner aux enfants des aides méthodologiques. Le maître fera dire clairement aux élèves comment ils s'y prennent pour assembler tel ou tel morceau, à quoi ils voient que des morceaux vont ensemble, ou bien pourquoi telle affiche va avec tel texte. Cette explicitation en grand groupe permet aux élèves en difficulté d'avoir des idées sur la manière dont il faut s'y prendre. Par la suite, on ne fera ce travail de correction collective qu'avec les enfants qui auront échoué à l'activité car la mise en commun des idées est toujours fructueuse.

Exemple de répartition hebdomadaire

Lundi	Premier essai. Tous les enfants font le même puzzle. Le maître note pour lui ceux qui réussissent sans difficulté, ceux qui réussissent moyennement et ceux qui échouent.
Jeudi	On donne la même activité mais des supports différents : plus difficiles pour ceux qui ont réussi lundi et auto-correction (groupe A); plus simples pour ceux qui ont eu des difficultés le lundi ; le maître note ceux qui y parviennent (groupe B), ceux qui ont des difficultés ou qui échouent complètement (groupe C).
Vendredi	Les groupes A et B ont une activité de lecture ; le groupe C corrige en petit comité.
Et ainsi de suite. Le maître, de cette façon, individualise le travail, le but étant au fil du temps de réduire le groupe C.	

Fiche 53

■ L'affiche cachée

Il s'agit de développer chez l'enfant un comportement de lecteur en lui donnant l'habitude de prélever des indices et de traiter l'information trouvée. On peut mener ce type d'activité tout au long du Cycle 2.

On prend une affiche inconnue des enfants que l'on recouvre entièrement d'une feuille de papier de la même taille. Sur cette feuille on pratique de petites fenêtres que l'on numérote (ou que l'on symbolise pour les GS). Les enfants doivent découvrir ce que peut représenter l'affiche cachée. Ils émettent des hypothèses et font des déductions sur les significations possibles. À chaque fois qu'un enfant ouvre une fenêtre les autres découvrent un morceau de l'affiche. Ils décrivent tant bien que mal ce qu'ils voient et essaient de déduire ce qu'ils ne voient pas en argumentant et expliquant le lien qu'ils établissent entre le morceau découvert et le reste caché.

Bien entendu, au fur et à mesure que des morceaux sont découverts, les indices pris convergent vers une même explication. Le maître choisira donc avec précaution les fenêtres afin que l'ensemble soit cohérent.

■ Lecture d'affiches

Pour ce travail on a choisi deux affiches : *Le souffle c'est la vie* (CP), *À chacun ses chaînes* (CM).

Tous les enfants voient l'affiche et le maître procède comme pour la lecture d'une page d'album. Il laisse les enfants s'exprimer sur tout ce qu'ils voient (détails) et dire tout ce qu'ils en déduisent sur ce que raconte l'affiche. Certains s'attachent uniquement au dessin, d'autres essaient de lire ce qui est écrit en montrant les lettres ou les syllabes qu'ils reconnaissent.

Exemples de questions possibles : *Que voyez-vous sur cette affiche? Pourquoi voit-on un enfant? Que fait l'enfant? Pourquoi souffle-t-il sur des bougies? Quelqu'un reconnaît-il un mot? Peut-il le montrer et le dire à l'ensemble de la classe? Que peut signifier cette affiche?*

Si les enfants butent sur un mot, on le leur donnera au début. Plus tard dans l'année, on les forcera à trouver moyennant tous les indices repérés.

Dans «*Le souffle c'est la vie*», les élèves ont reconnu globalement : *le, la, c'est.* Ils s'attaquent au mot *souffle.* Ils reconnaissent uniquement la première lettre. Le maître peut les aider de plusieurs façons :

– si *ou* appartient à un ou plusieurs mots connus de la classe, il peut le rappeler en mettant en regard tous ces mots afin que, par analogie, les enfants en déduisent le mot inconnu : *une moufle, un sou, un souffle.*

– si aucun mot ne peut être rapproché, la déduction doit s'opérer alors grâce au contexte; le maître demande ce que fait l'enfant sur l'affiche : *il souffle sur les bougies. Est-ce cette phrase qui est écrite? Trouve-t-on un ou plusieurs mots de notre phrase sur l'affiche? Par quelle lettre commence le mot* souffle ? *Quel bruit fait-elle? Quel mot commence par le même bruit?* Il s'agit d'habituer les enfants à prendre des informations à la fois sur les graphèmes et sur le contexte.

Affiches

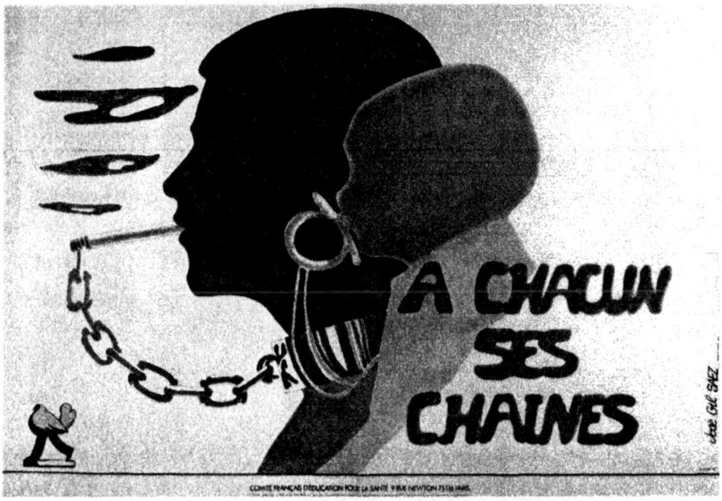

Affiche éditée et diffusée par le comité pour la santé, 2, rue Auguste-Comte, 92170 Vanves

Affiche éditée et diffusée par le comité pour la santé, 2, rue Auguste-Comte, 92170 Vanves

Enfin, une fois la phrase ou le slogan décryptés, on s'attachera à faire dire ce que les élèves comprennent. *Pourquoi dit-on que* le souffle c'est la vie? *Pourquoi voit-on un enfant souffler sur des bougies ? Est-ce Noël? Est-ce les bougies d'un anniversaire ?*

On aborde ici la symbolique de l'image qui permettra au Cycle 3 de travailler sur le double sens.

Au CM on fera lire aussi bien l'image que le texte et on s'attachera à faire expliciter la phrase. *Pourquoi a-t-on représenté un enfant et sa sucette? Que signifie chaîne?* Les réponses à ces questions et à d'autres, doivent faire apparaître que le fumeur est comparable à un esclave (d'où le Noir enchaîné) ou à un bébé qui tète; que l'on a employé le mot *chaîne* parce que c'est un objet qui attache, qui permet de lier un objet à un autre et qui exprime donc l'état de dépendance du fumeur. On pourra terminer par la recherche du champ lexical de *chaîne* :

– ce qui attache, comme la laisse du chien;

– par comparaison, ce qui enchaîne, ce qui rend esclave : *esclavage, asservir, enchaîné, dépendant...*, mots que l'on mettra en phrases pour que le sens se dégage du contexte et pour favoriser la mémorisation.

Créer des affiches

À partir de cette étape toutes les activités, y compris celles de lecture, vont avoir pour but d'aider les enfants à créer des affiches.

■ Mettre au point des étapes du projet

Le maître tiendra un conseil afin que les enfants décident des moyens à employer pour fabriquer les affiches et fixent eux-mêmes un calendrier d'opérations.

Petite mise au point sur la pédagogie du projet

Une telle procédure permet au maître non seulement de distribuer des connaissances mais également de former des personnalités, de rompre avec l'émiettement des programmes en cherchant à planifier l'effort des enfants. *« Les méthodes d'enseignement inspirées du principe de l'école active ne poursuivent pas d'autre but que d'apprendre aux enfants à se consacrer à l'objet de leur choix, à travailler méthodiquement en vue d'un but bien arrêté. »*[1]

Pour éviter un mouvement de porte-à-faux qui consisterait à vouloir que la pensée précède l'action, alors que chez l'enfant c'est tout à fait l'inverse, le maître n'exigera pas des enfants un programme pla-

1. Wyneken, extrait des programmes édités pour l'Odenwaldschule, 1910.

nificateur précis et acceptera toute modification en cours de réalisation, sauf celle concernant l'objectif final : ici, la réalisation d'affiches. La répartition de la tâche en étapes et par équipes peut susciter des conflits.

On veillera à ce que les moyens et les motivations des élèves soient à la mesure des travaux à faire, que les capacités et l'influence du leader du groupe soient bénéfiques.

Pour respecter les délais prévus, il importe de fixer des limites et faire un compte à rebours à partir de la fin. Plus les enfants sont jeunes, moins la tâche devra s'étaler dans le temps car on peut craindre le découragement et l'ennui.

Enfin, une telle procédure permet d'éduquer à :

- **la ténacité** : le plaisir d'agir, la motivation due à la satisfaction de la réalisation vont contrebalancer la difficulté à poursuivre des efforts et le découragement;
- **la sociabilité** : il est nécessaire de se concerter, d'accepter la répartition des tâches, ce qui n'est possible qu'en tenant compte des élans de sympathie ou d'inimitié entre enfants.

Elle permet aussi de développer l'intelligence de l'enfant en lui permettant d'accéder au monde des abstractions (planifier, schématiser, prévoir...), et de développer ses capacités à s'adapter, à réajuster ses actions en fonction d'un but et des contingences matérielles rencontrées. Enfin, la pédagogie projective s'inscrit dans le temps. Elle le chiffre, elle le concrétise par des étapes.

Le maître demandera aux enfants comment ils comptent réaliser leur affiche. Il notera au tableau toutes les propositions, les soumettra à l'approbation générale. Il fera de même pour établir un calendrier à rebours, en partant du jour où ces affiches doivent être impérativement exposées.

Par commodité, nous avons adopté la démarche suivante :

- le slogan : jouer avec les mots, jouer avec les sons,
- la présentation : la place du slogan, la typographie,
- l'illustration : le choix du contenu, le choix des matériaux et celui des techniques.

Il serait plus logique de commencer par l'illustration. Mais souvent, lorsque les enfants réalisent leur dessin, ils ne pensent pas à la place du slogan et lorsqu'arrive cette étape, ils sont gênés. C'est pour éviter cet inconvénient majeur que nous débutons par le travail sur le slogan.

■ Travail autour du slogan

On propose aux enfants de trouver la phrase qui informera. On observe celles que l'on a sous les yeux, on en cherche d'autres dans sa mémoire. Le bon slogan fonctionne de façon plus auditive que visuelle et il est facilement mémorisable.

Le maître pourra faire du vocabulaire et de la grammaire en contexte à partir du corpus de phrases recueillies.

On demande aux enfants de recopier les slogans des affiches rencontrées et de faire toutes les remarques possibles. Les élèves seront sensibles sans aucun doute à la musique des mots. On peut leur proposer de rechercher d'autres publicités dont les slogans jouent avec les mots, essentiellement en écoutant la radio ou la télévision. Ils trieront les slogans recueillis selon leurs critères. Au CP, ces phrases seront des textes à lire, comme d'autres. On cherche bien sûr à faire émerger des critères linguistiques qui seront plus ou moins fins selon l'âge des enfants. Au CP, on ne peut guère dépasser le stade des allitérations, au CM, on peut aller jusqu'au jeu de mots et à la métaphore.

On n'oubliera pas les jeux sur la typographie et la place du slogan dans l'affiche : lisibilité, intégration ou non à l'illustration, jeu sur les couleurs.

Par exemple : *Le loto, c'est pas cher et ça peut rapporter gros; Un lit futé, un lit Futon; Oui à l'ouïe; Lire c'est pas sorcier; Croquer la vie, craquer d'envie pour Rochas; Force 4 ça désoiffe; Mammouth écrase les prix; Le piège; Si juva bien, c'est juvamine; Ticket chic, ticket choc; La pile Wonder ne s'use que si l'on s'en sert; À chacun ses chaînes.*

• **Assonances, allitérations et rimes**

Les petits remarqueront que les mots comportent des sons identiques comme les rimes en poésie, parfois ce sont des mots entiers qui sont répétés : *Le l**oto**, **c**'est pas cher et **ça** peut rapp**o**rter gr**o**s; La pile Wond**er** ne **s**'use que **s**i l'on **s**'en **ser**t; **Cr**oquer la **vie**, **cr**aquer d'en**vie** pour Rochas; **Un lit fut**é, **un lit Fut**on; **Oui** à l'**ouï**e; **Ticket ch**ic, **ticket ch**oc.*

À partir de l'objet à vanter ou à vendre, on demande aux enfants de rechercher tous les mots qui ont des identités sonores (chasse aux sons) : *gâteau* [gato], les mots se terminant par [o] sont innombrables, ils n'auront aucune difficulté à en trouver.

– [t o], écrit avec ***eau*** —> *bat**eau**, chât**eau**, écrit**eau**, cot**eau**, flût**eau**, mant**eau**, pot**eau**, rât**eau**, serpent**eau**...*

[t o], écrit avec ***to*** —> *au**to**, lo**to**, pho**to**, por**to**, rec**to**...*

[t o], écrit avec ***tôt*** : *aussi**tôt**, bien**tôt**, plu**tôt**...*

[t o], écrit avec ***taux*** : *bru**taux**, cris**taux**, den**taux**...*

On voit tout le parti que l'on peut tirer de ces listes pour l'orthographe.

– [g a] : ***gaga**, alpa**ga**, Ol**ga**, rutaba**ga**...*

– [g a], écrit avec ***gat*** : *nou**gat**, rené**gat**...*

Les rimes en [a] sont très nombreuses.

Enfin, on peut faire rechercher des mots très proches du point de vue des sonorités et qui soient proches aussi par associations d'idées (*déguster, goûter, gâté*) : *Les petits gâtés pourront venir déguster de bons gâteaux.*

Le maître peut utiliser comme ressource documentaire un dictionnaire de rimes. Demander aux enfants de composer une petite phrase en utilisant les mots des listes.

Bientôt les CM vendront des gâteaux au nougat, au chocolat, à en devenir gaga.

Sous le préau, venez nous acheter des gâteaux pour devenir costauds.

Les autres informations (destinataire, date, heure, lieu...) seront mises sur l'affiche en dehors du slogan.

• Constructions fondées sur la répétition
Ce travail s'adresse à des plus grands. Certains enfants remarqueront que les phrases ou les mots offrent une certaine similitude.

On peut les décomposer selon la nature grammaticale :

– Verbe + Complément : *Croquer la vie.*

– Nom + Adjectif : *un lit futé, un lit Futon ; ticket chic, ticket choc.*

On peut faire un classement selon les types de phrases :

– forme emphatique : *loto, c'est...*; *lire c'est...; Force 4, ça...*

– phrase nominale : *un lit futé...*; *oui à l'ouïe* ; *le piège* ; *ticket chic...*; *à chacun ses chaînes.*

On demande aux enfants, à partir des phrases proposées avec les répétitions de sons, d'utiliser une des tournures syntaxiques vues. Laisser faire si certains préfèrent chercher d'abord un type de phrase puis y mettre des allitérations : *Manger des gâteaux, ça rend costaud. Les gâteaux au chocolat, ça rend gaga. Sous le préau, vente de gâteaux. Gâteaux au choco, gâteaux rigolos.* Faire constater qu'un bon slogan est court.

• En publicité, on a le droit de créer des mots
«*Si juva bien*», est construit à partir de *si je vais bien.* «*Ça désoiffe*», est construit à partir de *soif* et *décoiffer.* Comment peut-on créer des mots ?[1]

– en changeant la nature grammaticale d'un mot. Un mot masculin devient féminin ou l'inverse : *les yeux vertes*;

– en créant une famille à un mot pauvre en dérivés. Par exemple : *nuit, nuiter, nuitable, ennuiter...*

– par mot-valise : syllabe(s) d'un premier mot + syllabe(s) d'un deuxième :

1. R. Queneau, «Les Ziaux», in *Poésies*, Gallimard.

hélicotrain; patinette + voilier ——> patilier. Exemple de slogans : *Sourilire, Souris Noire; «C'est sourissement bon, c'est sourissement chouette, c'est surtout sourire.»*

Le maître en profitera pour faire une leçon sur la suffixation.

• Les métaphores

Les slogans peuvent jouer également sur le sens propre et le sens figuré, la polysémie des mots ou bien leur sens métaphorique.

Ce type de slogan est toujours en rapport avec l'image.

Pour le tabac, la cigarette est comparée au hameçon qui harponne l'être humain. Le mot *piège* convient à la fois à la cigarette et au hameçon qui sont rapprochés de façon implicite.

Même explication pour la chaîne, le Noir, le bébé et la sucette : le fumeur est comparé à un esclave et à un bébé qui tète. La chaîne matérialise la dépendance du fumeur.

Une grande surface est comparée à un très gros animal qui écrase... ce qui ennuie le plus le consommateur : les prix. Ici c'est le verbe *écraser* qui est pris dans un sens figuré, celui de diminuer (par écrasement sous le poids) et la phrase juxtapose des mots symboliques et un mot très concret.

On ne peut demander aux élèves de fabriquer des slogans de type métaphorique mais on peut leur faire classer les publicités qui fonctionnent ainsi ou leur en faire chercher et les analyser. C'est un excellent exercice de lecture critique.

■ Travail autour de la mise en page

Dès que le slogan est trouvé (chaque enfant peut avoir un slogan et faire son affiche), la classe réfléchit sur la mise en page : le choix de la typographie, et la place du slogan.

Les enfants ne proposeront pas forcément de travailler dans cet ordre, ou ne seront pas sensibles à l'ensemble de ces points. C'est au maître de les orienter.

• Le fond

Une fois le slogan trouvé, où va-t-on l'écrire et comment? Proposer différentes feuilles : papier blanc, papier de couleur, format B6, A4... Afficher au tableau les choix des uns et des autres. Lors de la discussion et de l'affichage, les enfants s'apercevront bien tout seuls qu'il faut choisir du papier grand format et de couleur vive pour qu'il se voie de loin.

Pour faire choisir la couleur avec laquelle on va écrire le texte, éloigner les élèves des feuilles choisies et poser dessus un petit morceau de papier coloré qui symbolise le slogan. Distingue-t-on bien du bleu sur fond bleu, du vert sur fond jaune, du rouge sur de l'orangé, du noir sur du marron ?... Selon la couleur du fond, certaines couleurs se voient mieux que d'autres. Ce sont, en général, les couleurs complémentaires qui s'harmonisent le mieux et qui donnent le plus de contraste comme le noir et le blanc, bleu primaire et orangé, jaune et violet, rouge et vert. Ce travail peut reposer sur une activité spécifique en arts plastiques.

• **La typographie**
Lettres découpées dans des revues et des journaux, pochoirs et remplissage à la gouache, qui peut être soufflée ou tamponnée ; le feutre ne marque pas suffisamment sur du papier de couleur.

• **La place du slogan dans la feuille**
C'est le point le plus délicat. En effet, le slogan peut être intégré et faire partie de l'illustration, il peut aussi être placé comme un titre ou comme une légende. Le maître pourra proposer d'observer l'emplacement du slogan dans plusieurs affiches pour lesquelles on a fait des choix différents et de faire dire aux enfants ce qui peut décider de la place.

De toutes façons, ne pas faire coller la phrase avant la réalisation de l'illustration mais laisser l'emplacement décidé en faisant un contour au crayon à papier, par exemple.

• **Les pistes pour l'illustration**
Pour ce travail, on se référera à un manuel d'arts plastiques. Pour les petits, on aura intérêt à faire faire des collages, des grattages, des projections en utilisant des pochoirs. On peut aussi leur faire faire des formes géométriques simples (carrés, ronds, triangles, rectangles de formats et de couleurs différents) et leur demander de représenter des objets par juxtaposition de ces formes comme au jeu du tangram.

Choisir un emplacement

On terminera ce travail par une promenade dans l'école pour choisir avec pertinence à quelle hauteur et à quels endroits on collera ces affiches. On fera vérifier la pertinence de ces choix en faisant faire aux enfants le parcours d'une personne étrangère à l'école pour vérifier que les affiches seront bien vues. On peut également demander au maire et à quelques commerçants l'autorisation de les afficher à l'extérieur de l'école et on prendra les mêmes précautions pour le choix de l'emplacement.

La lettre au Cycle 3

De nombreuses situations scolaires se prêtent à des échanges épistolaires : lettre aux parents pour information, lettre d'invitation, demande de renseignements selon le projet de la classe, demande d'accueil, correspondance scolaire...

Quelques mots sur la correspondance scolaire

Comment trouver un correspondant? Il suffit de répondre aux demandes que l'on trouve dans les bulletins syndicaux ou les revues spécialisées telles que le *Journal des Instituteurs* (Nathan).

Choisir un correspondant est affaire de goût et surtout d'affinités. On peut décider qu'il est plus intéressant d'entreprendre une correspondance avec une classe diamétralement opposée à la sienne quant à la situation géographique, au milieu... pour que les échanges soient plus fructueux.

On peut échanger également avec une classe de sa commune : c'est moins exotique, mais les rencontres peuvent être plus nombreuses et peu coûteuses! Ce qui paraît nécessaire de toutes façons, c'est d'organiser une rencontre entre les élèves avant toute correspondance, afin que celle-ci soit motivée et ancrée dans une réalité. Les enfants aiment mettre une image sous le nom du correspondant.

■ Correspondance individuelle ou collective ?

À part la lettre de présentation personnelle, les enfants, en général, ne savent pas alimenter une correspondance individuelle, d'autant qu'ils ne partagent aucun jeu ni aucune expérience avec leurs petits camarades. Il est donc souvent plus judicieux d'entamer une correspondance collective à thème où chaque envoi repose sur un travail en géographie (connaissance de la région), dans les domaines artistiques (envoi de cassettes, de réalisation plastiques), en sciences (maquettes,

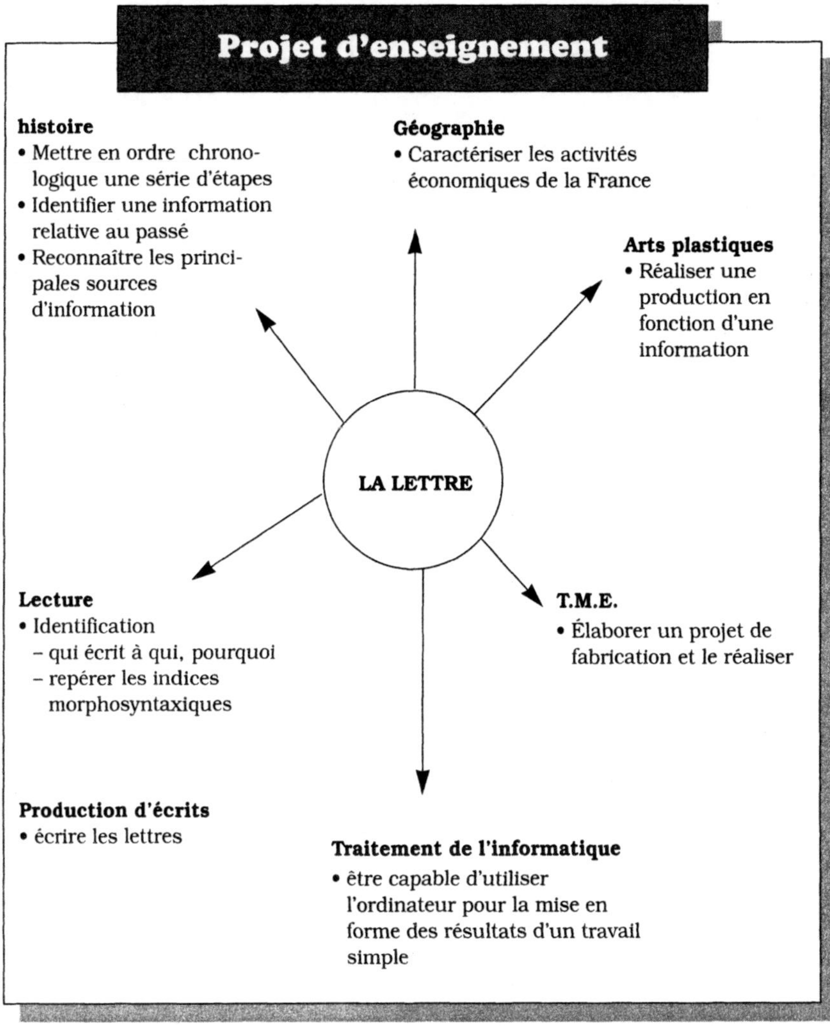

jeux électriques...) et où tout le monde participera en sachant quoi écrire. Dès réception de la lettre des correspondants, on ouvre un dossier selon le contenu.

La connaissance de la région des correspondants avec les documents et les informations qu'ils ont envoyés susciteront peut-être des questions à poser dans le prochain courrier (lecture informative).

Envisagée ainsi, la correspondance permettra de travailler en groupes. Chaque groupe est chargé de travailler sur un thème, de rechercher des documents et de rédiger la lettre de présentation aux correspondants. Il tient le reste de la classe au courant de son travail et lit le courrier qu'il va envoyer. La classe prendra un moment, si nécessaire pour discuter, rectifier, compléter, préciser...

Activités des enfants

Histoire
- Histoire de la poste
- Étude de correspondance célèbre (en fonction de l'époque étudiée).

Géographie
- Visite des P.T.T.
  Quels circuits suivent les lettres et les colis ?

Arts plastiques
- Fabrication des cartes de vœux et de cartes d'invitation.

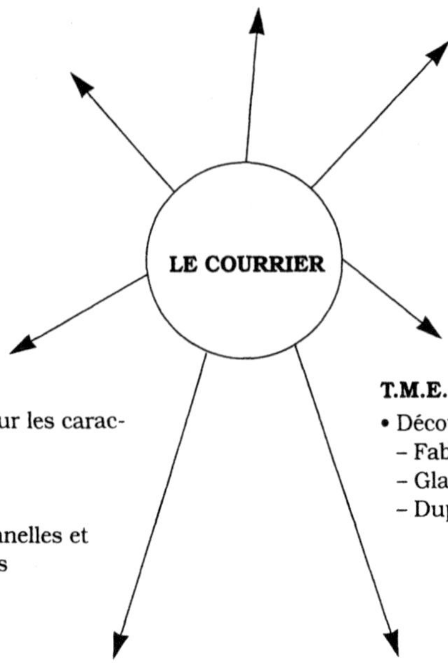

Lecture
- Prise d'indices sur les caractéristiques des
  - télégrammes
  - cartes
  - lettres : personnelles et administratives

T.M.E.
- Découpage de cartes
  - Fabrication d'enveloppes
  - Glaçage
  - Duplication

Production d'écrits
- Écrire des lettres
  des cartes
  des télégrammes

Informatique
- Utilisation du traitement de texte
- Utilisation de différents caractères

Qu'est-ce qu'une lettre ?

Avant de chercher quelles interventions pédagogiques il est souhaitable de mettre en œuvre pour un apprentissage de cet écrit, il est nécessaire d'en analyser les composantes.

– La **situation de communication** se place plus nettement dans l'espace et le temps. L'auteur de la lettre et le destinataire ne sont pas en présence et l'un écrit à une date antérieure à celle de la lecture. L'émetteur indique la date et, souvent, le lieu d'écriture.

– Le **but** de la lettre, même privée, est en général de donner des informations et d'en demander.

– Cet écrit est aisément **reconnaissable** à son allure générale et au matériau utilisé : l'enveloppe avec une mise en page particulière ; la lettre avec, elle aussi, une mise en page particulière.

– On **identifie l'émetteur** par des marques spécifiques : dos de l'enveloppe, en-tête en haut et à gauche de la lettre la signature en bas et à droite.

– On **identifie le destinataire**, également, par des marques spécifiques : nom et adresse sur l'enveloppe, *Cher* plus le nom ou le prénom dans l'apostrophe au-début de la lettre, formule finale qui reprend souvent le nom du destinataire.

– L'**émetteur et le destinataire** sont représentés dans le texte par les marques de **première et de deuxième** personnes.

– La lettre **se termine par une formule finale** codifiée.

– Le **niveau de langue utilisé varie** selon la distance sociale entre l'émetteur et le destinataire.

– La **lettre présente** en général de façon claire **les buts poursuivis** par l'émetteur.

Les caractéristiques ne sont pas les mêmes pour le simple message laissé aux parents sur le coin d'une table, la lettre d'invitation à un anniversaire, la carte postale ou le télégramme. Il sera fructueux de faire émerger les différences.

■ Progression possible dans les objectifs visés

L'objectif de lecture sera, en tenant compte du niveau de la classe, de faire prendre conscience des caractéristiques de la lettre. Identifier la lettre parmi d'autres écrits suppose d'identifier l'émetteur et de comprendre qu'il ne s'agit pas d'un récit de fiction (la lettre ne raconte pas des événements imaginaires), mais d'un support d'informations (récits de vie, demande de renseignement sur la vie de la classe, demande de pots de yaourts pour fabriquer un objet...).

Au cycle 2, on poursuit les mêmes objectifs en lecture, mais avec réinvestissement en production : se conformer aux usages de mise en page tant sur l'enveloppe que dans la lettre ; écrire clairement l'information donnée ou souhaitée.

Au cycle 3, aux mêmes objectifs, on ajoutera la prise en compte de la distance sociale du destinataire ; on fera donc écrire des lettres en variant l'âge et le statut de ce même destinataire, car on n'écrit pas de la même façon à un camarade d'une autre classe, au receveur de la poste, aux parents. Enfin, on pourra aussi faire varier l'enjeu de la lettre, certaines demandant des explications, d'autres reposant sur une argumentation en vue d'obtenir quelque chose...

Activités de lecture

Les activités de tri

Sans aucun préalable, on proposera de trier des lettres (avec enveloppe) parmi d'autres écrits. Cette activité peut être individuelle et permettre une évaluation préalable. On n'oubliera pas de faire verbaliser les enfants et de leur demander pourquoi ils ont choisi ces écrits et écarté les autres. On notera sur une grande affiche datée et sur leur cahier «*Comment rédiger*», les caractéristiques qu'ils ont trouvées. La date est importante, puisque ce référentiel évoluera.

On propose une lettre et un autre écrit bien différent (recette, article de journal) et on demande à la classe de trouver ce qu'est une lettre, quelles sont les composantes qu'on ne retrouve pas dans l'autre écrit. Cette activité peut se faire en groupes et aboutira à une description référentielle. Elle peut être une activité de validation de la première activité de tri.

Au Cycle 3, on donnera à trier des lettres différentes c'est-à-dire privées et administratives, et on demandera de trouver les points communs. L'objectif de cette séquence est d'affiner la connaissance de la spécificité de la lettre. Les résultats de cette activité seront consignés dans le cahier référentiel, avec suppression ou ajout, le cas échéant.

Les activités de puzzle

On donne aux élèves une lettre et son enveloppe déchirées en plusieurs morceaux et on leur demande de reconstituer le tout. L'essentiel dans cette activité est de faire verbaliser les enfants afin qu'ils justifient leur choix.

La mise en page

On donne aux enfants une **lettre tapée au kilomètre**, sans les espaces, et on leur demande de la recopier en le présentant correctement. Cet exercice leur demande de lire et de comprendre de quoi il s'agit, puis, en fonction du support, de respecter la présentation et enfin de recopier sans erreur d'orthographe.

JeanPierreDurand7ruedesTilleuls77010AvrancourtAvrancourt,le3 avril1992ChèreDanièle,Jet'écritsunpetitmotrapidepourconfirmer notrearrivée.Martineetmoisommesravisdevenirpasserquelques joursenfamille.Nousapporteronsdansnosbagageslegâteau d'anniversaireet...quisait?lesoleil!Nouspensonsarriverdimanche matinvers11hsinousnerencontronspasdebouchonssurl'autoroute. NousespéronsquelepetitRémiseraremisdesonangineetqueNathalie neserapastropénervéepourses12ans!Nousvousembrassonstousles quatretrèsfort.Àdimanche,boncouraged'icilà.JeanPierre

La lettre-puzzle

Exemple pour le CE2 : la lettre de Jean-Pierre à Danielle

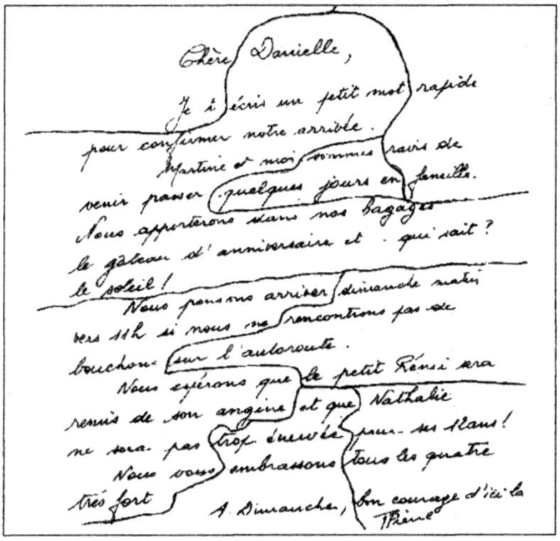
Chère Danielle,

Je t'écris un petit mot rapide pour confirmer notre arrivée.
Martine et moi sommes ravis de venir passer quelques jours en famille.
Nous apporterons dans nos bagages le gâteau d'anniversaire et . qui sait ? le soleil !
Nous pensons arriver dimanche matin vers 11h si nous ne rencontrons pas de bouchons sur l'autoroute.
Nous espérons que le petit Rémi sera remis de son angine et que Nathalie ne sera pas trop énervée pour ses 11ans !
Nous vous embrassons tous les quatre très fort

A Dimanche, bon courage d'ici là
Pierre

Objectif :
• Faire reconstituer ce puzzle afin de faire émerger les prises d'indices qui portent, entre autres, sur les caractéristiques de la lettre. Niveau : CE2/ CM1

Déroulement :
– Donner les morceaux de l'enveloppe et de la lettre (préalablement découpés ou à découper mais présentés en désordre) à chaque enfant.

– Demander à toute la classe de quel support il s'agit. Moment de discussion. Avec deux adresses, de l'apostrophe et de la signature, les enfants n'auront aucune difficulté à trouver qu'il s'agit d'une lettre

– Laisser le temps aux enfants de travailler et observer les méthodes employées.

– Lorsqu'un tiers de la classe environ a trouvé, prévoir un moment de mise en commun afin d'aider ceux qui sont en panne.

Si c'est une lettre, que doit-on chercher?

Qui écrit? Comment le sait-on? Où doit-on placer ces renseignements?

À qui s'adresse cette lettre? Comment le sait-on? Où se trouvent les indices?

– Les enfants continuent le travail. Ceux qui ont terminé donnent à vérifier la reconstitution puis collent les morceaux. Ils peuvent avoir un questionnaire sur les informations que contient la lettre pour finir.

– Correction de la reconstitution en demandant aux enfants les indices qui leur ont permis de placer les morceaux.

– Réponse collective orale au questionnaire.

Prolongements
– En lecture : pour ceux qui auront eu des difficultés, on redonnera, à d'autres moments, des puzzles plus simples en insistant bien sur les prises d'indices.

– En géographie : on pourra faire un travail à partir du code postal en faisant découvrir ce qu'il représente, ce qui amènera au découpage de la France en départements.

Fiche 58

Les caractères

Le maître prépare dans une boîte une lettre et son enveloppe découpées en morceaux. Chaque enfant tire un morceau, lit et commente son papier. Il s'agit de deviner le type de support et tout ce qu'on apprend sur l'émetteur, le destinataire et les informations contenues.

– On peut compliquer le jeu ainsi : c'est le maître qui lit les papiers les uns après les autres en allant du moins caractéristique au plus spécifique.
– On peut concevoir le jeu de devinette comme le jeu des métiers. Les enfants posent des questions et le maître répond par oui et par non.

Fiche 59

Lettre à trous

On présente aux enfants une lettre dont on a occulté le contenu en ne gardant que les indices et on pose des questions de compréhension portant sur les caractéristiques :

– De quel support s'agit-il ? Pourquoi ?
– Qui écrit ?
– Où habite cette personne ?
– Quel jour la lettre a-t-elle été écrite ?
– À qui s'adresse cette lettre ? Comment le savez-vous ?
– Est-ce une lettre administrative ? Quels liens peut-on supposer entre les deux personnes ?
– Peut-on dire quelque chose sur le contenu de la lettre ?

Toutes les réponses doivent être justifiées.

M. et Mme Durand
7 rue des Tilleuls
77010 Avrancourt

Avrancourt, le 3 avril 1992

Chère Danielle,

Je ______________________
____
Martine ____________________
__________________________ famille.
Nous ________________________
______________________ ... ?
_______ !
____
____
________ .
____
____________________________ !
____

A Dimanche, ____________
J Pierre

Activités de production écrite au CE2

Quelques lettres que l'on peut envoyer

– **Première lettre** aux correspondants. Elle sera individuelle et demandera que chaque enfant se présente et se décrive.

– **Deuxième lettre**. Elle sera collective et envoyée à l'Office de Tourisme pour demander une documentation qui sera annotée et expédiée aux correspondants.

– **Troisième lettre**. Elle sera collective et envoyée aux correspondants. Elle indiquera les horaires de train et demandera leur avis.

Il y aura une succession de lettres aux correspondants, une lettre aux parents si les enfants partent en voyage, etc.

Première lettre

La maîtresse du CE2 a décidé d'entamer une correspondance avec une classe. Les enfants n'ont jamais écrit de lettres les années précédentes. On ignore s'ils l'ont fait en maternelle. Elle présente aux enfants la possibilité d'avoir des correspondants. Elle obtient l'acquiescement de toute la classe, propose d'envoyer une première lettre et d'organiser une rencontre.

Pendant un moment collectif oral, les enfants discutent du contenu de la première lettre. La maîtresse note au tableau les principales indications : nom et prénom ; portrait physique ; souhait d'une réponse.

Première lettre d'élève

Fiche 60

Voici le premier jet d'un des élèves (texte le plus défectueux).

lundi 23 Septembre

cher corespondants

Je m'apelle arnaud je suis au CE2
je suis grand je suis brun jecris
a mon corespondand pour
tedemandée une reponse

Arnaud

Évaluation

On peut remarquer que l'enfant a l'idée qu'il faut mettre la date (à moins que ce ne soit dû à un automatisme scolaire), qu'il a l'intuition de l'apostrophe et de la signature.

Mais l'enfant a mal géré l'espace feuille (quelle influence a pu avoir la feuille quadrillée ?), a rencontré des difficultés pour faire son portrait et n'est pas capable de décentration puisqu'il inclut la consigne dans son texte.

La maîtresse décide de se consacrer à la mise en page, à l'identification de l'émetteur et à celle du récepteur, à leur codage dans la langue, et de laisser de côté l'art de faire un portrait.

Elle organise des activités de lecture telles qu'elles ont été décrites précédemment afin de faire émerger une fiche mode d'emploi : « *Comment rédiger une lettre* » (fiche page 192).

On voit que cette première fiche est très centrée sur le projet du moment. Elle n'est ni assez générale ni assez complète pour être applicable à toutes les lettres. Il n'y a rien sur la formule finale, rien sur les différentes apostrophes selon le destinataire, rien sur le contenu. Elle sera perfectionnée au cours des échanges épistolaires. Il y aura en particulier un recensement puis un classement des formules finales.

La maîtresse redonne la première feuille sans aucune annotation et une feuille blanche. Elle demande aux enfants d'améliorer leur lettre en tenant compte de leur fiche.

1. En haut de la feuille et à gauche : je mets mon nom et mon adresse.
2. J'écris la date un peu plus bas et à droite.
3. J'écris plus bas et à gauche : Cher + le prénom de mon correspondant.
4. J'emploie tu pour désigner mon correspondant.
5. Une fois ma lettre terminée, je signe.

Nom

Prénom

date...

Cher...

....

Signature...

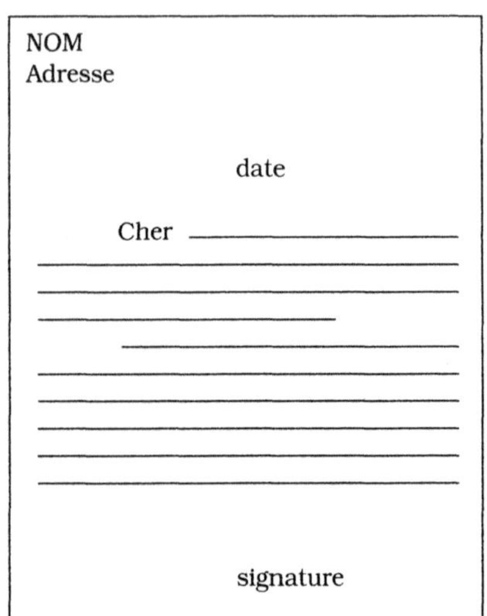

Deuxième lettre d'élève

Voici le deuxième jet du même enfant :

Cher correspondants

le lundi 16 Septembre

Je m'apelle arnaud je suis
au CE2 Je suis grand je
suis brun. J'ecris à mon
corespondand pour lui faire
mon portré et lui demandé
une reponse
Arnaud

Évaluation
On remarque un net progrès dans la mise en page. Restent à améliorer le *dialogue* avec le destinataire et, bien sûr, les problèmes d'orthographe, ponctuation comprise.
Pendant la semaine, la maîtresse consacre une séance à la ponctuation (le point) et une autre à la marque de la première personne dans les verbes parce que ce sont deux erreurs très fréquentes dans la classe.
Les enfants reprennent leur brouillon en fin de séance de grammaire. Les autres erreurs sont corrigées par la maîtresse. Les enfants recopient en plusieurs fois pour que cela ne soit pas fastidieux.
L'objectif suivant est de reprendre les marques du destinataire pour le courier suivant.

La ponctuation

Très tôt, dès la maternelle, il convient de sensibiliser les élèves à la signification de ces signes qui ne sont pas des lettres en les analysant comme indices en lecture. L'usage des trois points fondamentaux en français (point simple, point d'interrogation et point d'exclamation) dépend de la nuance intonative et affective de la phrase.

– Phrase affirmative, point simple : «*Tu viens.*»
– Phrase interrogative, point d'interrogation : «*Tu viens ?*»

– Phrase exclamative, point d'exclamation : «*Tu viens !*»
– Phrase de volonté dite impérative, point simple ou d'exclamation selon la force que l'on attribue à la volonté : «*Viens.*» ou «*Viens !*»

Malheureusement, la ponctuation n'étant vue qu'en séance de grammaire, lorsqu'on aborde les différents types de phrases, les enfants perçoivent peu son intérêt en lecture-écriture. C'est donc d'abord en lecture avec le rythme mélodique et l'intonation qu'il faut les associer.

Le point d'interrogation et le point d'exclamation ne sont guère difficiles. Le point simple – mélodique et syntaxique à la fois – est plus difficile. En français, contrairement aux deux autres, il n'est pas associé à des intentions d'expressivité. Il représente la pause qui marque la fin de la phrase simple ou complexe, alors que la virgule implique une suite syntaxique, la continuité des rapports de subordination ou de coordination. Le point simple comme marque de la syntaxe de la phrase (fin de l'enchaînement propositionnel) est d'une maîtrise difficile. Il est encore en cours d'acquisition au Cycle 3.

Au Cycle 2, on remarque que les enfants ponctuent leur texte en le percevant comme une succession de *paragraphes*. Le point intervient alors pour scinder deux *paragraphes*, en général à un tournant de l'histoire. Il est d'ailleurs souvent associé à *mais* ou *alors*.

Comme palier transitoire, on peut obtenir des enfants qu'ils mettent un point mélodique. Il suffit, une fois qu'ils ont fini d'écrire leur texte, de le leur faire oraliser et ce dès le CP. À chaque fois que la voix baisse et peut s'arrêter, on met un point suivi d'une majuscule. Le point mélodique, lui, doit être acquis à la fin de la scolarité primaire.

Le journal au Cycle 3

Le journal scolaire : un projet fédérateur

Projet d'une école, d'un cycle, d'une classe parfois, la publication d'un journal n'a rien d'un gadget. C'est au contraire une entreprise ambitieuse aux implications multiples et aux retombées très riches, tant sur le plan des connaissances que sur celui des comportements.

■ Le journal scolaire est un outil de communication et de socialisation

- à l'intérieur de l'école ;
- avec les parents ;
- entre les écoles d'une même commune ;
- avec le quartier.

L'école s'ouvre sur le milieu environnant et se fait connaître.

■ Le journal scolaire peut créer un motivation importante

Écrire dans le journal, c'est écrire pour être lu en signant son article. Le destinataire du texte et l'enjeu sont évidents. L'apprentissage sort du faire semblant et certains élèves peuvent se révéler à cette occasion.

Par la variété des activités qu'il nécessite, le journal scolaire est toujours un **projet fédérateur** qui jette des ponts entre tous les domaines du français et entre toutes les disciplines (Tableaux p. 176-177).

Travail valorisant et stimulant, donc, mais aussi travail complexe et de longue haleine qui nécessite une certaine ténacité, une organisation sans faille, et surtout, avant de démarrer l'aventure :

- une idée très précise de ce que l'on veut faire ;

– une réflexion sur les contraintes propres du produit fini ;
– une réflexion, également, sur les limites à se fixer, en fonction de la charge de travail que peuvent assurer les *journalistes*.

Fiche 62

Projet d'enseignement

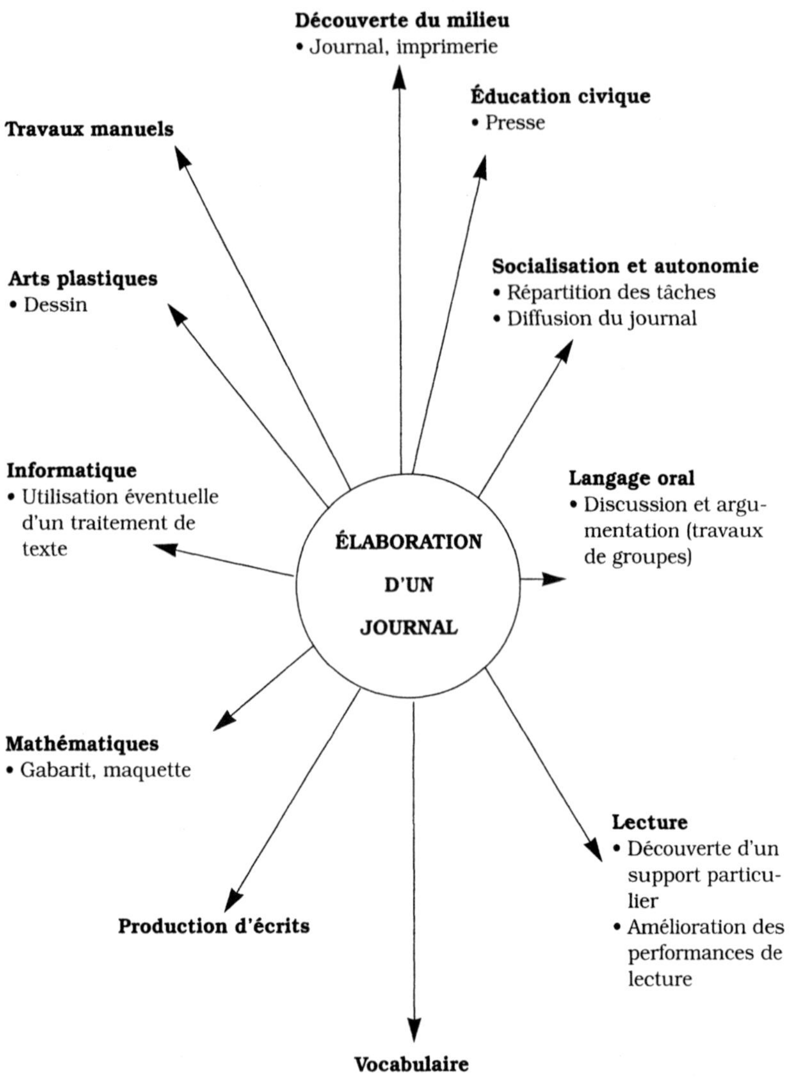

Activités des élèves

Fiche 63

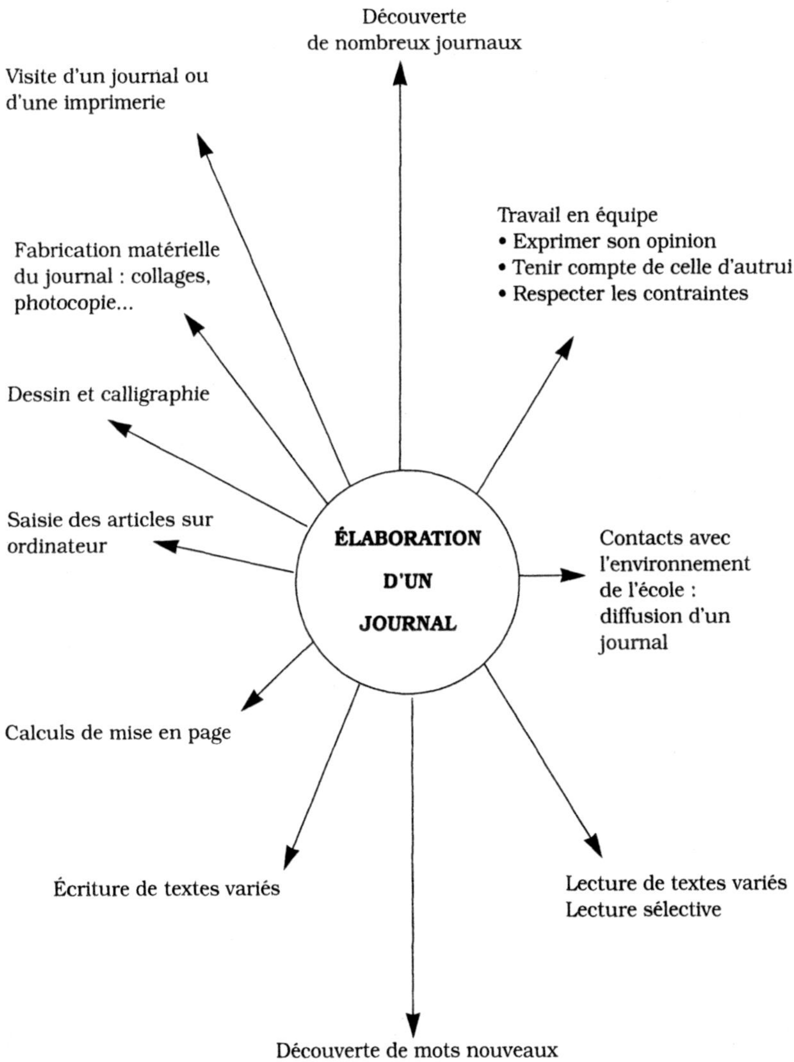

Que voulons-nous pour notre journal scolaire ?

■ Le cahier des charges

Première tâche à mener conjointement par les adultes et les enfants initiateurs du projet : l'élaboration du cahier des charges, c'est-à-dire une description aussi précise que possible de l'objet, même si, en cours de route, des évolutions et des infléchissements sont toujours possibles. C'est ainsi que commencent les vrais journaux et les vrais livres de la vie courante. Pour les enfants, c'est une étape nécessaire à une bonne représentation du travail.

Le cahier des charges devra apporter des réponses aux questions suivantes : *Pourquoi voulons-nous un journal ? Qui va lire le journal ? Quelles vont être son utilité et sa fonction ?* Et, par conséquent, *quel contenu ? Quelles rubriques ? Quels journalistes ? Quel format ? Combien de pages ?* En fonction du contexte local (commune, quartier, école...), les enfants auront probablement, dès le départ, quelques réponses à ces différentes questions.

Mais leur réflexion peut s'enrichir à la lecture de vrais journaux d'adultes ou de journaux scolaires déjà existants.

L'élaboration du cahier des charges suppose donc une double activité :

– une **discussion entre tous les partenaires** sur le rôle de la publication dans l'école et son milieu : veut-on faire simplement une information sur la vie de l'école ? Veut-on donner une place à l'expression personnelle et aux *articles de fond ?* Parlera-t-on de l'actualité (locale, régionale, nationale, internationale...)? Les lecteurs pourront-ils, eux aussi, s'exprimer ?

– La **lecture et l'observation de journaux** d'adultes ou d'enfants, qui permettent de trouver des idées supplémentaires ou de canaliser certains enthousiasmes.

Les élèves trouveront ici l'occasion de se familiariser avec la presse, ce qui est un acquis très appréciable.

■ Les différents types de journaux

Le mot *journal* recouvre des réalités très différentes[1]. Les enfants peuvent prendre conscience de cette extrême diversité en triant et en classant des journaux.

Les enfants apportent les journaux qu'ils ont chez eux à leur disposition. L'enseignant complète éventuellement pour que toute la gamme soit représentée : quotidiens nationaux et régionaux ; hebdomadaires nationaux, régionaux et locaux ; journal d'information de la commune ; presse spécialisée et presse TV ; presse pour enfants, etc.

1. On trouvera des informations intéressantes à ce sujet dans le livre d'Anne Belot, *Le journal*, « Médias », « Échos », éd. CFPJ-Hachette.

À partir d'un corpus représentatif et par groupes, les enfants essaient de différencier les publications et d'en établir une fiche d'identité rapide : *quel est le titre du journal? où est-il édité?* (siège social) *quelle est sa périodicité?* (on peut introduire ici les termes de **quotidien**, **hebdomadaire**, **mensuel**) *de quoi parle-t-il?* (description rapide du contenu) *à qui s'adresse-t-il?*

Inventaire des rubriques

On peut ensuite approfondir l'observation et l'analyse en demandant à chaque groupe de faire la liste des rubriques d'un type de journal particulier.

Les noms de ces rubriques seront inscrits sur de grandes feuilles de papier, format affiche, pour faciliter la mise en commun et les comparaisons. Le travail consiste alors, outre la constatation des ressemblances et des différences, à retenir ce qui peut l'être par un journal scolaire.

Il y a, en effet, entre le journal pour adultes et le journal d'école une assez grande distance qui résulte de situations de communication fondamentalement différentes. Le deuxième ne doit pas, à tout prix, singer le premier :

– certaines rubriques, les faits divers par exemple, n'y trouvent pas leur place, si ce n'est sous forme de jeux et de textes humoristiques;

– d'autres, comme l'information d'actualité ou le reportage, se trouveront fortement aménagées;

– d'autres encore, qui apparaissent rarement dans la presse en kiosque, tiendront une place importante dans un journal scolaire : contes, jeux poétiques, etc.

Cette mise en regard systématique de ces deux types de productions devrait aider les *journalistes* à mieux cerner la spécificité de l'une et l'autre, et à mieux cibler leur propre projet.

Trouver un nom pour le journal

C'est une étape très importante qui constitue, en quelque sorte, l'acte de naissance du journal. Le choix d'un titre revêt deux aspects complémentaires : c'est un travail **d'invention et d'imagination** pour lequel les élèves devront se montrer créatifs ainsi qu'un travail de **réflexion** – même bref – sur la fonction du titre, son contenu, la forme grammaticale qu'il peut prendre...

Pour savoir dans quelle direction chercher et faire jouer leur créativité de façon efficace, les enfants ont besoin d'être informés et guidés, et l'observation de titres existants peut les aider en ce sens.

Fiche 64

Liste des rubriques

JOURNAUX	JOURNAL SCOLAIRE
• Informations, actualités – internationales – nationales – régionales – locales	**• Information sur les activités de l'école** – ordinaires – exceptionnelles – à venir – passées
Sur tous les sujets : – politique – société – économie – sports	Présentation de l'école, ses particularités : – présentation du projet d'école – comptes-rendus de visites – comptes-rendus d'expériences, de travaux d'élèves...
Sous toutes les formes : – dépêches d'agence – articles d'un correspondant – reportages – articles de fond	
• Éditorial – billet d'humeur – articles de fond	**• Ces rubriques peuvent apparaître à propos de thèmes divers :** – histoire locale – événement de l'actualité à fort retentissement : une éclipse, une éruption volcanique... – sujets d'intérêt général : l'eau, la protection de la nature, etc. – sondages, interviews, enquêtes
• Faits divers	**• Rubrique difficilement transposable,** sauf sous la forme de récits humoristiques d'événements insolites ou cocasses survenus dans l'environnement de l'école

• Critiques – de livres – de films – d'émissions de télévision	**• Intéressant** Permet de renouveler la traditionnelle fiche de lecture en lui donnant un destinataire et une fonction d'information : les nouveaux livres de la bibliothèque, les livres qui nous ont plu, etc. Permet également d'utiliser la télévision de façon plus positive
• Vie pratique – programmes de télévision – météo – carnet – horaires divers – petites annonces – informations jardinage, bricolage... – recettes	– inutile étant donné la périodicité du journal – inutile étant donné la périodicité du journal – semble sans objet, sauf exception – peut être intéressant pour tout ce qui est permanent et pour les manifestations prévues à long terme (exposition, fête de fin d'année...). – peut avoir une fonction intéressante de communication et d'échange dans l'école – intéressant – intéressant
• Horoscope	• Difficilement transposable, sauf sous une forme humoristique et parodique
• Courrier des lecteurs	• Intéressant
• Publicité	• Création de publicités pour des produits imaginaires • Publicité pour le journal lui-même !
• Jeux - Humour – devinettes – jeux de mots, blagues – charades – rébus – mots croisés en tous genres – règles de jeux	• Rubrique à développer
• Feuilletons **• Nouvelles**	• Récits, contes, bandes dessinées
	• Poèmes.

Avant de développer ce thème, arrêtons-nous un instant sur l'organisation matérielle du travail.

On peut imaginer qu'une classe de l'école en soit plus particulièrement responsable et, ayant approfondi la question, fasse quelques propositions soumises ensuite au vote de toutes les personnes concernées.

On peut aussi imaginer un concours d'idées à l'intérieur de l'école entière. Une classe responsable sélectionne un échantillon de propositions, soumises ensuite au vote.

Quelle que soit l'organisation retenue, l'essentiel est de se ménager un *vivier* d'idées suffisant et de solliciter l'avis du plus grand nombre.

■ Les titres des journaux : classement

Ce classement présente un double avantage : il permet aux enfants de mieux connaître la diversité de la presse et les entraîne à la lecture fine.

Les titres contiennent parfois, en effet, beaucoup d'implicite. Cet implicite peut avoir une origine historique, par exemple, pour le *Dauphiné libéré* et d'autres journaux créés (ou recréés) à la fin de la dernière guerre. Il peut aussi être politique et idéologique. Le cas le plus évident est celui de *l'Humanité*.

Ces formes d'implicite ne sont pas toujours accessibles au lecteur non averti. En revanche, l'implicite qui prend racine dans le sémantisme de certains mots ou leurs connotations est à la fois plus accessible et plus intéressant dans la perspective qui est la nôtre : ce n'est pas un hasard si *Le Télégramme* est le titre d'un quotidien, *Toboggan* celui d'un journal pour enfants, *Phosphore* celui d'un magazine pour adolescents lycéens qui se préoccupent beaucoup de leurs études.

• À quoi sert un titre ?

Quel(s) type(s) de renseignement(s) peut-il et doit-il donner? Les enfants font le point, émettent des hypothèses que leurs observations vont ensuite confirmer ou infirmer. Il sera d'ailleurs intéressant de reposer les mêmes questions en fin de parcours, de manière à mesurer l'évolution des idées et des représentations.

• La chasse aux titres

Demander aux enfants de rassembler le plus grand nombre possible de revues, magazines et journaux différents. Si l'échantillonnage n'est pas assez riche, chercher des titres dans des livres et documents sur la presse[1]. L'idée est de constituer un corpus de titres suffisamment important pour être représentatif. On demande ensuite aux enfants de les classer. Ils travaillent par groupes et se donnent eux-mêmes leurs critères de classement. Bien préciser qu'il ne s'agit pas de classer les journaux (et leur contenu), mais les titres de ces journaux.

1. Par exemple, le livre d'Anne Bélot, *Le journal*, «Médias», «Échos», éd. CFPJ-Hachette.

Éléments de classification des titres de journaux

Certains titres peuvent apparaître sous plusieurs rubriques.

Le titre donne une indication sur le lieu d'émission : *La Voix du Nord, Ouest-France, Sud-Ouest, Le Républicain Lorrain, La République de Seine-et-Marne, Var-Nice-Matin, France-Soir.*

Le titre donne une indication sur la périodicité ou le moment de parution : *Var-Nice-Matin, France-Soir, L'Événement du Jeudi, Le Journal du Dimanche.*

Le titre donne une indication explicite sur le contenu : *Géo, Reportages, Télé 7 Jours, Le Chasseur Français, Je bouquine, J'aime lire.*

Le titre est construit selon d'autres critères qui laissent une plus large part à l'implicite.

– Implicite historique, politique ou idéologique : *Le Dauphiné Libéré, L'Est Républicain, Le Progrès de Lyon, L'Humanité, Libération.*

– Métaphore sur la rapidité de l'information : *L'Express, La Dépêche du Midi, Le Télégramme.*

Le point de vue que le journal prend sur l'information et les choix qu'il veut faire domine dans le titre.

– *Le Monde* : ce titre marque l'intérêt du journal pour l'actualité internationale.

– *L'Événement du Jeudi* : ce titre affiche son intention de secouer l'opinion en créant des chocs.

– *Le Point* : ce titre indique une volonté de prendre du recul et de faire le point.

Implicite plus culturel qui peut permettre de cibler le destinataire.

– *Le Figaro* : personnage du *Barbier de Séville.*

– *Phosphore* : de l'expression familière *phosphorer*, réfléchir.

– *Toboggan* : référence à un jeu d'enfants.

– *Pomme d'Api* : référence à une comptine enfantine.

Comment les enfants peuvent ils utiliser ce classement?

Les catégories 2 et 3 (cf. fiche p. X) ne paraissent pas intéressantes pour un journal scolaire au contenu très varié et à la périodicité aléatoire.

En revanche, les enfants peuvent décider de faire figurer dans le titre le nom de leur école : *Le Petit Journal des Châtaigniers, Jules Ferry Infos, Le Courrier de Paul Bert etc.*

Ils peuvent également explorer certaines possibilités de la catégorie 4 : chercher une image, un clin d'œil, un jeu de mots à propos du nom de l'école : *La Voix des Cartables, L'Écho des encriers, Le Courrier de Saint-Ex* etc.

• **Le classement.** Dans ce genre de situation très *ouverte*, les classements risquent d'être très variés et, pour certains, peu opérationnels. Peu importe. L'intérêt de ce travail réside autant dans l'activité intellectuelle déployée (comparaisons, rapprochements, discussion, argumentation) que dans la pertinence absolue des résultats.

Nous proposons ci-dessous une simulation de corpus et de classement de ce corpus. Avant de voir comment l'utiliser, nous ferons deux brèves remarques générales. Nous ne retenons pas la forme grammaticale comme critère majeur de classement car elle ne constitue pratiquement jamais l'essentiel du titre et son originalité. Il faut cependant faire remarquer aux élèves qu'ils peuvent exploiter toutes les possibilités du nom et du groupe nominal :

– abréviation : *Géo*;

– nom seul : *Toboggan*;

– deux ou trois noms seuls (noms communs ou noms propres) formant une sorte de mot composé : *Ouest-France*, *France-Soir*, *Var-Nice-Matin*.

– groupe nominal simple (déterminant + nom) : *Le Point*;

– groupe nominal avec adjectif qualificatif : *Le Républicain Lorrain*;

– groupe nominal avec complément de nom : *La République de Seine-et Marne*;

– mots inventés : *Wakou*, *Popi*.

Les groupes verbaux *J'aime lire* et *Je bouquine* font exception à la règle.

Le degré d'implicite est variable selon le type de publication. Plus le journal est spécialisé, plus le titre est explicite sur le contenu, ce qui paraît normal, par exemple : *Télé 7 Jours*, *Le Chasseur Français*, *Je bouquine*. En revanche, les publications d'information générale étant polyvalentes, elles font donc d'autres choix : le lieu ou la date de parution, la position politique, etc.

Rédiger et fabriquer le journal

Après avoir établi la liste des rubriques (fiche pages 180 et 181), on peut s'attaquer à la rédaction et à la fabrication du journal. C'est une tâche complexe qui nécessite, entre les classes ou les groupes responsables, une entente et une organisation rigoureuse. La difficulté d'une claire répartition des tâches provient du fait que ces trois aspects (maquette, rédaction, réalisation matérielle) sont étroitement imbriqués.

Le contenu du journal (nombre de pages, longueur des textes, croquis, schémas, dessins, photographies éventuelles...) dépend largement du nombre de rédacteurs, de la périodicité, mais aussi des moyens dont on dispose pour la fabrication. De même, les choix sur la maquette et les choix sur les textes se trouvent obligatoirement liés.

Deux démarches sont cependant possibles.

• Ou bien **on laisse écrire tous les élèves volontaires,** sans contrainte forte, en fonction d'une liste indicative de rubriques. Un

La répartition des tâches

Fiche 65

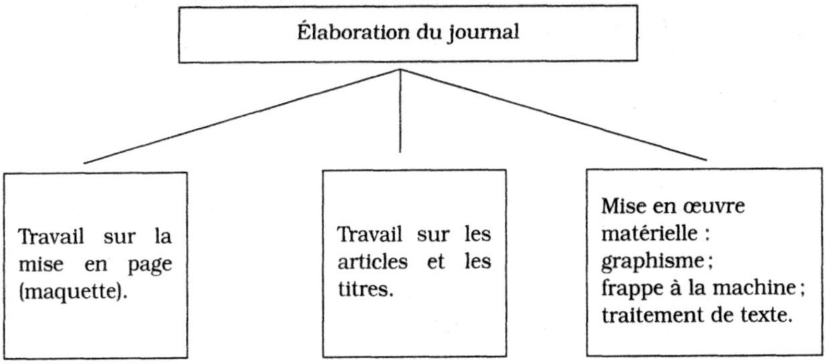

comité de rédaction, élu ou désigné dans la transparence, se charge alors de la sélection des textes. La mise en page suit.

Avantages : tout le monde peut se sentir concerné, la créativité est sollicitée.

Inconvénients : risques de frustration au moment de la sélection des articles.

• Ou bien **on fixe au départ la liste des rubriques assortie d'une maquette**, ou tout au moins d'une ébauche de maquette, les classes ou les groupes se répartissant ensuite le travail d'écriture.

La déclaration officielle d'un journal

Fiche 66

Un journal scolaire est un imprimé périodique destiné à être diffusé. À ce titre, la loi française oblige le responsable de la publication à le déclarer auprès du Parquet du Procureur de la République.

De plus, comme toute publication, le journal scolaire est en principe soumis au dépôt légal, c'est-à-dire le dépôt de quatre exemplaires de chaque numéro à la mairie ou au Parquet du Procureur de la République. En général, et par dérogation, c'est l'Inspection départementale qui assure ce dépôt légal. Mais il est souhaitable, de toutes façons, que la mairie de la commune reçoive régulièrement le journal pour information et par simple courtoisie.

Ces démarches peuvent paraître contraignantes. Elles peuvent aussi être envisagées comme de vivantes leçons d'éducation civique avec, en prime, de bons moments de lecture d'*écrits sociaux*.

Telle est la loi. Dans la pratique, on observe une grande diversité et une grande souplesse, surtout lorsque le journal n'est pas vendu.

Avantages : on sait où l'on va.

Inconvénients : on se prive peut-être d'idées et de compétences. Pas de solution idéale donc. Il faut se déterminer en fonction des conditions particulières du contexte local.

La maquette

Le format

Il faut choisir, dès le départ, entre le format *magazine* et le format *quotidien.*

– **format *magazine* :** feuilles 21 x 29,7 agrafées, ou bien mises en double par la photocopie grand format, puis repliées.

Avantages : mise en page et fabrication plus faciles.

Inconvénients : espace parfois un peu réduit.

– **format *quotidien***

Avantages : aspect plus adulte, la mise en page nécessite un travail vraiment formateur.

Pour des problèmes de lisibilité graphique, le format *magazine* convient mieux aux journaux dans lesquels de nombreux textes sont écrits à la main. Le grand format suppose obligatoirement des articles tapés sur une machine ou sur un traitement de texte. Ici encore, tout dépend des possibilités offertes par l'école et du degré d'autonomie des enfants. Et, en tout état de cause, la démarche est aussi importante que le résultat. Mieux vaut un projet pas trop ambitieux, mais dont les élèves sont vraiment les auteurs, qu'une publication plus élaborée dont une grande partie leur échappe, prise en charge par les adultes.

La répartition des rubriques

Pour la mise en page comme pour les titres, l'analyse de la presse trace des pistes intéressantes, sous réserve, bien sûr, d'adaptation et de simplification. La démarche peut être la suivante : repérer la répartition des rubriques entre les pages puis étudier ensuite plus en détail la composition de la première page. Pour chaque journal, noter page par page le type d'articles qui apparaît, essayer de dégager une règle et de tirer quelques conséquences pour le journal scolaire :

– importance stratégique de la première et de la dernière page. Elles accrochent le regard, elles sont lues d'abord, elles sont la *vitrine* du journal. Elles doivent donc être particulièrement soignées ;

– la progression du journal obéit toujours plus ou moins à la même logique.

Pour les quotidiens nationaux : d'abord les informations générales internationales et nationales ; puis les articles sur l'économie, la société, la culture ; les sports et les pages pratiques, enfin programmes de télévision, météo, carnet etc.

Pour les quotidiens régionaux : d'abord les informations internationales et nationales, puis les nouvelles de la région, globalement et secteur par secteur, si ce n'est commune par commune ; les sports et les pages pratiques viennent également en fin de numéro.

Appliquées au journal scolaire, ces remarques signifient qu'il faut commencer par des articles de fond (actualités de l'école, comptes-rendus de visites, nouvelles de la BCD...) et terminer par des pages d'humour et de jeux.

■ La *une*

La première page joue un double rôle : elle cible l'information (ou les informations) essentielle(s) et permet d'anticiper sur le contenu : sommaire, annonce d'articles, début d'articles dont la suite apparaît dans les pages intérieures. En outre, elle renferme souvent un éditorial ou un billet d'humeur, déclaration d'intention, commentaire ou réflexion en relation plus ou moins étroite avec l'actualité.

Tous ces éléments étant transposables au journal scolaire, il devient intéressant de voir comment on peut organiser la *une* autour d'un ou de plusieurs gros titres. Pour cela, chaque groupe, muni d'un journal ou de plusieurs, est invité à faire toutes les remarques nécessaires sur :

– la disposition du texte : les colonnes, les encadrés...

– les sur-titres, les titres, les sous-titres, les chapeaux introducteurs à un article long...

– la taille et la forme des caractères...

– la place des illustrations, le rapport texte-image...

On demande ensuite aux enfants de *visualiser* leurs remarques en dessinant, sur une feuille, le gabarit vide de leur *une*. Ils pourront alors travailler plus efficacement à la maquette de leur propre journal.

D'autres activités sont possibles dans la même perspective :

– comparer les *unes* de plusieurs journaux en date du même jour ;

– à partir de plusieurs journaux du même jour, que les enfants pourront découper à leur guise, recomposer une première page, après un choix personnel des articles et des titres.

Mise en page : logiciel ou collages ?

La fabrication d'un journal scolaire peut suivre l'évolution de l'édition en général, où tous les logiciels de PAO (Publication Assistée par Ordinateur) ont peu à peu supplanté le ciseaux-colle-papier de naguère. Il existe maintenant, en effet, outre les classiques traitements de texte, des logiciels de PAO utilisables à la fin de l'école élémentaire.

Ces logiciels présentent des avantages certains : ils offrent des choix intéressants et multiples : justification, caractères; ils permettent l'erreur; l'imprimante rend un travail soigné.

Ils ont néanmoins quelques inconvénients : la palette de dessins est très limitée; lourdeur d'utilisation; format obligatoire 21 x 29,7.

Entre ce *tout informatique* assez contraignant et le *tout à la main* rapidement fastidieux et difficile à lire, il existe un moyen terme. La solution qui apparaît relativement satisfaisante est celle qui consiste à :

- élaborer la mise en page manuellement sur support papier;
- taper les articles sur un traitement de texte en tirant parti au maximum du jeu des caractères disponibles;
- coller ces articles sur un gabarit au format;
- ajouter les dessins;
- confectionner les titres à part, en fonction de la taille qu'on veut leur donner.

Les avantages de cette démarche sont multiples : souplesse, répartition plus aisée des tâches, possibilité de création collective de la maquette, bonne lisibilité.

La rédaction des articles

La variété des rubriques introduit des types de textes très différents. Certains, comme les récits, les poèmes ou les recettes de cuisine, ne sont pas spécifiques à la presse. D'autres, au contraire, ressemblent beaucoup à de véritables articles : les critiques de livres ou de films, les nouvelles de l'école, les comptes-rendus de visites etc. C'est à ces deux dernières catégories que nous allons maintenant nous intéresser de plus près pour voir comment aider les enfants de l'école élémentaire à devenir de temps en temps des journalistes en herbe.

Récits d'actualité et reportages : leurs caractéristiques

Ce sont des **textes datés** dont le devenir évolue rapidement avec l'écoulement du temps. Dès le lendemain de sa parution, un quotidien prend quasiment le statut de document historique. Plus prosaïquement, et sauf exception, le lecteur le met au rebut. Fortement liés au point précis de l'espace et du temps, ces écrits appartiennent obliga-

Maquette d'un journal

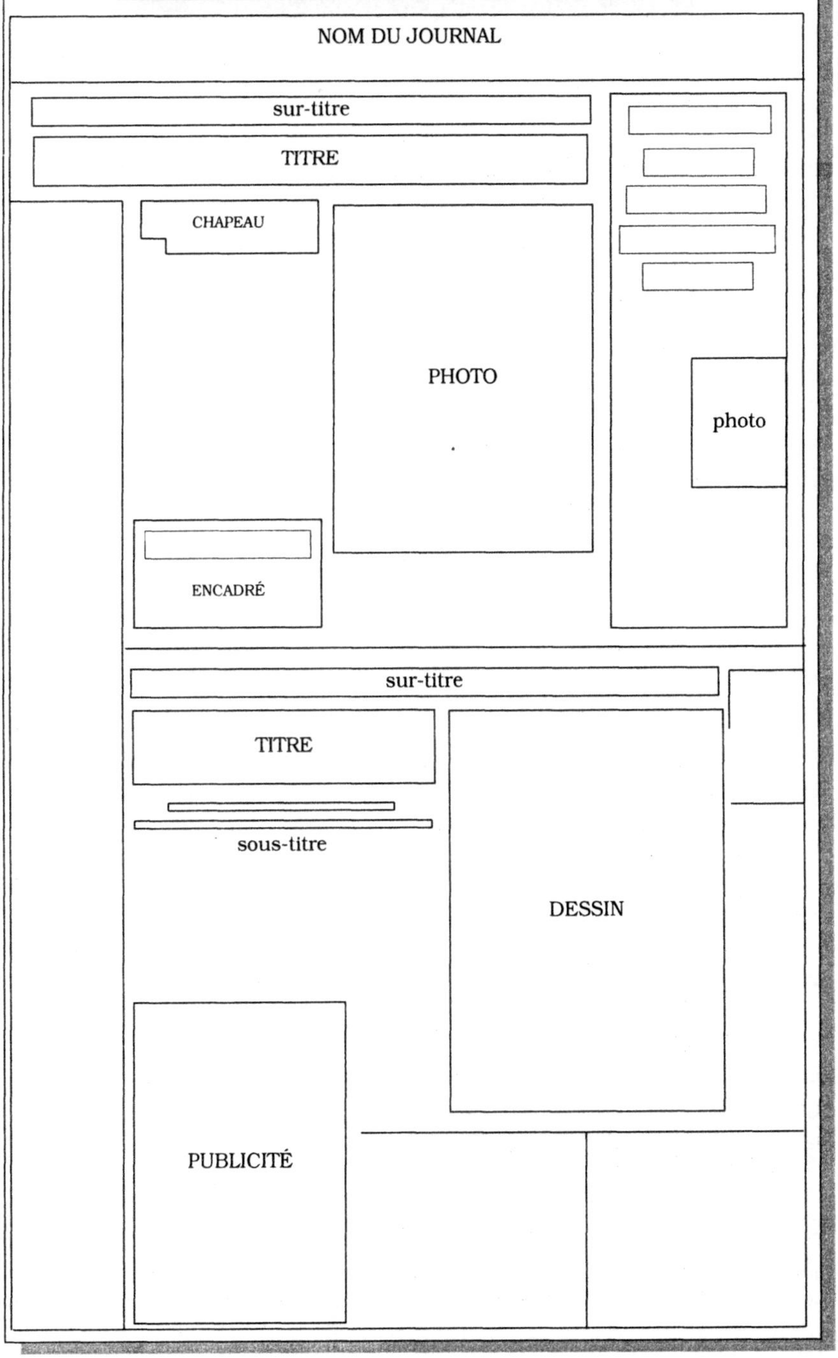

toirement au système du discours, avec les temps verbaux et les indicateurs temporels qui lui sont propres.

Qui parle? Qui écrit? Le correspondant permanent, l'envoyé spécial, le reporter, le journaliste du siège à partir d'une dépêche d'agence... Repérer dans un journal les multiples sources de l'information est très intéressant mais plutôt du ressort du collège et du lycée. On peut néanmoins faire constater à des enfants plus jeunes que, généralement, **l'auteur de l'article *disparaît* derrière le texte et les événements :** il ne parle pas à la première personne, même si parfois il signe son texte. Sauf dans le cas des éditoriaux, des billets d'humeur ou de certains articles de fond, le journaliste est censé rapporter des faits, des événements et, éventuellement, les opinions des gens qui les vivent. Sa position personnelle doit passer au second plan, même si tout le monde est bien conscient que l'objectivité absolue est un idéal.

Le **destinataire** formellement absent d'un texte sans deuxième personne, tient cependant **une place essentielle dans l'esprit du rédacteur**. L'article de presse n'a de sens que s'il est lu par quelqu'un et les attentes du destinataire en déterminent à la fois le contenu et la forme. Le texte doit s'efforcer de répondre aux questions que le lecteur se pose vraisemblablement sur le sujet et adapter son langage (syntaxe et vocabulaire) aux connaissances supposées du lecteur.

La fonction du texte est d'apporter des informations précises sur le fond d'un événement (par exemple, pourquoi une Exposition Universelle?) ou sur ses détails (par exemple, les dates, les horaires, les accès au site...).

On dit souvent qu'un bon article doit répondre aux six questions systématiques : *de qui s'agit-il? de quoi s'agit-il? où cela se passe-t-il? quand cela se passe-t-il? comment? pourquoi?* Les réponses à ces questions doivent prendre une forme dense et concise : l'espace de la page est compté, il est impossible de dépasser le nombre de signes qui a été fixé. Par ailleurs, la variété des questions qui déterminent le contenu d'un article fait de celui-ci un texte hétérogène, tour à tour narratif ou historique, descriptif, explicatif, argumentatif...

■ Que retenir pour le journal scolaire?

De toutes ces remarques, on retiendra quelques idées pour guider les enfants dans leur travail de rédaction.

• **Employer les temps du discours**
Dans un numéro du *Journal des Enfants* pris au hasard, faire relever les temps utilisés. Remarques et conclusions.

• **Éviter de trop personnaliser les textes** en employant *je* ou *nous*, même si cette règle est, bien entendu, beaucoup moins stricte pour un enfant que pour un journaliste professionnel.

Faire constater l'absence de première personne dans les journaux. Si cela est possible, aller plus loin en faisant relever les formulations qui dépersonnalisent le texte : emploi de *on*; tournures impersonnelles : *il est possible, il est souhaitable*; voix passive, etc.

• **Prendre en compte le destinataire**
Pour l'aider à se décentrer et prendre du recul, l'inciter à imaginer et anticiper les questions que le lecteur est susceptible de se poser. Ces questions peuvent d'ailleurs figurer dans le journal, en première page par exemple, et renvoyer à l'article en page intérieure. Elles jouent alors le rôle d'appel à la lecture (fiche p. 192).

• **Reprendre les six questions traditionnelles du journaliste professionnel, à la fois comme guide d'écriture et comme grille d'évaluation.**
Les appliquer d'abord à quelques articles de presse pris au hasard dans la presse adulte ou dans le *Journal des Enfants*.

■ Activités annexes de lecture

• **Lecture informelle de journaux, pour créer une imprégnation diffuse :**
– abonner la classe au *Journal des Enfants*[1]. C'est une mine de textes bien adaptés au Cycle 3 et susceptibles d'intéresser les élèves les moins scolaires. L'actualité, en effet, est motivante pour certains.

Par ailleurs, la variété des sujets abordés permet de mettre l'enfant en contact avec un vocabulaire riche, de manière assez naturelle et en situation. Sur quelques jours, suivre un événement dans un journal ou plusieurs.

• **Lecture plus approfondie d'articles**
Les différentes approches d'un événement.
Par exemple, on peut analyser la *une* du *Journal des Enfants* du vendredi 7 février 1992 (n°371) sur l'ouverture des Jeux Olympiques d'hiver. Sous le titre général «*Jeux Olympiques : que la fête commence*», cette page est un puzzle d'éclairages différents et complémentaires sur un même événement : elle comporte une présentation générale, une photo légendée des différents sites, un article sur l'histoire des Jeux d'hiver : *Les JO d'hiver, toute une histoire)*, les JO en chiffres, le point sur les épreuves (*Quoi de neuf dans les épreuves ?)*.

• **Analyse de la composition d'articles**
On s'interrogera sur le rôle du titre et du chapeau introducteur, de la photographie, sur le plan de l'article, sur les places respectives des renseignements pratiques, de la description du parc, du commentaire (faire surligner ces différents éléments du texte avec des couleurs différentes). On pourra donner un avis personnel : l'article est-il dynamique ? Donne-t-il envie d'aller visiter le parc ?

---

1. BP 1489, 68072 Mulhouse Cedex.

Fiche 68

Exemple de la page « Une »

Ecole Annexe 5 rue de Vaux MELUN

PLUMES ET CISEAUX

N°3

BONNES VACANCES

QUI PEUT DONNER SON SANG ?

QUE DEVIENT LE SANG APRES LE DON ?

Centre de transfusion sanguine de Seine et Marne

Les élèves de la classe du CM2 de l'Ecole Annexe ont été reçus au Centre de Transfusion Sanguine de Seine et Marne.

S.Philip

Suite page 2

SOMMAIRE

Photographes : L.Legardette
F.Mejou
A.Maksimovic

faites le 15 pour appeler le SAMU

Suite p.2

Monsieur Torrent

L'IGN

L'accueil

Le jeudi 30 mai 1991, nous sommes allés à l'IGN (Institut Géographique National).

A l'entrée de l'Institut, nous avons été très bien accueillis par Monsieur Gauvillier, ancien retraité de l'IGN, ainsi que Monsieur Henneton.

Nous tenons à les en remercier.

E.Hubert J.Grossier S.Delporte F.Ninguy G. Vernin

NOTRE VISITE A L. I.G.N.

Quelques questions:

Quelle est son rôle?
Comment fabrique-t-on les cartes en relief?
Qu'est ce que S.P.O.T?
A quoi sert-il?
Comment les équipes de l'I.G.N s'y prennent-elles pour fabriquer les cartes au millimètre près?

Réponses dans le texte p.3

Visite à la ferme

Monsieur Delporte nous a reçus à Saint-Germain-Laxis où il possède une exploitation agricole de 149 hectares dont 46 hectares sont cultivés en betteraves à sucre.

M. Delporte nous a conduit dans ses champs où nous avons vu comment l'on semait les betteraves à sucre.

SUITE P.2

N'oublions pas, enfin, que les articles de journaux peuvent devenir le support d'activités plus traditionnelles : textes-puzzles, tests de closure, études lexicales, résumés, etc.

Trouver des titres pour les articles

Ici encore, lecture et écriture se trouvent indissolublement liées : pour inventer des titres clairs, percutants ou drôles – l'humour est un ingrédient obligatoire du journal scolaire – il faut aller voir comment procèdent les journalistes professionnels. Voici donc quelques activités pour cerner progressivement ce qu'est *un bon titre*.

■ Classement des titres selon leur syntaxe

Par groupes, les enfants relèvent environ vingt titres dans un journal, avec la consigne de les classer ensuite en fonction de leur construction grammaticale.

Le tableau (p. 195) présente, sur un exemple, une brève simulation des résultats d'un tel tri. Il faudrait y ajouter l'utilisation du conditionnel qui ne s'est pas présenté ici : *« La navette spatiale partirait mercredi prochain »*. Il faut également remarquer que les titres vont souvent par deux (pré-titre ou sur-titre, et titre principal en plus gros caractères) et qu'il existe entre ces deux éléments des rapports variés : parfois le premier introduit le second, parfois le second précise le premier ou le répète, etc. Ce phénomène a, bien sûr, des conséquences sur leur construction respective : similitude ou, au contraire, opposition.

Soulignons au passage l'intérêt de ce travail pour une approche vivante et renouvelée de la grammaire. Il permet, en effet, d'aborder ou de revoir des notions non négligeables : types de phrases, phrases non verbales, constructions du groupe nominal...

■ Le bon titre pour le bon article

Chaque groupe dispose d'un paquet de quelques articles d'une part, et d'un paquet de quelques titres d'autre part, découpés dans des journaux par l'enseignant et présentés en désordre. Les enfants doivent retrouver le titre de chaque article et être capables d'expliquer leur choix.

■ Le titre transformé

Les élèves ont un article avec son titre. Ils doivent chercher d'autres formulations pour ce titre. Ils s'aident alors du travail proposé ci-dessus. Par exemple, à partir du titre *« Aujourd'hui, inauguration du centre nautique »*, on décline :

– *Le centre nautique inauguré aujourd'hui*

– *Le centre nautique : inauguration aujourd'hui*

– Le centre nautique a été inauguré aujourd'hui

– Centre nautique : tout est prêt pour l'inauguration

– Inauguration du centre nautique : tout le monde à son poste !

– Centre nautique : larguez les amarres !

■ Le titre effacé

Les élèves reçoivent un article sans titre. Ils doivent en inventer un ou plusieurs, et comparer ensuite avec le titre d'origine. Là aussi, s'appuyer explicitement sur les diverses possibilités de construction grammaticale.

Fiche 69

Classement de quelques titres en fonction de leur construction grammaticale

Groupes nominaux	Groupes à tournure passive	Phrases déclaratives	Infinitif	Phrases exclamatives
• Splendide remontée de *Ville de Paris* • Le défi de l'environnement • Légumes bretons pour l'Espagne Un marché à conquérir • Dans le Nord Finistère seulement • Les joies de la classe de mer	• L'équipage sauvé Un brûlé hospitalisé • Éjectée d'un manège	• Conseils municipaux d'enfants : « *On ne veut pas servir de pub pour les adultes* » • Une exposition peut cacher un gros projet • Les CM2 visitent le collège Kerallan • Elle voulait faire demi-tour sur la voie express	• Organiser son travail • Gérer son temps	• Ouille ! • Journée verte : on plante !
Phrases interrogatives • Que faire après la Troisième ?	**Utilisation de «:»** • Journée verte : on plante !	**Utilisation de «...»** • Le rendez-vous à ne pas manquer... • Quatre étapes dont une de ... montagne.		Tous ces titres ont été tirés du *Télégramme de Brest et de l'Ouest* paru le 6 avril 1992.

La règle de jeu au Cycle 2

Des textes liés à une action

Recette de cuisine, règle du jeu, règlement de vie (à l'intérieur de l'école ou de la classe), notice de fabrication, mode d'emploi... À tous ces textes, un point commun : ils sont liés à une action ou à une réalisation pratique. On les lit pour faire quelque chose. On les écrit pour faire faire ou pour garder la mémoire de ce qu'il faut faire. Dans la plupart des typologies de textes, ils apparaissent sous la rubrique : *Textes prescriptifs*[1]. **Écrire un texte prescriptif, c'est traduire de l'action en discours ; lire un texte prescriptif, c'est traduire du discours en action.**

Ce statut particulier rend ces écrits très intéressants dans l'optique de l'apprentissage de la langue parce qu'ils sont **variés** et qu'ils **s'inscrivent dans une situation de vie.**

Comme tous les écrits du réel – mais peut-être encore plus que les autres – ils requièrent au plus haut point **rigueur, cohérence et précision.** L'évaluation d'une bonne ou d'une mauvaise formulation, comme celle d'une bonne ou d'une mauvaise lecture, est immédiate : le gâteau n'est pas cuit, le jeu ne se termine jamais, la réalisation de la marionnette est impossible... La fonction de communication de l'écrit est ici vécue de façon très concrète.

Les textes prescriptifs fournissent donc de multiples occasions d'apprentissages intellectuels et linguistiques fort importants. C'est ce que nous allons maintenant essayer de montrer à travers un exemple de jeu dont la mise en œuvre est possible dès le CE1, en éducation physique et sportive. Voici d'abord le cadre et la démarche générale d'un tel projet.

1. On pourra consulter «*Des écrits pour faire. Produire des textes prescriptifs à l'école*», ouvrage collectif, in *cahier du C.D.D.P.*, n°16, mai 1991, 8 rue de l'Hôpital, 77007 Melun Cedex.

Les étapes du projet

1. Mise en place du jeu et désignation d'un destinataire
Il peut s'agir d'un jeu traditionnel ou d'un jeu inventé par la classe. Il est important de le faire pratiquer plusieurs fois pour que les élèves le mémorisent clairement, mais aussi, éventuellement, le fassent évoluer et le *peaufinent*. Parmi les destinataires possibles : la classe voisine, les correspondants, etc.

2. Lecture et observation de règles du jeu
Avant de se lancer dans la rédaction, se munir de quelques outils en regardant comment ces textes sont généralement conçus. Cette étape est essentielle si l'on veut éviter les impasses et des écrits trop éloignés du but à atteindre.

3. Passage à l'écriture
D'abord un brouillon (premier jet) qui sera évalué et amélioré en fonction des critères dégagés lors de l'étape précédente (deuxième et éventuellement troisième jet).

La première étape ne posant pas de problèmes particuliers, envisageons directement comment peut se dérouler l'étape de lecture et d'observation.

Lecture et observation de règles de jeu

■ Les objectifs

À l'issue de ce travail de lecture et avant de se lancer dans leur propre rédaction, les élèves doivent être en possession de repères précis, d'une sorte de guide d'écriture. Il faut donc faire émerger les caractéristiques et les contraintes principales du type de texte considéré. Ces signes particuliers concernent la mise en page et la mise en texte.

• **La mise en page,** c'est-à-dire la disposition du texte, les caractères, l'utilisation de titres, d'intertitres, la présence éventuelle d'un schéma, etc. Cette observation de la mise en page doit déboucher sur la confection d'une maquette (p. 199), repère visuel indispensable tout au long du travail.

• **La mise en texte,** c'est-à-dire le *point de vue*, la situation d'énonciation, le plan ou la structure du texte, sa cohérence logique ou chronologique, ainsi que les outils linguistiques spécifiques : vocabulaire, système des temps, indicateurs des temps, connecteurs logiques, modalités, etc.

Même si ce n'est pas le cas le plus fréquent, on trouve des règles du jeu sous la forme de textes linéaires pour lesquels la mise en page est inexistante. On pourra faire constater néanmoins la plus grande lisibilité d'une page bien organisée.

Dans la genèse du texte, cette mise en page n'est pas le phénomène premier. Elle dépend en réalité de la mise en texte, c'est-à-dire de la structure particulière de l'écrit, qu'elle souligne et dont elle est le reflet. Du côté du lecteur, cependant, la mise en page saute aux yeux. Elle sera donc étudiée d'abord.

Signalons enfin qu'il sera relativement aisé d'élaborer une maquette, mais qu'en revanche la plupart des problèmes de mise en texte n'apparaîtront réellement qu'au moment du passage à l'écriture. Même si, pour la clarté de l'exposé, nous envisageons tous les aspects globalement dès le départ, les ajustements se feront dans le feu de l'action et de façon beaucoup plus progressive.

La démarche

Les élèves travaillent par groupes. Chaque groupe dispose de trois ou quatre règles du jeu dont on modulera la difficulté en fonction du niveau. La consigne est d'observer attentivement ces différents textes et de faire la liste de tous les points communs dans leur présentation et dans leur construction. Comparer plusieurs textes pour en dégager les caractéristiques communes est plus formateur mais aussi plus scientifique que travailler sur un seul et unique texte.

Par ailleurs, et de manière plus générale, la plupart des enfants de cet âge semblent très sensibles aux ressemblances entre des éléments ou des objets. Le travail de groupe est suivi d'une mise en commun pour mettre au clair les résultats de l'observation et en faire une synthèse, qui débouche directement sur la confection d'une maquette type (p. 199).

LE MUR (1)

Préparation
À 3 m de distance d'un mur, tu traces une ligne de départ.

Jeu
Chaque joueur à son tour roule sa bille.
Celui qui s'approche le plus du mur gagne toutes les billes jouées.
Celui qui touche le mur est éliminé à partir de la partie suivante.
Tu peux utiliser ce jeu comme méthode pour décider de l'ordre des joueurs pour des jeux plus difficiles :
– la bille la plus proche du mur détermine le joueur n°1,
– celui dont la bille est un peu plus éloignée sera le joueur n°2,
– celui qui aura touché le mur jouera le dernier.
Il est interdit de bourrer c'est-à-dire d'avancer le bras au moment de jouer – ce qui réduit la distance et augmente la vitesse, donc la force de la bille.

1. Corinne Jacquemin et Pef, *Tous les jeux de billes*, « L'ours en poche », Éditions Buissonnières, 1982.

Voici quelques remarques spontanées d'enfants. On constatera que certaines ne concernent que la mise en page, mais que d'autres abordent aussi les problèmes de mise en texte : « *On doit dessiner le terrain.* », « *Il y a plusieurs parties.* », « *Avant de raconter le jeu, on dit le nombre de joueurs.* », « *Il faut dire comment préparer le jeu.* », « *On voit*

Exemple de maquette

LA MAQUETTE D'UNE RÈGLE DE JEU

NOM DU JEU

Situation :

Schéma

(pour la disposition des joueurs et les distances)

- Nombre de joueurs, nombre d'équipes
- Matériel
- Arbitre

Déroulement du jeu :

—

—

—

—

(écrire les différents moments du jeu en phrases simples et en faisant des alinéas)

- En quoi consiste le jeu ?
- Les principaux épisodes, les principales règles
- Quand le jeu se termine-t-il ?

des paragraphes. », « *On dit qui a gagné et quand le jeu est fini.* », « *On dit combien il faut faire d'équipes.* », « *On raconte les différentes parties du jeu.* » Ces remarques *naïves* feront l'objet d'un recentrage, lui aussi modulé selon le niveau de la classe, et en fonction des éléments suivants. Une règle du jeu s'organise généralement en deux temps : d'abord, de façon *statique*, la présentation du cadre et des conditions à remplir avant de commencer ; ensuite, de façon plus *dynamique*, le déroulement du jeu dans ses différentes phases.

Fiche 71

Le Petit Carré

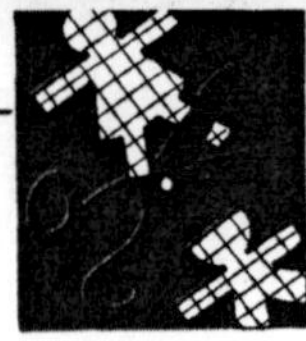

le Petit Carré

Matériel : *une feuille de papier à petits carreaux, 2 stylos-billes.*
Nombre de joueurs : *2*

1
Délimite un espace sur ta feuille à petits carreaux (minimum 10 carreaux sur 10 ; plus la surface délimitée est grande, plus la partie sera longue).

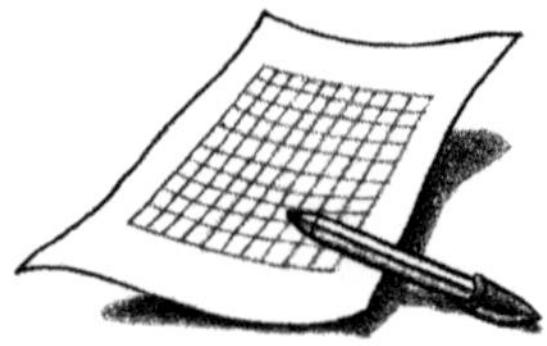

2
Chaque joueur joue à tour de rôle et recouvre avec son stylo-bille un des côtés d'un carreau. Le joueur qui réussit à recouvrir le quatrième côté d'un carreau se l'approprie : il dessine à l'intérieur sa marque (une croix ou un rond), et il peut rejouer.

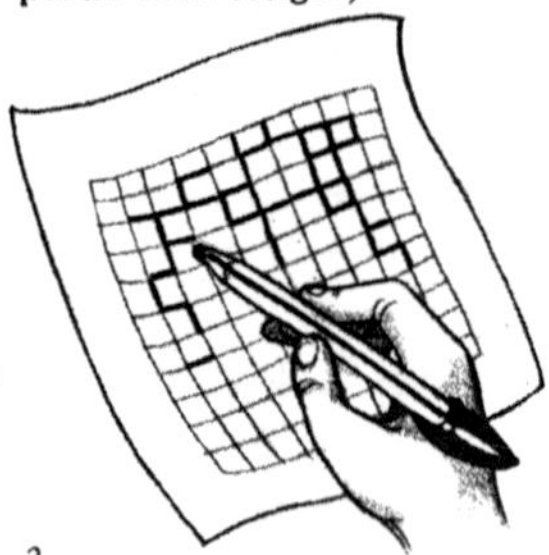

3
Le gagnant est le joueur qui à la fin de la partie a le plus grand nombre de carreaux.

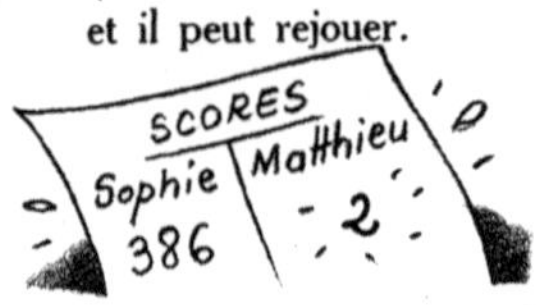

La structure d'une règle de jeu

■ Premier volet : à quelles conditions peut-on jouer ?

Indication du nombre de joueurs avec, éventuellement, le nombre d'équipes, la nécessité d'un arbitre, le matériel nécessaire, la situation, le terrain, la préparation (matérialisation de l'espace, disposition du matériel, etc.).

Par la présentation, mais aussi par la syntaxe, ce premier volet est très proche de la recette de cuisine. Le matériel – et les joueurs ! – remplacent ici les ingrédients. Les indications relatives à la préparation

Fiche 72

Viser le ballon

Nombre de joueurs : 2 équipes de 5 à 10 joueurs.

Matériel :
- 1 gros ballon assez large (par exemple un ballon de plage de grand diamètre). un ballon de basket-ball peut aussi convenir.
- Autant de balles (mousse, tennis, caoutchaouc) qu'il y a de joueurs.

Préparation :
- Tracer sur le sol 2 lignes parallèles (A) séparées par une largeur de 9 mètres.
- Séparer cette bande en 3 couloirs égaux par des lignes bien nettes (B).
- Tracer un cercle du diamètre du ballon au centre de la bande du milieu.

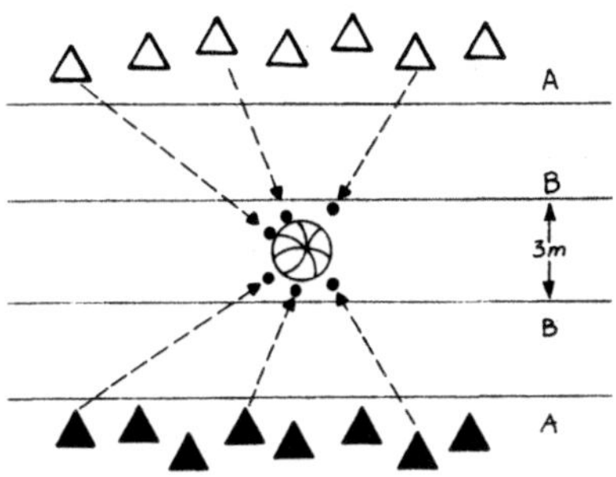

REGLES DU JEU

- Chaque équipe se tient derrière une des lignes A. Chaque joueur est muni d'une balle.
- Le ballon est placé dans le cercle central.
- Au signal, les joueurs lancent leur balle sur le ballon, pour le faire rouler en direction de la ligne B proche du camp adverse.

Ils se déplacent le long de leur base pour pouvoir lancer la balle avec un maximun d'efficacité et pour se trouver dans l'axe de la trajectoire du gros ballon.
- Les joueurs récupèrent les balles expédiées par leur adversaires et les utilisent à leur profit.
- L'équipe qui parvient à envoyer le ballon de l'autre côté de la ligne opposée B marque 1 point.

La partie se joue en un nombre déteminé de points, par exemple 10.
On remet le ballon au centre pour reprendre une nouvelle manche

s'expriment, comme dans une recette, par l'infinitif (*Tracer un cercle sur le sol)*, par l'impératif *(Trace un cercle sur le sol*), par le présent de l'indicatif *(Tu traces un cercle sur le sol. Vous tracez un cercle sur le sol.)* Le jeu sur ces diverses formulations et le passage possible de l'une à l'autre peut faire l'objet d'un travail spécifique sur la conjugaison et l'emploi des temps.

On pourra aussi travailler la précision du vocabulaire en introduisant, par exemple, les termes de *rubrique* (plus adapté ici que *partie* ou *paragraphe*), de *schéma* (meilleur ici que *dessin*), de *codage* (par signes ou par couleurs).

C'est l'occasion pour l'enfant de prendre conscience, du moins intuitivement, de la fonction explicative du dessin, fort différente de sa fonction illustrative. Ici, texte et schéma se trouvent étroitement liés et se répondent l'un l'autre. La présence d'un dessin codé permet de simplifier le texte de façon notable, et une partie de l'implicite de ce texte est levée par la référence au schéma. (Par exemple : *chaque équipe se tient derrière une des lignes A*). La partie écrite et la partie graphique doivent donc être lues (et conçues) de manière simultanée.

■ Deuxième volet : Comment-joue-t-on ?

Le deuxième volet peut s'intituler : déroulement du jeu, règlement du jeu, règles du jeu, jeu, etc. Il s'agit d'exposer clairement les différentes phases du jeu, ses différents aspects, les principaux cas de figure et leur aboutissement en fonction des contraintes propres au règlement. La construction fine de cette rubrique, dépend largement de la nature du jeu et de son *contenu*. Notons simplement que, à la manière d'un récit, et pour plus de clarté, il faut pouvoir retrouver :

– **le but du jeu**. Quel est son principe? Vers quoi tend l'action des joueurs?

– **les épisodes** et les diverses éventualités avec, si c'est le cas, les gains et les **pénalités** ;

– **la fin du jeu**, **la clôture.** Qui gagne? À partir de quel moment? Pourquoi?

■ Créer un guide d'écriture

Ce travail de lecture et d'observation fine doit déboucher sur une sorte de guide d'écriture composé de :

– une maquette légendée qui visualise la mise en page et la structure de l'écrit à produire;

– une synthèse écrite (affichée) de quelques recommandations concernant la mise en texte : nécessité de lier étroitement le texte et le schéma, nécessité également d'exposer le déroulement du jeu de manière ordonnée et dynamique (enjeu, possibilités diverses, terme du jeu).

Ce guide d'écriture est nécessaire si l'on veut éviter que les enfants ne s'engagent dans des impasses et ne produisent des brouillons trop éloignés du texte recherché. Dans ce cas, en effet, le découragement ne tarde pas à poindre.

Mais, comme nous le signalions déjà plus haut, il ne sera pas suffisant pour éviter toutes les erreurs, et nombre d'imperfections se revèleront dans le feu de l'écriture et au terme de la première esquisse. Elles seront travaillées à ce moment-là. La rédaction d'un texte prescriptif en général – et d'une règle du jeu en particulier – suppose, en effet, des compétences complexes que nous allons maintenant détailler et approfondir.

Rédiger une règle de jeu

Pour rédiger une règle de jeu, certaines compétences sont nécessaires, tant sur le plan intellectuel que sur le plan linguistique. Ces compétences sont en cours d'acquisition à l'école élémentaire. En créant une dynamique, un projet de ce type fournit l'occasion de les acquérir ou de les affiner.

■ Des compétences intellectuelles

Comme nous l'avons vu plus haut, une partie de la règle du jeu se présente sous la forme d'un récit dans lequel interviennent :

– **un principe chronologique**. Le texte raconte les phases du jeu dans l'ordre où elles se présentent ;

– **un principe de causalité.** Telle ou telle réussite entraîne tel ou tel gain, telle ou telle faute, entraîne telle ou telle pénalité ;

– **des hypothèses et des choix multiples**. *Si le ballon dépasse la ligne, alors...* ou *Si le ballon ne dépasse pas la ligne, alors...*

Ces différents principes ne sont pas séparables. Ils interviennent simultanément, parallèlement et de manière croisée. Chacun d'eux – et son expression – peut présenter des difficultés, surtout chez les plus jeunes, et leur imbrication dans le cours du récit encore plus. Il faut donc veiller à moduler la complexité du jeu choisi ainsi que les exigences de la rédaction.

Récit donc, mais récit très particulier qui se distingue nettement du récit imaginaire, parce qu'**il doit traduire fidèlement une réalité,** et du récit de vie, parce qu'**il doit se détacher d'un vécu** toujours fortement teinté d'affectivité **pour se transformer en règle générale et impersonnelle.**

Ces caractéristiques propres supposent chez le rédacteur **une certaine capacité d'abstraction** qui lui permette de passer sans trop de difficulté du particulier au général, et **la prise en compte du destinataire** et donc la possibilité de se décentrer par rapport à son vécu propre. Il doit être capable d'évacuer au maximum tout implicite du texte.

L'implicite se situe ici moins par rapport au texte lui-même que par rapport à une situation vécue par groupe émetteur, mais que le groupe destinataire n'a pas vécue. Cela signifie que toutes les marques *personnelles* doivent disparaître : le *nous*, les prénoms des élèves de la classe, les expressions qui supposent d'avoir vu le jeu et d'avoir le référent présent à l'esprit (*les autres, ceux qui étaient à gauche, etc.*). Ces formulations doivent être remplacées par un vocabulaire spécifique qui fait partie des compétences linguistiques à acquérir.

■ Des compétences linguistiques

Écrire une règle du jeu suppose l'utilisation de certains outils linguistiques et grammaticaux directement liés à la nature particulière et aux contraintes spécifiques du type de texte. C'est donc l'occasion de les étudier à ce propos de manière plus approfondie.

Grammaire, vocabulaire et conjugaison se trouvent alors en prise directe sur l'expression écrite et prennent ainsi tout leur sens.

L'étude pourra se faire avant la rédaction proprement dite ou parallèlement à elle, en contrepoint, mais en tout cas comme une aide à réinvestir de façon active.

Parmi toutes les possibilités, nous en avons privilégié deux, **le vocabulaire** et l'**expression de la chronologie**. On pourrait aussi, selon les cas, choisir de cibler davantage la réflexion sur l'utilisation de **l'impératif**, de l'**infinitif** ou de l'**indicatif** présent (à valeur impérative) dans le premier volet de la règle du jeu ; l'**expression de l'obligation :** *on doit, il faut, on peut/on ne peut pas*, de manière à diversifier les formules ; le **système hypothétique :** *si... alors...*, avec toutes ses variantes. Par exemple : *Si le joueur passe la ligne, il gagne. Si le joueur passe la ligne, il a gagné. Si le joueur passe la ligne, il gagnera. Si le joueur a passé la ligne, il a gagné.*

• Le vocabulaire

Faire faire aux élèves (par groupes) un relevé de tous les mots employés pour désigner les personnes qui participent aux jeux, d'abord dans les textes proposés pour la lecture et l'observation, puis d'autres, éventuellement.

Les enfants prendront ainsi conscience de la nécessité d'employer un vocabulaire spécifique précis et généralisable à toutes les classes et à tous les groupes. Ils seront ainsi moins tentés d'utiliser le *nous* ou les prénoms des élèves qu'ils connaissent. Le relevé sera affiché pour que tout le monde puisse s'y référer à tout moment.

Il n'y a pas ici *leçon de vocabulaire* plus ou moins parachutée, mais recherche active, ciblée et motivée en fonction d'un projet d'écriture, avec réinvestissement immédiat en contexte. On peut penser que la mémorisation et donc l'enrichissement du vocabulaire personnel de l'enfant en seront facilités. Mots en stock, relevés dans les textes : *joueur, participant, concurrent, équipe, partenaire, adversaire, camp adverse, gardien, arbitre.*

• L'expression de la chronologie

L'indication de la succession ou de la simultanéité est très importante pour la clarté du texte.

Ici encore, c'est à travers l'observation et la manipulation que les élèves peuvent prendre conscience de la diversité des procédés à leur disposition.

Signalons cependant que ce travail est plus difficile que l'étude précédente sur le vocabulaire parce qu'il est plus abstrait et fait davantage appel à la logique. Chaque classe ira donc jusqu'où elle le pourra.

On peut simplement faire relever et classer, à partir de quelques règles du jeu, toutes les expressions qui donnent un renseignement de temps. On peut aussi proposer un texte puzzle. Cette activité permet, en effet, de mettre nettement en relief l'importance capitale des liens chronologiques.

Que fait-on ? Dans quel ordre ?

Voici le canevas possible du répertoire des procédés utilisables pour marquer la succession ou la simultanéité des actions et des moments du jeu.

1. L'ordre des phrases ou des paragraphes signalés par une puce ou un tiret : la chronologie, implicite, se déduit alors de la disposition du texte.

2. Des numéros au début des phrases ou des paragraphes.

3. Des indicateurs de temps (adverbes et locutions adverbiales, prépositions, conjonctions de subordination) :
– *d'abord, ensuite, enfin, pendant ce temps, alors, à ce moment...*
– *avant (que), pendant (que), après (que)...*

4. Le matériel lexical, c'est-à-dire :
– des groupes nominaux : *au signal de l'arbitre...*
– des verbes : *commencer, débuter, se poursuivre, se terminer...*
– des adjectifs : *le premier, le second, le deuxième, le suivant, le dernier, le nouveau...*

Fiche 73

Relecture et évaluation

Les élèves d'un CE1 de Chelles, en Seine-et-Marne, ont rédigé, pour une classe voisine, la règle d'un jeu intitulé *Le mur chinois*[1].

Les différents moments du jeu :
Le premier volet du jeu, composé collectivement au tableau, donne la liste suivante : *foulards, plots, sifflet, arbitres* (2), *gardiens* (3 ou 4), *joueurs* (de 20 à 25). À l'appui de cette liste, les élèves proposent un premier schéma. Ils ont écrit, par ailleurs, le premier jet du déroulement du jeu intitulé : *les différents moments du jeu.*

– Les joueurs doivent traverser le terrain rapidement.

– Les gardiens doivent toucher les joueurs.

– Les arbitres vérifient que les gardiens ne dépassent pas les limites du couloir.

– Les joueurs touchés sont prisonniers, ils font une chaîne, les jambes écartées, sur la ligne du couloir.

– Les joueurs peuvent passer sous les jambes des prisonniers.

– Le jeu se termine quand il reste quatre joueurs ou moins.

L'ensemble constitue une ébauche satisfaisante. Mais il faut maintenant aider les enfants à améliorer leur texte pour parvenir à une formulation vraiment pertinente.

Pour cela, il est nécessaire de mener avec eux une évaluation objective qui leur permette de prendre du recul par rapport à leur production.

Il faut donc relire ce brouillon en le comparant point par point avec la maquette et le guide d'écriture élaborés au début du projet. Et, chemin faisant, on construit une grille d'évaluation. Cette construction par les enfants eux-mêmes est capitale : une grille imposée et *parachutée* resterait abstraite et inefficace.

Exemple

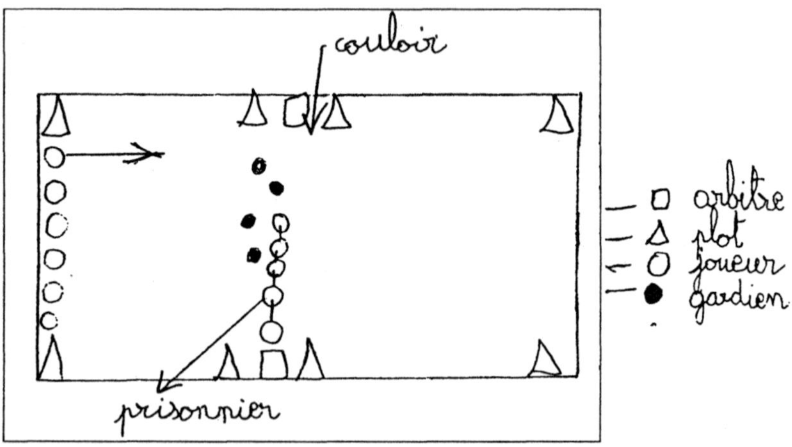

1. On trouvera la règle de ce jeu dans, *La valise du titulaire remplaçant*, Hachette, 1991.

Grille d'évaluation

Vérifie :

1. que le titre est indiqué
2. qu'il y a des rubriques avec des titres
3. qu'il y a un schéma
4. que le schéma est lisible
5. que le nombre de joueurs et d'équipes est signalé
6. que tu trouves la liste du matériel nécessaire
7. que tu expliques bien la préparation du jeu
8. que tu expliques bien le but du jeu
9. que tu expliques bien la fin du jeu
10. que tu montres bien les principaux épisodes du jeu
11. que tu utilises le vocabulaire qu'il faut
12. que tu utilises des expressions de temps

Si l'on applique cette grille de lecture à l'exemple cité, on arrive à l'évaluation suivante.

Ce qui est positif :

– le point 1 ; le point 3 ; le point 5 ; le point 9 ; le point 11

Les autres aspects du texte doivent être améliorés.

– le point 2 : il faut faire des rubriques et leur donner un titre.

– le point 4 : le codage du schéma est insuffisant, ce qui, dans le texte, crée une ambiguïté sur la notion de couloir.

– le point 6 :la liste du matériel est bien présentée, mais on ne trouve aucune trace de ce matériel dans le texte. Il y a donc là aussi une zone d'incertitude.

– le point 7 : on ne parle pas du tout de la préparation du terrain. Ce défaut est d'ailleurs lié à celui qui a été signalé au point précédent.

– le point 8 : il pourrait être amélioré, en particulier en explicitant plus clairement les rôles respectifs des joueurs et des gardiens.

– le point 10 et point 12 : la succession et la causalité apparaissent à travers l'ordre des phrases-paragraphes. Mais elles auraient avantage à être mieux soulignées (entre la quatrième et la cinquième phrase, par exemple), car l'ensemble manque un peu de *liant*.

Ce passage au crible prépare la voie d'une (ou plusieurs) réécriture(s) totale(s) ou partielles(s) du texte. Chaque enseignant doit adapter ses exigences à la fatigabilité et au degré de tolérance de ses élèves à cette activité, peu naturelle chez les enfants.

Le compte-rendu aux Cycles 2 et 3

Le français et les autres disciplines

Nous abordons dans ce chapitre une activité de rédaction très fréquente à l'école dont nous voudrions montrer tout le parti que l'on peut en tirer : la rédaction de comptes-rendus. La langue, véhicule de l'expression, est ici au service de toutes les disciplines.

L'enfant a de nombreuses occasions d'écrire en dehors des activités de français. Pourtant, le maître ne peut se dispenser d'enseigner à rédiger sous prétexte que les enfants écrivent très souvent. Poûr qu'aucune disicpline ne soit lésée il faut considérer qu'une activité qui donnera lieu à une production de texte sera doublement exploitée : d'une part dans le domaine spécifique abordé (biologie, histoire, géographie...), d'autre part en français pour tout ce qui concernera la production de texte.

Qu'est-ce qu'un compte-rendu ?

■ Quel point de départ ?

À quel moment est-on amené à faire écrire un compte-rendu ? Après des observations, des expériences, la lecture de documents, une visite... Les maîtres proposent très souvent de rédiger un résumé. Celui-ci se fait généralement de façon collective et orale, sous la pression de l'adulte. Si un maître décide de laisser faire les enfants, c'est-à-dire demande qu'ils fassent un résumé personnel, on s'aperçoit de l'extrême indigence des textes. Il y a donc bien là une compétence à construire.

■ Quelles sont les caractéristiques du compte-rendu adulte ?

L'origine du compte-rendu est en général une question. Par exemple : *Comment vivent les lapins ?*

Pour répondre à cette question on est amené à faire une série d'investigations, recherches documentaires, 'enquêtes ou expériences qui doivent aboutir obligatoirement à une réponse. Nous voyons déjà poindre une différence notable avec les situations scolaires dans lesquelles peuvent apparaître les comptes-rendus. En effet, à l'école, c'est le plus souvent le maître qui soumet un problème aux élèves et c'est encore lui qui présentera les documents ou les expériences susceptibles de fournir une réponse. Le savoir des élèves se construit dans l'appropriation des documents et dans l'activité de recherche.

Si l'activité de recherche aboutit au compte-rendu, c'est que celui-ci est destiné à être diffusé et qu'il est fait pour un destinataire, fût-il anonyme ou difficilement cernable. Les chercheurs de l'Institut Pasteur travaillent pour le bien de la société et diffusent le compte-rendu de leurs expériences à des collègues, aux journalistes... Si un adulte rédige un compte-rendu, c'est qu'il veut faire comprendre à son destinataire comment il s'y est pris pour trouver une réponse qui se justifie par la qualité du raisonnement et la rigueur de l'expérience.

À l'école, les enfants ont rarement l'occasion de rédiger un compte-rendu pour autrui. La plupart du temps, le texte sert plutôt d'aide-mémoire. Il est le reflet approximatif de ce qui a été fait en classe. Il n'a d'autres destinataires que ceux qui l'ont construit et son contenu doit être, si ce n'est appris, du moins retenu par les auteurs.

■ Deux grands groupes de compte-rendus

Dans l'ensemble des compte-rendus, on peut distinguer deux grands groupes : **ceux qui se contentent de décrire** une situation ou un problème et **ceux qui expliquent réellement**, c'est-à-dire qui proposent une série d'hypothèses possibles pour les démonter tour à tour avant d'avancer la bonne réponse et de la justifier. On s'aperçoit qu'à l'école on écrit plutôt des *textes descriptifs* que de véritables *textes explicatifs*, sans doute parce que pour ces derniers il faut écrire un (ou des) raisonnement(s). Pour cela, il faut les avoir mis à jour, être capable de les énoncer à l'oral donc de se décentrer par rapport à l'objet d'étude et expliquer le cheminement de son raisonnement.

Comme on apprend rarement à rédiger ce type de texte, on voit que les enfants ne différencient pas à l'écrit, un récit et un compte rendu, et qu'ils expliquent ce qu'ils ont fait ou trouvé en utilisant des procédures propres au récit : *«Saïda n'allait à l'école que le matin. Des enfants n'y allaient que l'après-midi. Il y en avait qui n'y allaient pas du tout. Leur mère ne pouvait pas acheter les livres car il n'y avait pas assez d'argent. Ceux qui y allaient le matin et ceux qui y allaient l'après-midi, parce qu'ils étaient très nombreux étaient très serrés.»* (Alexandra, CE2).

Ici, utilisation d'un temps du récit, description sans émergence d'un problème et sans liens de causalité.

• Sur la forme

Étant donné que le trait dominant du compte-rendu est l'organisation du discours en vue de décrire une cause ou de l'expliquer, on trouvera de *nombreux connecteurs temporels et logiques.* Les uns assurent la cohérence de l'organisation textuelle : *tout d'abord, puis, enfin...* Les autres permettent d'exprimer les liens de cause à conséquence : *parce que, de plus, étant donné que, mais, en revanche...*

L'abstraction du vocabulaire est l'autre grand trait formel. Elle est due en grande partie à de **nombreuses nominalisations,** ne serait-ce que les titres ou les légendes des schémas ou des illustrations. Nous trouvons plus souvent *«La migration de certains oiseaux»* que *«Certains oiseaux émigrent.»*

Or la nominalisation est difficile pour les enfants. Ils ne la comprennent pas à cause de son caractère compact et classificateur. Ils préfèrent les phrases avec un verbe d'action. N'oublions pas d'ailleurs qu'on leur apprend surtout à faire des phrases avec verbe et à rédiger des récits.

• Sur la mise en page

Le compte-rendu comprend très souvent des schémas ou des dessins qui permettent d'éviter une description trop longue et qui éclairent l'explication. De plus, le discours est très souvent structuré en paragraphes précédés d'un titre. On pourra faire observer cette présentation particulière, qui saute aux yeux, par des tris de textes et des comparaisons d'articles encyclopédiques, de pages de manuels, de revues à caractère scientifique... Les enfants repéreront aisément les diverses présentations : jeux typographiques, encadrés, utilisation de la couleur, schémas et photographies...

■ Un apprentissage continu

Les maîtres peuvent avoir comme objectif que les enfants, à la fin de la scolarité primaire, maîtrisent quelques traits caractéristiques du compte-rendu en leur en faisant rédiger au moins une fois dans une discipline scientifique. On reprend l'année suivante les traits découverts par les enfants et on essaie de leur en faire trouver d'autres.

Exemples : Au CE2 : organisation en paragraphes titrés. Au CM2 : argumentation avec connecteurs logiques et temporels, prise en compte d'un destinataire et des connaissances qu'on lui suppose.

La vie au Bangladesh

Fiche 74

1. Point de départ

En géographie, les enfants doivent étudier leur environnement immédiat et le comparer avec d'autres cadres de vie choisis dans chacune des zones : polaire, intertropicale et tempérée.

La maîtresse a choisi comme point de départ aux séquences de géographie un film sur la vie d'une petite fille au Bangladesh, diffusé au cours de l'émission *Continentales* sur FR3. Après cette émission, les enfants ont comparé leur vie et celle de Saïda, si différente sur le plan de la scolarité, des habitudes vestimentaires et alimentaires... et dépendante des inondations qui se produisent régulièrement.

Le film sera également le point de départ de la production d'un compte-rendu. Les objectifs sont modestes : faire écrire un texte qui diffère du récit et en faire saisir intuitivement quelques spécificités. La maîtresse ne s'impose aucun préalable et aucune contrainte. C'est la première fois que les enfants écrivent un tel type de texte : il est intéressant de voir leur représentation et la faire évoluer progressivement.

2. Déroulement des séances

La maîtresse demande aux enfants de se rappeler tout ce qu'ils ont appris sur la vie de Saïda. Elle les informe qu'elle souhaite leur faire écrire un compte-rendu sur ce film afin qu'ils puissent expliquer aux parents le contenu de l'émission. **Il y a un destinataire, le compte rendu sera lu**. Les enfants vont-ils tenir compte de cette contrainte ?

Ils définissent ce qu'est pour eux un compte-rendu puis rédigent un **premier jet.** Deux enfants sur vingt-quatre ont pensé à mettre des titres. Tous les autres ont décrit des informations sans mise en ordre préalable.

Deuxième jet : la maîtresse lit et montre deux textes. L'un présente des titres et des paragraphes mais toutes les informations n'y sont pas ordonnées. L'autre suit le déroulement du film mais sans titre. Les enfants discutent de ce qu'il convient de faire pour améliorer leur brouillon afin d'en assurer une meilleure lisibilité.

Ils décident alors de faire des paragraphes différents en classant toutes les informations et de leur donner des titres. Pour les aider la maîtresse écrit au tableau, sous leur dictée, les titres et les quelques points qu'ils veulent aborder.

EXPRESSION ÉCRITE

Fais le compte-rendu de l'émission télévisée sur le Bangladesh.

Saïda a onze ans. Elle habite un village, sur une île aux milieu du fleuve Brahmapoutre, au Bangladesh. Le bangladesh est situé en Asie, dans la zone tropical de l'hemisphère nord.

Émilie

l'école :

Saïda ne va à l'école que l'après-midi, car les enfants sont nombreux. D'autre enfants n'y vont que le matin ou pas du tout. Elle parle et écrit le Bengla.Dans la classe, les enfants sont serrés. Les enfants vont se baigner au bord du fleuve.

les saissons :

En hiver c'est le début de la saison sèche. L'été arrivent les pluies de mousson. Les pluies de mousson provoquent des inondation. Les ciclones sont très violent, ils détruisent tout sur leur passage. Les bangladais se réfugie sur les toits ou construisent des radeux. L'inondations passer, les hommes se mettent à reconstruire les maisons.

La maison, sa famille.

Saïda habite une maison faite de bambous et de roseaux. Elle n'y habite avec sa mère, sa grand-mère, ses oncles, ses tantes, ses cousins et son petit frère. Mais le père de Saïda habite et travail à la ville et leur envoie de l'argent. Tout les matins, Saïda va à la fontaine chercher de l'eau, aide sa grand-mère à faire la vaiselle et surveille son petit frère en faisent ses devoirs Pour aller à la ville, il faut trois heures en bateau. La nourriture des Bangladais est le riz et le poisson.

Sébastien

L'école

Saïda va à l'école l'après-midi, parce-que il y a beaucoup trop d'enfant le matin. Elle parle et écrit le Bengla. A l'école les enfants son très céré. Elle a souvent des devoir pour l'école et les fait en gardent son petit frère.

Les saisons

Au mois de Novembre c'est la saison sèche, au mois de Juin c'est la saison des moussons. A la saison des moussons il y a des inodations. Quand l'eau descend les villagois reconstruise. Parce-qu'il y a de la bonne terre à cultiver.

sa maison sa famille

A sa maison Saïda aide sa grand-mère a faire la cuisine, la vaiselle. Au inondation l'eau enporte tout. La maison de Saïda est fait de banbou, de jute de paille. Saïda vit avec sa grand-mère, sa mère. son père travail en ville et envoit de l'argent.

L'orthographe des enfants, qui fait par la suite l'objet d'un travail spécifique, a été conservée telle quelle.

On constate que les enfants ont su collationner les informations correspondant à des titres simples. À ce stade, ce sont les outils linguistiques explicatifs qui manquent. On s'aperçoit que pour expliquer, les enfants procèdent beaucoup par juxtaposition : « *Les pluies de mousson provoquent des inondations. Les cyclones sont très violents, ils détruisent tout sur leur passage.* » Parfois l'explication est implicite : «*À l'école les enfants sont très serrés*» (parce que très nombreux). Apparaissent néanmoins : *car, parce que*, ou l'utilisation d'un mot qui induit la cause comme provoquer. Les enfants ayant déjà écrit deux brouillons, on renvoie à une autre fois la recherche et l'emploi d'outils exprimant les liens de causalité.

3. L'amélioration finale : les corrections de surface

La troisième lecture sera consacrée à l'amélioration orthographique et syntaxique des textes.

La maîtresse fait oraliser les textes pour vérifier la ponctuation. Elle relit elle-même à voix haute les phrases bancales et demande au groupe classe de proposer des améliorations. Chaque enfant relit le texte d'un camarade pour l'informer des passages qu'il ne comprend pas et celui-ci doit les revoir. Ce sont autant de méthodes pour obtenir des enfants une distanciation par rapport à leur texte et une prise de conscience des améliorations à apporter. Bien entendu, lorsque la correction n'est pas à la portée des enfants ou qu'il reste encore trop d'améliorations à faire, c'est la maîtresse qui corrige. Enfin, dans la marge, elle porte le code de la fiche référentielle à laquelle doit se reporter l'enfant et dans laquelle il trouvera la solution à une erreur signalée.

Une difficulté fréquente fera l'objet d'une séance de grammaire *décrochée* avec le but précis d'apporter des solutions à une incorrection écrite. Ici ce seront les substituts du nom et en particulier l'emploi des pronoms.

4. Grammaire : l'emploi des pronoms personnels

On peut constater que les enfants ont les plus grandes difficultés à employer correctement les pronoms qui sont pourtant des outils commodes pour lier les phrases les unes aux autres et éviter les répétitions. En grammaire traditionnelle, on trouvera en exercices : des repérages *(Souligne le pronom...)*, des substitutions *(Remplace le nom par le pronom qui convient)*. des exercies à trous, etc.

Or la difficulté tient au renvoi, au lien entre le nom employé dans une phrase et le pronom employé ultérieurement, ce qui engendre fatalement des problèmes orthographiques quand il faut porter les marques du genre et du nombre. Pour faire apparaître les liens entre le pronom et ce qu'il représente, il est donc nécessaire de travailler dans un cadre qui dépasse la phrase.

– L'absence de renvoi

«*Dans ce pays,* ils *ont une langue et une écriture asiatiques. À l'école,* ils *sont serrés et très nombreux.* Elle *n'y va que l'après-midi.*»

L'enfant suppose que le lecteur possède les mêmes référents que lui et qu'il est donc inutile de préciser davantage.

– Il y a plusieurs personnages et le pronom renvoie tantôt à l'un tantôt à l'autre

«Elle *écrit et parle le Bangla. À l'école,* ils *sont serrés car* ils *sont nombreux.* Elle *s'amuse à l'école.*»

– Parfois le pronom est correct, il renvoie bien à un nom antérieurement employé. Mais **une autre phrase s'est interposée avec un autre thème** et rend la phrase incorrecte :

«*À l'école, les enfants sont serrés parce qu'ils sont beaucoup./ L'école est construite avec des roseaux tressés./* Leur *langue s'appelle le Bangla. On ne* leur *procure pas de cahiers ni de livres.*»

– Les difficultés touchent également **l'emploi des pronoms compléments** et d'autres pronoms ainsi que celui des adjectifs possessifs (puisqu'eux aussi sont des *représentants*). Par exemple :

«Sa *maison est en bambou.*» *Saïda ne va à l'école que l'après-midi. Il y en a qui y vont le matin et d'autres pas du tout.*» *Pour* eux *l'hiver est la saison sèche.*» «*Saïda aide sa grand-mère à faire la cuisine. Son père ne vit pas avec eux mais il travaille en ville et* leur *envoie de l'argent.*»

Pages 214-216 nous proposons une séquence de sensibilisation aux pronoms personnels pour le CE2.

– Le substitut relatif lui aussi entraîne des difficultés orthographiques, en particulier :

Fiche 74

– lorsqu'il est sujet mais que son antécédent est éloigné et/ou que le verbe ne porte pas de marques orales. «*J'aime les bandes dessinées qui racontent des histoires drôles*»

– lorsqu'il est complément et qu'il entraîne un accord avec le participe passé qui ne s'entend pas. «*Les mets qu'on nous a servis étaient rares et surprenants.*»

Il conviendra de commencer par les choses les plus simples et si possible de s'appuyer sur ce qui s'entend pour faire trouver puis rendre automatique des emplois et des accords. Certains phénomènes, en particulier le dernier cité, seront du ressort du collège et demanderont de longues années avant d'être automatisés.

Fiche 75

Séquence de sensibilisation au pronom personnel sujet (CE2)

Objectif
Sensibilisation à l'emploi du pronom personnel sujet. Connaissances préalables : savoir désigner le pronom personnel sujet et l'accorder en genre et en nombre.

• Déroulement
Expliquer clairement que la leçon de grammaire portera sur un point qui a soulevé des difficultés en expression écrite et que le but est de trouver des solutions. En effet, la grammaire est trop souvent coupée de l'expression et l'on pense à tort que les enfants vont transférer seuls leurs connaissances grammaticales dans d'autres domaines.

Quel enseignant ne s'est pas écrié un jour ou l'autre : «*Mais ça, on l'a déjà vu en grammaire! Alors, pourquoi n'as-tu pas fait l'accord!*»

• Sensibilisation
Au tableau, écrire :

Pierre rentre de l'école et dit :

– Papa, il n'est pas gentil.

– Qui ça, il?, *dit papa.*

Pourquoi le père pose-t-il la question? Les enfants discutent et expriment leur accord avec l'interrogation légitime du père. Pourquoi le père ne comprend-il pas qui a donné un coup de pied à Pierre? Il faut amener les élèves à dire qu'il manque le nom ou le prénom de l'enfant coupable et que le pronom *il* nous indique seulement que c'est un garçon et non une fille. On arrive à l'idée qu'avant d'employer un pronom, il faut lire ou écrire le nom qu'il va remplacer. Qu'est-ce que Pierre aurait dû dire pour être compris par son père? Il faut insister sur la nécessité d'être compris en communication orale ou écrite et expliquer que le bon emploi des pronoms y contribue.

On peut ensuite se servir d'une phrase d'un texte d'enfant afin de montrer que le but est de contourner une difficulté rencontrée en production d'écrits : «*Quand les inondations sont finies, ils refont leur maison.*»

• Consigne
Souligne le pronom sujet en rouge. Relie-le par une flèche au nom qu'il remplace.

Les enfants ne peuvent pas exécuter la deuxième consigne. On leur fait expliciter les raisons de cette impossibilité. Comment peut-on corriger cette phrase pour être compris par tous ceux qui nous liront et qui n'ont pas vu le film ?

• Exercice écrit
Améliore ces phrases. Tu soulignes le pronom personnel sujet, tu cherches le nom qui est remplacé. S'il n'y en a pas, tu améliores la phrase pour qu'elle devienne compréhensible.

« Dans ce pays, ils ont une langue et une écriture asiatiques. À l'école, ils sont serrés et nombreux. »

« Elle n'y va que l'après-midi. »

« Il y a des inondations. Après ils reconstruisent les maisons. »

Un enfant a souligné il de *il y a* ce qui a permis d'échanger des avis sur ce pronom. Faut-il le remplacer ou non et pourquoi ?

• Correction de l'exercice
– Mise au point d'une fiche d'aide à l'écriture

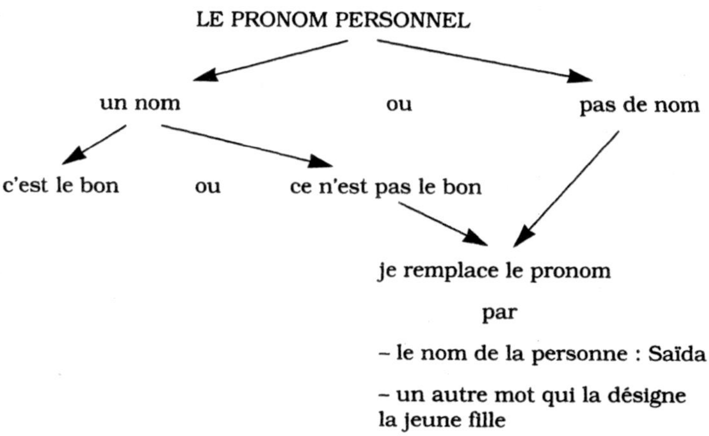

Exemple : Les élèves sont serrés et nombreux. Elle aide sa mère. Remplacer Elle par Saïda.

> *Remarque*
> Dans *il y a, il faut, il neige* —> *il* n'est pas un pronom personnel (il ne remplace pas une personne), donc on ne le change pas.

– Dernière phase

On distribue les productions écrites et on fait corriger les mauvais emplois des pronoms personnels.

Fiche 75

Deux enfants ont corrigé d'eux-mêmes et intuitivement des adjectifs possessifs qui ne renvoyaient pas à une personne désignée précédemment. Le problème des substituts est amorcé. On abordera ultérieurement les autres points. Il n'est pas question de faire un traitement exhaustif de la question qui surchargerait l'esprit de l'enfant sans qu'il puisse réinvestir ses connaissances. Le tableau sera complété au fur et à mesure.

Par exemple : *Il y a des inondations. Après ils reconstruisent leur maison. Les hommes souffrent des inondations.*

Les substituts des noms ne sont pas uniquement des pronoms. D'autres mots ou périphrases peuvent également jouer ce rôle. Ce phénomène est suggéré lorsque les enfants ont proposé de remplacer le pronom *elle* par *Saïda* ou par *la jeune fille*. C'est une piste qui sera exploitée plus tard.

Au CM2, l'emploi du pronom personnel complément ira de pair avec la constatation que si le verbe est conjugué avec l'auxiliaire avoir, le participe passé porte les marques orthographiques du complément. Cet accord est des plus difficiles et est en cours d'acquisition. On se contentera donc d'une sensibilisation.

Fiche 76

Les aimants au CM2

La maîtresse a fait faire différentes manipulations avec des aimants, en sciences. Elle souhaite que les élèves soient capables de formuler des questions, d'émettre des hypothèses et de les vérifier par observations ou expériences. Mais afin d'obtenir une plus grande conceptualisation, elle se propose de les faire passer par l'écrit. Les enfants seront donc obligés de formuler avec précision ce qu'il font et pourquoi. De plus, les séquences mettent en jeu également des compétences scripturales et linguistiques.

Ce projet comporte donc obligatoirement :

– des **séances d'observations**, de **manipulations**, de **questionnement**, de **prises de notes**, d'**essais de réponses**.

– des **séances de lecture** pour observer les caractéristiques des comptes-rendus, des séances d'écriture et de manipulations linguistiques pour maîtriser les outils spécifiques à la situation.

Problématique générale

Afin de décrire ce qu'est un aimant et comment il fonctionne, il faut d'abord avoir acquis des connaissances dans ce domaine et les avoir structurées. De plus, on va être amené à utiliser un vocabulaire spécicique : *attraction, interaction, pôles et polarité.*

Il faut en outre tenir compte du destinataire. Ici, il s'agit du CM2 voisin. Il faudra se mettre à la place des lecteurs, et prendre en considération leurs savoirs supposés. Cette décentration est extrêmement difficile pour les enfants.

Dans la plupart des cas, ce genre d'écrit est exclusivement réservé à l'enseignant qui, lui, veut vérifier l'état des connaissances des élèves. Les enfants ne sont pas dupes de cette situation fausse. C'est pourquoi ils écrivent pour le maître et pour répondre à ce qu'ils pensent que le maître attend d'eux. Ici, la situation est authentique. L'explication est destinée à des interlocuteurs qui ont réagi, qui ont dit qu'ils ne comprenaient pas et qui ont posé des questions écrites, ce qui a entraîné immédiatement une correction vigilante.

Si l'on n'a pas de classe à qui destiner ce genre de texte, on peut couper la classe en deux et un groupe écrit à l'autre qui lit et réagit.

Il faut également organiser le discours. En effet il y a eu différentes manipulations sur les objets attirés et sur les pôles. Les problèmes scientifiques sont traités l'un après l'autre avec des titres typologiques et des propositions de schémas. Ce procédé nécessite l'emploi de **nominalisations** qui sont retravaillées en vocabulaire.

Dans le texte, les enfants ont dû donner des explications, mettre en relation des faits, ce qui a nécessité l'emploi de nombreux **connecteurs.** On a donc programmé des séances de langue pour aider les enfants à maîtriser ces outils.

Enfin la dernière séance est consacrée à la mise en page, à l'utilisation d'alinéas fréquents, de tirets, de choix des dessins, de leur emplacement et de leur légende.

PROPOSITION DE DÉROULEMENT APRES LES SÉANCES DE MANIPULATION

• **Première séance**
Rédaction du premier jet, individuelle ou par petits groupes, à partir des notes prises en sciences. Confrontation de quatre ou cinq textes : observation et critique des enfants en vue de dégager un *squelette* de présentation.

• **Deuxième séance**
Recherche sur documents : comment les adultes s'y prennent-ils pour écrire des compte-rendus (textes divers, y compris des pages de manuels)? Liste de ce qu'il faut faire.

• **Troisième séance**
Amélioration en tenant compte des observations faites en lecture et des critiques. Envoi aux destinataires qui redonnent les textes avec des questions et des observations.

• **Quatrième séance**
Dernière amélioration.

• **Cinquième séance**
Mise en page.

Ce travail a permis de faire plusieurs fiches référentielles : Comment écrire pour expliquer ? Comment utiliser les pronoms ? Comprend-on à quoi renvoient les pronoms? Comment relier les phrases ?

Exemple : certains mots permettent d'organiser le texte et les éléments qui y sont présentés :

– dans un ordre chronologique : *d'abord, ensuite, enfin...*

– dans l'ordre de l'argumentation : *premièrement, deuxièmement, d'une part, d'autre part...*

– dans une description : *devant, au-dessus, à gauche...* D'autres mots établissent des liens logiques de causalité, de conséquence, de supposition : *comme, parce que, si...*

Ces mots sont vus dans leur contexte afin de déterminer leur signification.

Fiche 77

Séance de vocabulaire au CM2

Cette séance est liée au projet d'écriture.

L'objectif est de rendre les enfants capables d'**utiliser la nominalisation.**

• **Déroulement**
Pour présenter les aimants et les manipulations, on peut utiliser des phrases ou des titres.

• **Premier exercice**
Relie chaque phrase au nom qui veut dire la même chose. Classe ensuite sous les titres les phrases correspondantes.

Ces phrases sont tirées des textes d'enfants.

1. L'aimant attire les objets contenant du fer.

2. L'aimant attire à distance.

3. L'aimant attire encore à travers un obstacle à condition que l'obstacle ne soit pas trop épais.

4. Les clous s'accrochent aux extrémités et non sur toute la surface.

5. Tantôt les pôles s'attirent, tantôt ils se repoussent.

6. L'aimant s'oriente toujours dans la même direction.

7. L'aimant libre de se mouvoir indique la direction Nord-Sud.

ATTRACTION—POLARITÉ—ORIENTATION—VARIABILITÉ

• **Deuxième exercice** (jeu)
Trouve des mots formés de la même façon

VERBE : expliquer, noter...

NOM : explication, notation...

Ce procédé, qui consiste à transformer un verbe en nom en lui ajoutant un suffixe s'appelle **nominalisation.**

• **Troisième exercice**
Dans ce texte scientifique relève et classe toutes les nominalisations et donne le verbe correspondant. Les textes utilisés sont les mêmes qu'en lecture.

• **Quatrième exercice** (Puzzle)
Fragments de texte et titres en désordre qu'il faut apparier.

• **Cinquième exercice**
Prendre son texte sur les aimants et mettre les titres.

4

Entrer dans l'écrit d'imagination

Tous les enfants ne deviendront pas Chateaubriand.

Mais tous devront avoir eu la possibilité d'exercer les facultés d'imagination et de création qui sommeillent en eux, et que l'âge, avec ses contraintes, se chargera assez tôt d'étouffer.

Il est agréable d'inventer des lieux, des personnages, des situations, de jouer avec les mots, et la plupart des enfants entrent spontanément dans le jeu.

Outre l'agrément et la confiance en soi qu'elle procure, cette activité promet aussi de développer certaines qualités de cohérence et de rigueur : inventer ne signifie pas inventer n'importe quoi. Elle permet également d'utiliser des outils linguistiques variés.

SOMMAIRE

Le récit au Cycle 3

R*elation orale ou écrite de faits réels ou imaginaires*, telle est la définition la plus courante du récit. Cette définition très générale englobe les récits de vie ou d'expérience (les autobiographies, certains textes historiques, les reportages, les faits divers), et les récits de fiction (romans, nouvelles, contes).

Malgré leur grande diversité, ces textes se retrouvent sur un point commun : ils racontent des actions ou des événements dans leur déroulement chronologique. Ils sont donc construits sur des schémas voisins, avec une *ouverture* et une *clôture* caractéristiques de toute narration.

Le récit est partout présent à l'école et sous toutes ses formes, histoire vraie ou inventée, orale ou écrite : un enfant raconte spontanément l'incident dont il a été le héros, la victime ou le simple témoin, un autre rapporte une histoire drôle, un autre encore fait part à ses camarades d'une émission de télévision ou d'un film qui l'a particulièrement marqué. Mais nous nous intéressons ici exclusivement à la lecture et à l'écriture de récits de fiction et à la manière de les organiser dans une classe. Le niveau ciblé est le Cycle 3.

Pourquoi faire écrire des récits ?

Il est nécessaire de jouer sur toute la gamme des types de textes possibles. Chacun d'eux, en effet, est susceptible de développer chez le futur adulte, et chez l'écrivain en herbe, des compétences particulières, intellectuelles et linguistiques. La narration y garde cependant une place privilégiée, et les raisons en sont multiples.

Bien avant l'adolescence et l'apprentissage de l'argumentation, l'école (maternelle et élémentaire) se situe à l'âge du récit. Les enfants sont encore de plain-pied avec l'imaginaire et, dans leur grande majorité, acceptent de jouer le jeu de la fiction.

Faire semblant d'être écrivain pendant un moment, c'est se donner l'occasion de découvrir et de développer **les possibilités d'imagination et de création** présentes dans chaque individu. Les contraintes de la scolarité secondaire puis de la vie adulte se chargeront toujours trop vite de les étouffer.

Récits imaginaires et personnages inventés aident l'enfant – d'abord centré sur lui-même et son univers restreint – à se décentrer. Lire et écrire de la fiction, c'est voyager dans l'espace ou dans le temps, et pour un instant, s'identifier à des êtres différents. C'est donc **enrichir son expérience et élargir sa vision du monde.**

Le récit, enfin, participe à **l'apprentissage de la rigueur.** *L'imagination,* pour reprendre le titre célèbre de Gianni Rodari[1], possède une *grammaire.* Elle n'a donc rien à voir avec la liberté incontrôlée ou l'invraisemblance.

Souvent critiques à l'égard de récits dont ils ne sont pas les auteurs, certains enfants ont parfois du mal à admettre qu'inventer, ce n'est pas imaginer n'importe quoi, et que leur faculté de création doit se soumettre aux impératifs de la logique et de la cohérence. S'ils ne le font pas, leurs lecteurs auront du mal à jouer le jeu pour *entrer* dans leur texte.

Comme nous allons le voir, tout texte de fiction est obligatoirement régi par des règles très strictes. Paradoxalement et à sa manière, le récit est une école de rigueur et d'organisation.

Dans une typologie des discours qui fait apparaître des textes *fonctionnels* informatifs, explicatifs, descriptifs, la narration semble relever de l'acte gratuit. On lit ou on écrit une histoire pour le plaisir, le récit trouve en lui-même sa propre justification.

Si l'on affine l'analyse, on s'aperçoit très vite que la réalité est plus complexe. En effet, il est totalement illusoire d'assigner à chaque type de texte une fonction unique et définie une fois pour toutes et d'affirmer, par exemple, que le récit est destiné à l'évasion et à la distraction du lecteur. Ceci peut être vrai, mais dans de nombreux cas, l'enjeu, le plus souvent implicite, se révèle tout autre : informer, dénoncer, expliquer, justifier, convaincre, etc. Pensons tout simplement aux contes de Voltaire ou aux romans de Zola...

De manière plus générale, et comme Bally, Bourdieu, Labov et d'autres linguistes ou sociologues ont pu le dire chacun à leur manière, tout texte suppose un dialogue, donc un lecteur et la possibilité consciente ou inconsciente d'agir sur ce lecteur. Le rapport de l'auteur et du lecteur peut parfois ressembler à un rapport de force.

1. G. Rodari, *Grammaire de l'imagination*, Les Éditeurs français réunis, 1979.

Mais ces considérations sont tout de même assez éloignées des préoccupations de l'école élémentaire, même si une lecture fine de récits peut rendre les enfants plus sensibles aux effets du texte et à son implicite.

Il reste cependant utile, avant de commencer l'écriture d'une histoire, de poser explicitement, en accord avec les élèves, un destinataire clairement désigné. Non seulement la motivation sera plus forte, donc l'efficacité plus grande : on n'écrit pas dans le vide, pour rien, pour être corrigé, en faisant semblant; on écrit pour être lu, publié, même au niveau modeste de l'école ou du quartier.

Mais aussi, on pourra voir s'instaurer le jeu de la communication codée humoristique : références à un vécu commun, allusions, clins d'œil.

Qu'est-ce qu'un récit ?

D'après les recherches récentes de nombreux psycholinguistes et cognitivistes[1], il semblerait que huit à neuf ans soit une période sensible dans l'acquisition du récit et du schéma narratif. C'est à peu près vers cet âge, en effet, que la majorité des enfants acquièr une vision globale des histoires et de leur organisation. Ils font alors nettement la différence entre un récit structuré et une suite de phrases sans liens entre elles. Ils repèrent massivement les histoires inachevées quand on leur en présente. Ils sont capables, également, d'expliciter le thème d'un récit et d'en rappeler les éléments essentiels.

L'intégration du schéma narratif dont il est question ici est une intégration implicite, car ces études concernent avant tout les enfants en tant que lecteurs. Mais dès qu'il s'agit d'inventer un texte, la structure narrative doit devenir explicite.

Quand ils se mettent à écrire, les élèves ont rarement une vue d'ensemble de ce qu'ils vont faire : ils ont tendance, généralement, à progresser au coup par coup sans prendre de recul.

Le premier travail de l'enseignant doit donc tendre à leur faire acquérir cette vue d'ensemble et cette distance, indispensables à une claire représentation de la tâche à accomplir[2].

1. «Apprendre à lire et à écrire, dix ans de recherche sur la lecture et la production de textes» in *Revue Française de Pédagogie*, I.N.R.P., novembre 1989.

2. Les diverses méthodes d'analyse structurale des récits sont toutes passionnantes, mais souvent aussi très complexes. Les propos qui suivent s'inspirent donc largement de ces analyses dont on trouvera d'ailleurs une bibliographie à la fin de l'ouvrage. Mais la présentation que nous en faisons a toujours le souci d'une adaptation pédagogique concrète et réaliste.

Le schéma narratif : séquences et déroulement du récit

Tous les textes narratifs, ou presque tous, ont un début et une fin. Cette affirmation peut paraître banale et évidente. Elle fonde cependant une des caractéristiques essentielles du récit : inscrire une histoire dans le temps en marquant clairement les bornes de son déroulement. Les formulations particulières du conte sont explicites à cet égard : *«Il était une fois...»* et l'histoire commence ; *«Ils se marièrent, furent heureux et eurent beaucoup d'enfants.»* et l'histoire se termine.

Le conteur, mais aussi le romancier et le nouvelliste, doivent donc amener l'auditeur ou le lecteur de ce début à cette fin, en progressant régulièrement et en maintenant l'intérêt : c'est là que réside l'essentiel de la création. C'est là également que les récits diffèrent profondément : importance des rebondissements, nombre de personnages, changements de lieu..., en un mot, longueur et complexité du texte.

Le Désert

La nouvelle *Le Désert* fournit un exemple de schéma canonique relativement simple.
Le récit de la matérialité des faits se double des commentaires du narrateur, qui est ici très présent. Mais, de ce récit proprement dit (en gros, tout ce qui est au passé simple/imparfait/plus-que-parfait),on peut dégager la structure suivante :

1.	Situation initiale équilibre	Toute est normal sur Terre
2.	Complication Élément déclencheur Rupture de l'équilibre Problème	Débarquement d'extraterrestres dans une région désertique
3.	Actions Recherche de situations	Passage d'un avion qui provoque la mort des extraterrestres
4.	Situations finale Équilibre retrouvé	Tout est de nouveau normal sur la Terre

Le Désert

C'est arrivé il y a un certain temps.

Mais il est difficile de préciser exactement à quelle date.

En somme, il est assez paradoxal de penser que tant de faits sans grande importance sont longuement décrits dans tous les précis d'histoire et que cet événement – de très loin le plus important du siècle – aura passé complètement inaperçu.

D'où venaient ces êtres qui furent sans doute les premiers à traverser l'espace pour débarquer sur la Terre ? On ne le saura peut-être jamais. De même qu'on ne saura jamais comment ils arrivèrent, ni même de combien d'unités cette première patrouille était composée.

Un fait est certain : ils prirent contact avec la Terre dans une région absolument désertique. Avait-on prévu cela ? Et eux, de leur côté, avaient-ils préparé ce débarquement dans une région qu'ils savaient inhabitée ? Il est permis de le croire. Quantité de faits permettent de supposer qu'ils en savaient beaucoup plus long sur notre planète que nous n'aurions pu l'imaginer. Là était leur force. Et certainement elle ne se limitait pas là. Issus d'une civilisation totalement différente de la nôtre, ces êtres n'avaient sans doute aucune intention de conquête en débarquant sur la Terre. Le mot « guerrier » ne devait avoir aucun sens pour eux. Mais ceci ne signifie pas que nous aurions eu le dessus en cas de conflit déclaré.

Ils débarquèrent donc et leur première vision en découvrant la Terre fut celle d'une interminable étendue de rocs éboulés les uns sur les autres. Mais ils devaient savoir à quoi s'en tenir. Ils ne crurent certainement pas à une planète morte.

Quel était leur plan ? Recueillir quelques germes de vie ? Des minéraux, des plantes ou quelques animaux vivants ? C'est possible. Ou bien avaient-ils l'intention de s'approcher d'un centre habité ? C'est également possible.

Ils commencèrent sans doute par toucher les choses qui les entouraient, heureux de constater qu'ils étaient parfaitement adaptés aux conditions de vie de ce monde nouveau. Ils vivaient, oui, sans casques, sans scaphandres, sans accessoires techniques, réduits à leur plus simple définition d'êtres dont nous ne connaîtrons jamais l'aspect.

En effet, à cet instant, un avion apparut dans le ciel.

Un simple avion de transport, celui-là même qui, tous les jours, à cette heure, survolait le désert à basse altitude quand le temps était clair. Ils étaient, comme je l'ai dit, très différents de nous. Peut-on lutter contre les microbes, par exemple ?

Les passagers de l'avion ne remarquèrent pas les êtres qui venaient de débarquer. Il devait être difficile de les voir, car la vibration du soleil les rendait probablement transparents.

1

Quant à ceux qui venaient d'autre part, ils n'eurent pas le temps de voir l'avion. En une seconde, ils furent déchiquetés.

Non, il ne s'était rien passé.

L'avion n'avait pas par hasard lâché de bombe à cet endroit du désert. Ce n'était pas un bombardier. Il n'avait pas non plus lancé vers le sol un rayon secret.

C'était le bruit simplement.

Car pour ces êtres qui venaient d'un monde où tout était éternellement silence, le moindre son devait les foudroyer sur place et les réduire en poussière.

Jacques Sternberg – «Fiction, 1954», in *L'habitant des étoiles et autres récits sur les extraterrestres*, «Folio Junior Science-Fiction», Gallimard, 1985.

2

Jacques Sternberg a choisi ici de concentrer une histoire d'extraterrestres où il ne se passe rien. Mais, si l'on réfléchit bien, à l'issue de la phase 2, les possibles narratifs étaient innombrables : découverte de la Terre, rencontre avec les humains avec toutes les conséquences et les développements que cela peut impliquer dans une phase 3 alors beauc oup plus complexe (affrontement, négociation, collaboration...).

Chaque phase intermédiaire peut, en effet, s'enrichir et «se dilater» selon une structure identique à la structure globale :

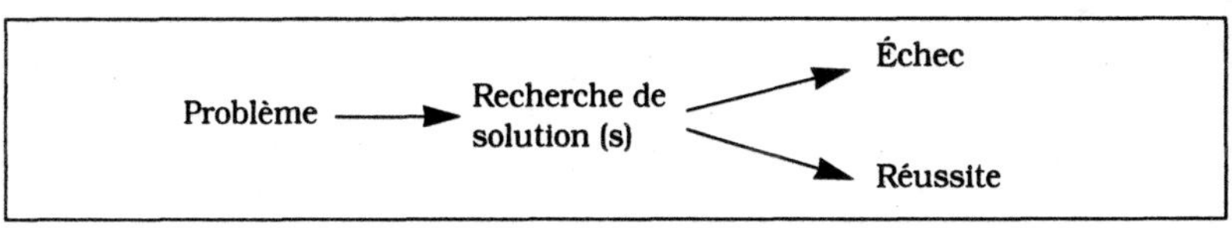

En cas de réussite, on peut s'acheminer vers une clôture (définitive ou provisoire) du récit.

En cas d'échec, l'histoire repart pour une autre séquence.

Fiche 79

Le procès des Crabes-Machines

Le texte suivant, le chapitre d'un roman de Christian Grenier – illustre bien cet enchaînement rigoureux de tentatives qui se soldent soit par un succès soit par un échec.

Le procès des Crabes-Machines

La première chose qui me frappa sur la planète Sebarc fut son soleil. C'était un astre tout blanc, scintillant, fait de mille filaments électriques.

– Mais... C'est un soleil artificiel !

– Oui, confirma Orlone. Tout chez les Crabes-Machines est artificiel ! Même le sol, regarde : il est métallique. Autrefois, cette planète était peuplée de crustacés intelligents et sages. Mais peu à peu, ils prirent l'habitude de se faire aider par des robots.

– Comme je les comprends ! Sur la Terre, nous avons aussi...

– Oui, m'interrompit Orlone, mais les crustacés de la planète Sebarc sont allés beaucoup plus loin. Ils ont confié à leurs robots toutes les tâches, comme par exemple composer une symphonie ou écrire un poème. Un jour, ils n'ont plus rien eu à faire et surtout, ce qui est plus grave, ils n'ont plus eu envie de rien faire. Certains ont même jugé que l'existence était si fatigante que des machines pouvaient bien se charger de vivre à leur place. Les Crabes-Machines ont remplacé les crustacés. Aujourd'hui, ce sont uniquement des robots qui peuplent la planète !

– Enfin, un monde bien organisé !

– Détrompe-toi, Sylvain. Tu sais qu'une machine se détraque, et que la moindre anicroche peut avoir des conséquences terribles ? Eh bien, rien ne fonctionne plus correctement aujourd'hui ! Tiens, par exemple, sais-tu pourquoi cette planète s'appelle Sebarc ?

– Non.

– Lorsqu'il a fallu donner un nom à ce monde, les Crabes-Machines programmèrent un ordinateur. Et celui-ci trouva plus simple de l'appeler « planète des Crabes ». Mais au fur et à mesure que sortit la feuille imprimée, l'œil électronique lut ce nom lettre par lettre. Il l'épela à l'envers !

– Bon sang ! m'exclamai-je. Sebarc, c'est l'envers de crabes.

– Attention, voici quelqu'un qui arrive !

C'était un Crabe-Machine caparaçonné de métal. Il se déplaçait sur le côté avec des pattes articulées, et faisait claquer à grand bruit ses pinces coupantes. Il dressa ses

1

deux antennes, et braqua sur nous les pinceaux lumineux de ses yeux électroniques.

– Garons-nous! dit Orlone. Il porte l'enseigne des Crabe-Déblayeurs. Il va nous balayer sur son passage!

Effectivement, dès que les rayons de lumière nous eurent détectés, le crabe se dirigea vers nous en écartant ses pinces.

– Stop! cria la Maxalienne.(1)

– Je déblaye! énonça la machine.

– Vous ne pouvez pas nous déblayer...

– Pourquoi?

– Parce que... nous sommes un mirage! dit Orlone. On ne peut pas déblayer un mirage.

– Un mirage ne peut pas parler.

– Ah, pardon! Je suis désolée, mais vous possédez des informations incomplètes, car nous sommes deux mirages-qui-parlent.

– Enregistré! conclut le Crabe-Machine qui se détourna et poursuivit sa route.

– Tu vois, me dit joyeusement Orlone. Ce n'était pas plus difficile que ça!

– Regarde où il se dirige.

Le Crabe-Déblayeur venait d'atteindre une série de poteaux télégraphiques qu'il sectionnait très consciencieusement les uns après les autres. Les poteaux tombaient sur le sol métallique. Des gerbes d'étincelles s'échappaient des fils sectionnés.

– Il va faire un dégât terrible!

– Hélas, c'est ainsi, dit Orlone en haussant les épaules avec philosophie. Maintenant, tu comprends pourquoi Sebarc est un monde où tout marche de travers.

– Alors, ne nous y attardons pas! Inutile d'essayer de discuter avec des machines.

– Il faut savoir comment s'y prendre. Il n'y a rien de plus bête, mais rien de plus logique qu'une machine.

Un coup de sifflet strident mit fin à notre discussion. Nous nous retournâmes.

– Un Robot-Policier! s'écria Orlone.

Il avait une carapace étincelante comme un uniforme, une longue antenne qui tournoyait en crépitant. Quant à ses deux yeux, c'étaient de véritables projecteurs.

2

1. Il s'agit d'Orlone, originaire de la planète Maxal.

Sa voix métallique nous cloua sur place :

– Identité ? Monde d'origine ?

– Salut ! dit Orlone. Comment vas-tu ?

– Ceci est un contrôle. Identité ? Monde d'origine ? répéta le robot.

– Orlone, de la planète Maxal.

– Et Sylvain, de la Terre, achevai-je.

Le Crabe-Machine émit quelques cliquetis, et annonça :

– Impossible.

– Comment impossible ? se fâcha Orlone.

Sa peau avait viré au noir. C'était l'effet de la colère – ou celui du soleil électrique.

– Impossible. Tous les étrangers sont fichés et signalés lors de leur passage à la frontière. Et l'Ordinateur Central n'a fait aucune mention de votre arrivée sur Sebarc.

– Évidemment ! Puisque nous sommes venus avec le créascope...

– C'est illégal, déclara le Robot-Policier.

– Le créascope est illégal ? Mais... le professeur Blutin vient de l'inventer ! Comment pourriez-vous savoir ce qu'est un créascope ?

Il y eut à nouveau quelques bruits bizarres à l'intérieur de la machine.

– Justement, déclara-t-il de la même voix monotone. Le créascope est inconnu sur Sebarc. C'est pourquoi son emploi est illégal. Vous êtes donc en état d'arrestation. Vous allez être jugés. Enregistrez !

– Ça va, ça va, grommela Orlone. Viens, Sylvain, il n'y a rien à en tirer.

Nous nous éloignâmes, mais le Robot-Policier déclencha aussitôt une sirène d'alarme. Une dizaine d'autres Crabes-Machines accoururent de tous les coins de la planète.

Je voulus prendre mes jambes à mon cou, Orlone m'arrêta d'un geste.

– Inutile de fuir. Contre les machines, tu ne peux opposer que la ruse.

Nous étions encerclés par ces robots peu sympathiques. L'un d'eux progressa jusqu'à nous, et il agita longuement ses pinces avant de déclarer :

– Je suis le Crabe-Juge-Principal. Que se passe-t-il ?

– Ces deux étrangers sont arrivés sur Sebarc par une voie illégale, dit le Robot-Policier en s'avançant jusqu'à nous.

– Une faute qui vous coûtera cent trente-cinq années de

3

prison ! Avez-vous des circonstances atténuantes ?

Je fis semblant de fouiller dans mes poches, et Orlone ouvrit la bouche pour répondre. Mais déjà, le Robot-Policier poursuivait :

– Et ils possèdent un objet inconnu qui n'a pas été enregistré par le Service des Brevets des Objets Inconnus.

– Voici une deuxième faute… Quel est cet objet ?

– Un créascope, dit Orlone.

– Confisqué ! s'écria le Crabe-juge-Principal qui s'en empara immédiatement avec l'une de ses pinces. Il s'agit sûrement d'une arme secrète dangereuse. Aussi, je réclame la présence du Crabe-Expert.

Celui-ci arriva en cliquetant : c'était un crabe rapiécé, couvert de boutons, de manettes, de touches multicolores et de lampes-témoins clignotantes. Il marmonnait d'une voix mécanique :

– 6 x 8 = 48 + 17 - (3 % 6 1/2 + 2)…

– Interrogez les suspects ! Et que le Crabe-Greffier enregistre leur déposition !

Le Crabe-Expert demanda aussitôt :

– Comment fonctionne votre créascope ?

Orlone m'adressa un sourire d'encouragement et déclara gravement :

– Le créascope fonctionne grâce au flux conjugué des émissions hertziennes cosmiques de l'espace négatif lorsque la polarisation des ondes mentales de l'utilisateur…

Le Crabe-Expert faisait un gros effort d'attention. Ses lampes-témoins s'entortillèrent. Sa carapace commença à rougir et à fumer.

– Arrêtez ! s'écria le Crabe-Juge. Vous aggravez votre cas !

Orlone se tut. Le Crabe-Greffier cessa d'émettre son bruit de machine à écrire, et on n'entendit plus qu'un gargouillis inquiétant émis par le Crabe-Expert.

– Vérifiez son bon état de fonctionnement ! ordonna le Crabe-Juge.

Un Crabe-Mécanicien s'approcha, interrogea :

– 2 + 2 = …? Le Crabe-Expert émit une série de cliquetis et, tout à coup, éclata en mille morceaux.

– Les Déblayeurs ! dit le Crabe-Juge sans s'émouvoir.

Le Crabes-Déblayeurs nettoyèrent les débris du Crabe-Expert.

– Vous venez de commettre une troisième faute en provoquant la destruction d'un Crabe-Expert !

4

– Mais...

– Formulez votre explication d'une façon plus claire. Simplifiez! ordonna le juge. Comment fonctionne cet appareil?

– Grâce à l'imagination de l'utilisateur.

– Impossible!

– Je vous assure...

– Je demande une démonstration.

Le Robot-Policier qui avait confisqué le créascope appuya sur la gâchette, et rien ne se produisit.

– Je suis sûre que vous n'avez pensé à rien! reprocha Orlone.

– Penser... Que signifie ce mot?

– Rendez-moi cet appareil! fit-elle.

Vivement, la Maxalienne s'empara du créascope, saisit ma main, et appuya sur la gâchette.

– Bravo, Orlone! m'exclamai-je.

Hélas, nous restâmes exactement à la même place.

– Que se passe-t-il?

– Le créascope ne fonctionne plus! Je me suis pourtant concentrée. Zulubop!

Orlone fit un deuxième essai : en vain! Nous étions bel et bien bloqués sur Sebarc.

– Qu'espériez-vous? dit le Crabe-Juge.

– Nous enfuir, évidemment!

Tentative de fuite... quarante-cinq années de prison supplémentaires.

– C'est trop bête! s'exclama la Maxalienne. Comment le créascope a-t-il pu se détraquer?

– Votre explication n'était donc pas valable, reprit le Crabe-Juge. Vous avez essayé de nous tromper...

– En ce cas, comment expliquez-vous notre présence ici?

La question d'Orlone embarrassa énormément les Crabes-Machines. Le Juge déclara :

– D'après les derniers renseignements reçus par l'ordinateur Central, vous êtes deux mirages-qui-parlent. Voilà pourquoi vous n'avez pas pu être repérés à la frontière, puisque les mirages n'existent pas. C'est votre voix qui a induit le

5

Crabe-Policier en erreur. Un délit supplémentaire !

– Mais... à combien d'années de prison allons-nous être condamnés ? demandai-je.

Il y eut le déclic d'une caisse-enregistreuse. Une longue fiche sortit de la carapace du Crabe-Juge :

– Six cent soixante-quatorze années et demie de prison. Des années sébarciennes, bien entendu.

– Mais c'est énorme ! protestai-je.

– À peine le dixième de la vie d'un Crabe-Machine. C'est au contraire une condamnation très légère.

– Un instant..., coupa soudain Orlone. Comment pouvez-vous condamner à six cent soixante-quatorze années et demie de prison deux mirages-qui-parlent ? Les mirages n'existent pas !

– Exact ! dit aussitôt le Crabe-Juge. C'est impossible. Ce procès était inutile. L'affaire est close, la séance est levée !

Tous les Crabes-Machines se détournèrent et partirent sans faire attention à nous.

J'étais stupéfait.

Cependant, le Robot-Policier se retourna une dernière fois vers nous :

– Si vous aviez existé, vous auriez obtenu soixante-dix-huit années de prison supplémentaires pour avoir dérangé inutilement la Cour des Crabes...

– Zulubop ! répondit Orlone.

Christian Grenier – *Le Secret des mangeurs d'étoiles*,
Éditions de l'Amitié, GT Rageot.

6

On peut schématiser de la façon suivante la structure narrative de cet épisode.

1. Situation initiale

Arrivée des deux personnages sur Sebarc, la planète des crabes.

2. Problème

Les Crabes-Robots sont hostiles, il faut donc trouver le moyen de leur échapper. Le récit enchaîne alors une suite d'affrontements entre les deux héros et les robots, variant à chaque fois les solutions et les issue :

rencontre du Crabe-Déblayeur —> discussion —> Orlone et Sylvain réussissent à lui échapper.

Mais l'histoire ne peut s'arrêter là. C'est donc une réussite provisoire.

Rencontre du Robot-Policier —> discussion —> échec —> essai de fuite —> nouvel échec.

Arrivée d'une dizaine de robots —> ruse (essai du créascope) —> échec —> condamnation.

Mais l'astuce d'Orlone et la bêtise des crabes font que la condamnation est sans objet.

3. Situation finale

Les deux héros ont échappé à la menace des Crabes-Machines. Ils vont pouvoir poursuivre leur voyage. Le récit se clôt provisoirement pour pouvoir rebondir.

Le schéma narratif : les actants

L'analyse des pages précédentes montre que le récit s'inscrit avant tout dans un déroulement chronologique. Mais elle montre aussi que le principe de causalité est toujours présent : c'est parce qu'il se passe telle ou telle chose en amont que tel ou tel événement va se produire en aval, et, à chaque nœud du récit, les possibilités sont multiples.

On peut donc envisager le récit comme une suite de séquences fortement liées logiquement et chronologiquement. On peut également l'envisager comme un système de forces. On peut alors lire les histoires à la lumière du **schéma actantiel** tel que le définit A. J. Greimas dans sa *Sémantique structurale* (1966). Les actants sont les *rôles* fondamentaux que l'on retrouve, dans tout récit, organisés de la même manière. Ce sont des fonctions abstraites qui déterminent des rapports de force et donc la dynamique du récit.

Concrètement, ces *rôles* sont endossés par des éléments très divers. Ainsi, dans tel récit, l'adjuvant peut prendre la forme d'un animal qui parle ou d'une fée... dans tel autre, il s'agira de la ruse du héros, d'une rencontre amicale ou du brouillard qui, tout à coup, se lève.

Pour Greimas, les **actants** sont au nombre de six : le **sujet**, c'est-à-dire le héros, qui accomplit la quête (comme nous allons le voir, ce mot doit être pris dans un sens très large); l'**objet de la quête**, c'est-à-dire le but, l'enjeu de l'aventure; l'**adjuvant**, qui aide le sujet; l'**opposant**, qui veut empêcher le sujet de réussir; le **destinateur**, qui est à l'origine de la quête; le **destinataire**, qui est le bénéficiaire de la quête.

Tous les actants ne sont pas obligatoirement représentés et un même personnage peut parfois remplir plusieurs fonctions.

■ Le schéma narratif : démarches et activités dans la classe

Une bonne intégration du schéma narratif est indispensable à la mise en place d'un récit correctement structuré, c'est-à-dire :

– qui *démarre* à un moment bien repéré et où il se passe quelque chose ;

– où les actions s'enchaînent de façon cohérente ;

– qui aboutit à quelque chose et qui se *referme.*

On peut atteindre cet objectif en adaptant les analyses de type structural au langage des enfants à travers quelques activités de lecture précisément ciblées.

1. Lecture et analyse d'un texte qui ne fonctionne pas bien, pour une des raisons énoncées ci-dessus (par exemple, le texte d'un élève d'une année précédente). Ce que pourrait être un fonctionnement satisfaisant apparaît alors plus clairement parfois qu'à propos d'un récit trop achevé et trop lisse.

2. Images séquentielles ou texte-puzzle, avec justification du choix de telle ou telle mise en ordre. Cette justification est plus importante que l'activité elle-même, car elle donne l'occasion aux élèves de mettre en relief et d'expliciter la cohérence logique et chronologique de l'histoire.

3. Comparaison du début et de la fin d'une histoire : l'enfant s'entraîne alors à formuler clairement la situation initiale et la situation finale.

4. Analyse des principaux épisodes et de leur succession et en les représentant par le dessin en leur donnant un titre.

La transformation d'un récit en bande dessinée (exercice beaucoup plus complexe qu'une simple mise en dessins) est une activité très formatrice dans cette perspective.

5. Lecture avec arrêt sur un *nœud* important de l'histoire : les élèves doivent imaginer la suite. On aboutit ainsi à une confrontation de quelques possibles narratifs. Toutes les suites sont acceptables, à condition qu'elles soient en cohérence avec les prémices.

6. Liste des personnages et classement : quel est le personnage principal ? qui est avec lui ? qui est contre lui ?

7. Résumer l'essentiel de l'histoire sous la forme d'une liste ordonnée de phrases.

Cette dernière activité (difficile) entraîne l'enfant à hiérarchiser les éléments du récit et à faire la distinction entre ce qui a un rôle actif et déterminant dans l'histoire (les actants) et ce qui est simple habillage, description, caractérisation de surface.

Fiche 80

Schéma actantiel

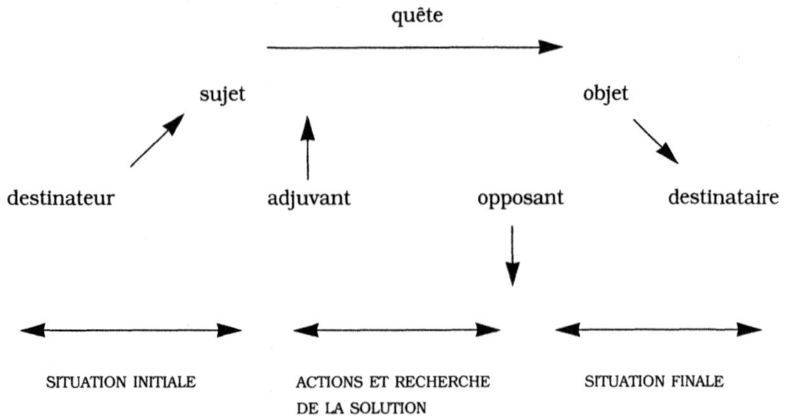

Fiche 81

Tankwiduz trois

Tankwiduz trois
AO 23 Bis de ganachon.
(calendrier Carmounien)

Pschwaououfschch... La soucoupe se pose tout doucement sur le toit plat et rond de la krambuse et Pwet Biok sort en courant. Il se précipite vers l'ascenchelle, vite, vite, et se dépêche d'appuyer sur le bouton de sa porte pour annoncer à tout le monde qu'il est de retour. Il a tellement couru depuis sa soucoupe jusqu'ici que ses joues vertes sont pleines de reflets bleus et que, dans ses yeux roses des lueurs rouges clignotent de temps en temps. Il s'asseoit près du déjeunoir pour reprendre son souffle et attendre que ses parents arrivent.

Les voilà. L'air sévère, le visage fermé, les lèvres blanches. Pwet Biok qui ne s'attendait pas à un accueil de ce genre se lève brusquement en se demandant ce qui va lui arriver. Ses deux pères et

1

ses trois mères se mettent en rang devant lui et le regardent d'un air sévère, sans rien dire... Pwet se sent bleuir et il commence à trembler. Puis Goniark, sa mère aînée, s'avance de deux pas et murmure : « C'est à cette heure-là que tu rentres ? »

Pwet Biok comprend enfin la raison de leur colère ! Il avait oublié qu'il était tellement en retard pour déjeunir. C'est vrai que c'est grave car si tout le monde ne déjeunit pas en même temps, à heure fixe, une partie de la famille risque d'attraper une couchimose et de vieillir d'un seul coup ! Aussi Pwet se met-il à balbutier : « Excusez-moi... Je ne l'ai pas fait exprès ! »

Goniark fait mine de n'avoir pas entendu et reprend :

« Tu sais l'heure qu'il est ?

– Ben non !

– Il est déjà Xuz barres douze ! Tu te rends compte ! Regarde ton père Truche, il est déjà à moitié couchimosé... Tu devrais avoir honte !

– Mais, écoutez-moi... Je vous dis que je ne l'ai pas fait exprès ! J'ai eu une panne de soucoupe... »

Ses pères et mères se regardent et Pwet commence à pleurer. Mais il tient quand même à finir ses explications et, tout en sanglotant, raconte :

« Ça m'est arrivé juste au-dessus de Tankwiduz Trois. Eux ils appellent ça La Terre, je crois. Je me suis posé et, heureusement, j'ai trouvé aussitôt un mécanicien pour soucoupes qui a réparé mon bouzibulle. Seulement ça m'a pris du temps ! Alors... »

Mais, en levant les yeux, Pwet s'aperçoit que ses pères et mères regardent d'un air coléreux et il s'interrompt. Aussitôt, toute la famille clame :

« Comment ! Tu t'es posé sur Tankwiduz Trois ?

– Je ne pouvais pas faire autrement !

– Mais petit malheureux, reprend Goniark, tu ne sais pas que c'est interdit ! Dangereux ! Au lieu de te poser tu aurais dû courgémir. Tu m'entends ? Cour-gé-mir !

– Mais maman, ils ne sont pas si dangereux que ça ! Le mécanicien, Piert, était même très gentil !

– Petit insolent ! Tu ne veux pas écouter tes parents ! »

Alors, saisissant son fils, elle l'allonge sur ses genoux. Puis sa main s'abat rythmiquement sur le ventre de Pwet qui gémit en pleurant davantage, ce qui ne l'empêche pas d'entendre Truche déclarer : « C'est ta soucoupe qui te tourne la tête ? Moi, à ton âge, je n'avais pas d'aussi beaux jouets mais j'obéissais à tous mes parents ! »

Christian Poslaniec – *Histoires d'ici et d'ailleurs*, « Renard Poche », L'École des loisirs.

2

À la lumière du schéma actantiel (p.234), on peut voir dans cette nouvelle un emboîtement de deux séquences narratives.

• Première séquence
- **Sujet** (héros) : Pwet Biok
- **Objet** : revenir à l'heure pour déjeunir avec tout le monde (c'est très important, c'est même vital sur cette planète)
- **Opposant** : la panne de son bouzibulle
- **Adjuvant** : le mécanicien terrien
- **Destinateur** : Pwet Biok lui-même.

• Deuxième séquence
- **Sujet** (héros) : Pwet Biok
- **Objet** : se justifier et convaincre ses parents qu'il a bien fait d'aller sur la Terre
- **Opposant** : la colère et l'incrédulité des parents
- **Adjuvant** : ses larmes et sa seule force de persuasion.

Faire écrire un récit : thèmes, sujets, amorces

Mettre les élèves devant une feuille blanche en leur demandant d'inventer une histoire à leur guise, sans autre préparation ni consigne particulière peut paraître à certains une situation susceptible de libérer leur imagination. Il s'agit en réalité d'une liberté illusoire, car personne – même les grands artistes – n'invente rien à partir de rien. La création se fait par imitation ou par réaction, mais toujours par rapport à quelque chose.

Laisser les enfants livrés à eux-mêmes, c'est les mettre en difficulté, c'est aussi les évaluer sur ce qu'on ne leur a jamais appris.

■ Créer un référent culturel

L'écriture d'un récit doit donc être précédée et accompagnée de la lecture de nombreux textes du même genre : on propose des modèles et, par imprégnation, on crée un référent culturel dans lequel l'enfant peut puiser pour nourrir son propre texte.

Les activités mentionnées ci-dessus à propos du schéma narratif tendent déjà à ce but. On peut en ajouter de moins dirigées : lecture individuelle, lecture à haute voix préparée par un groupe d'élèves, lecture magistrale, présentation de livres par les enfants.

Encore une fois, lecture et écriture se trouvent indissolublement liées sur un thème ou un projet global et s'enrichissent mutuellement. D'autant plus que la lecture fournit naturellement des amorces et des tremplins à l'invention de nouvelles histoires, comme nous allons maintenant le voir plus en détail.

Pour faire inventer un récit, on peut partir : d'un texte, d'une structure type, de mots inducteurs, d'une (ou de plusieurs) image(s) inductrice(s).

L'ordre de présentation adopté ici n'est pas neutre. Il commence par les situations les plus simples, c'est-à-dire celles où l'enfant dispose du maximum d'éléments, celles où il peut se sentir bien guidé, pour aboutir à des situations plus complexes où sa part d'invention est beaucoup plus importante.

■ À partir d'un texte

– On donne le début d'une histoire (ou d'un épisode) et il s'agit d'imaginer une suite (p. 239-240)

– On donne la fin d'une histoire (ou d'un épisode) et il s'agit d'imaginer ce qui précède.

– On donne le début et la fin d'une histoire (ou d'un épisode) et il s'agit d'imaginer les événements intermédiaires.

L'enfant a le droit d'inventer librement, à condition de rester cohérent avec les données du texte de départ qui fait l'objet d'une lecture très attentive.

• **On propose un texte en entier** (une nouvelle, par exemple).
En gardant le cadre et la structure globale, il s'agit d'inventer une autre situation.

Nous avons choisi la science-fiction

Nous avons choisi tous nos exemples dans des textes de science-fiction. Peu représenté à l'école, ce genre l'est maintenant davantage dans la littérature de jeunesse récente. Il est culturellement très important pour notre époque.

Certains lecteurs se désintéressent de la science-fiction ou la rejettent carrément, n'y voyant que des histoires invraisemblables de quincaillerie spatiale. Il faut lutter contre cette représentation erronée.

Au-delà des apparences, en effet, la science-fiction explore tous les possibles de l'humanité dans tous les domaines : scientifiques et technologiques, mais aussi politiques, écologiques ou biologiques. En soulevant des problèmes vitaux pour l'humanité, elle signale des dangers et des dérives éventuelles. Elle nous donne des clefs de lecture du monde actuel et de son avenir.

Œuvre d'imagination certes, mais très en prise sur la réalité, elle ne devrait pas rester en dehors de la formation d'un adulte du XXIe siècle.

Cependant, les types d'amorces et de démarche que nous proposons ici, sont, bien sûr, transposables à tous les genres de récits.

Après la lecture du texte de Jacques Sternberg, *Le Désert* (p. 224-225), imaginer une autre cause à la disparition brutale des extra-terrestres.

Après la lecture de *L'Oubli*, du même Jacques Sternberg (p. 100), imaginer que le premier navigateur oublie autre chose qu'une boîte d'allumettes et réécrire la nouvelle.

On voit bien, sur cet exemple, comment l'imaginaire et la logique se trouvent indissolublement liés : il faut absolument que l'objet soit vraisemblable (du point de vue de sa taille, de son utilité dans un voyage interplanétaire) ; il faut aussi qu'il soit intéressant quant aux transformations futures qu'il va entraîner sur la planète, transformations qui doivent découler de façon cohérente de la forme de l'objet choisi et de son aspect.

• **On lit, en partie ou en entier, une histoire à structure répétitive,** et on demande aux enfants d'inventer **un épisode supplémentaire**.
Le roman de Christian Grenier, *Le Secret des mangeurs d'étoiles*[1], raconte le voyage de Sylvain et d'Orlone sur un certain nombre de planètes, toutes plus cocasses et insolites les unes que les autres. On peut faire imaginer une planète supplémentaire : paysage (formes, couleurs...), habitants (fort différents de nous), mentalités, lois, habitudes...

C'est à cette occasion que l'enfant pourra réinvestir les images et les idées emmagasinées au cours de ses lectures. Il faudra l'y inviter de façon explicite.

■ À partir d'une structure type

On utilisera un canevas simplifié du schéma narratif et du schéma actantiel.

– On se donne un héros (ou une héroïne),

– celui-ci (ou celle-ci) veut ou doit faire quelque chose,

– quelqu'un l'en empêche,

– quelqu'un l'aide,

– il (ou elle) réussit.

Il est possible de corser l'affaire en faisant jouer le hasard :

– chaque élément est tiré au sort ;

– ou bien, les élèves travaillant en groupes, chacun d'eux choisit dans sa tête un élément, sans connaître le choix de ses camarades.

De nombreux matériels pédagogiques (jeux de cartes, jeux de tarots pour le conte, etc.) fonctionnent sur ce principe. On peut les adapter à tous les types de récits.

1. *Ma première Amitié*, éditions de l'Amitié (p. 230).

Flora, l'inconnue de l'espace

L'extrait suivant de *Flora l'inconnue de l'espace*, de Pierre-Marie Beaude, constitue un texte-amorce possible.
L'histoire se passe en 2100. Jonathan Silésius veut passer des vacances dans l'espace. Il vient de quitter Uma, station lunaire envahie par les touristes.

Flora l'inconnue de l'espace

Le Trap ne présentait aucune difficulté spéciale de pilotage. Avant le départ, l'ordinateur s'était présenté :

– Monsieur Silésius, soyez le bienvenu. Je me présente : Double Zéro. C'est ainsi que l'on m'a baptisé, non sans humour comme vous pouvez le constater. Si ce nom ne vous convient pas, je ne vois pas d'inconvénient à ce que vous le changiez. À titre informatif, sachez que l'on m'en a déjà attribué quarante et un depuis ma naissance. Désirez-vous les connaître ?

– Nullement, dit Jonathan qui n'avait pas envie d'entendre une litanie. Double Zéro te va fort bien.

Après ces brèves présentations, ils avaient décollé. Maintenant Jonathan se trouvait loin d'Uma. Il avait donné pour consigne à Double Zéro d'aller au hasard et se laissait guider, satisfait de se savoir quelque part dans l'espace, seul. À travers le hublot qui lui faisait face, il découvrait l'immensité sombre, trouée bizarrement de plages plus lumineuses. Il se revit roulant le matin même dans la forêt, et l'image fugitive du renard lui revint à l'esprit : où pouvait-il bien se trouver à cette heure ?

Jonathan se sentait enfin d'humeur paisible. Il mit de la musique. Six haut-parleurs puissants crachèrent bientôt ses rythmes favoris. Longtemps il écouta. Son vaisseau traçait des chemins inconnus et sa musique apprivoisait le silence.

Il dormit une bonne dizaine d'heures. À son réveil, Double Zéro l'informa que tout allait bien à bord. La planète la plus proche était Mars qui demeurait toutefois à distance respectable ; mais le vaisseau s'apprêtait à croiser Aster 5030, un astéroïde d'accès aisé. Jonathan donna l'ordre de s'y poser. Une heure plus tard, il avait revêtu son scaphandre de sortie et il entreprenait, sur son scooter, sa première excursion.

Le ciel au-dessus de lui était jaune. Des montagnes orangées barraient l'horizon. Un charme singulier émanait de ce paysage de poussière où rien, pas une fleur, pas un arbuste ne poussait. Il descendit de scooter, s'assit contre un rocher. La poussière soulevée dans le sillage de l'engin flottait encore. C'était le seul élément qui bougeait sur cette Terre inutile. Pour la première fois depuis le début du voyage, il se sentit loin, très loin.

1

Il s'apprêtait à repartir quand un bruit retentit, une sorte de cliquetis métallique, semblable à celui qu'aurait fait en marchant un homme revêtu d'une armure.

P.-M. Beaude – Flora l'inconnue de l'espace, «Castor Poche» Flammarion.

2

Il faut faire lire et analyser le texte avec un double objectif :

- *Où l'histoire se passe-t-elle ?*
- *À quelle époque ?*
- Qui sont les personnages ?
- *Qu'est-ce qu'un Trap ? (Dessine-le comme tu l'imagines.)*
- *Pourquoi est-ce une histoire de science-fiction ?*
- *Où se trouve Jonathan à la fin du texte et que se passe-t-il ?*

Cibler les questions auxquelles la suite du texte devra répondre, tout en gardant les éléments de départ :

- *D'où vient ce bruit étrange ?*
- *S'agit-il de quelque chose d'hostile ou d'amical ?*
- *Que va devoir faire Jonathan ? Se défendre, s'enfuir, discuter, découvrir quelque chose d'extraordinaire, etc.*

À partir de mots inducteurs

• **Proposer un titre à la fois mystérieux et évocateur** et demander d'inventer une histoire qui pourrait lui correspondre. Par exemple : *Le Secret des mangeurs d'étoiles*; *Les Cascadeurs du temps*; *Sabotage sur la planète rouge*[1]. À la fin, lire ou raconter la véritable histoire.

• **Proposer trois ou quatre mots désignant des éléments qui devront obligatoirement apparaître dans l'histoire**. À l'enfant d'inventer sa propre cohérence. Par exemple : *une petite fille, un vaisseau spatial, un pistolet laser, une planète où il n'y a pas d'eau.*

À partir d'une ou de plusieurs images

Dessin, photographie, illustration d'album ou de livre, affiche, publicité... L'image doit être suffisamment riche ou évocatrice pour induire une histoire. La démarche générale que nous avons décrite plus haut reste ici valable : d'abord lecture fine et analyse du document, ensuite préparation de la *matière* du récit.

1. Ces titres sont des romans de chez Grenier.

Élaborer le texte du récit

Quand on s'attache à transformer un récit en bande dessinée, on s'aperçoit très vite qu'il s'agit d'un texte hétérogène composé d'éléments assez différents.

• **La partie purement narrative** : elle assure la continuité causale et chronologique en racontant la succession des événements. C'est ce qui fait avancer l'action. Dans la bande dessinée, cette composante du texte se traduit par l'ordre et l'organisation des images, soulignés par le texte de liaison inséré parfois dans les cartouches en haut de certaines vignettes.

• **Les descriptions et les portraits** : présentation des personnages et des lieux que la bande dessinée peut transcrire plus ou moins fidèlement par le dessin.

• **Les dialogues entre les personnages**, qui se transforment en bulles. Notons que le dialogue, loin d'être un simple ornement, joue souvent un rôle moteur et, lui aussi, fait avancer l'action.

■ Une progression pour un Cycle

On voit ainsi comment, à partir du canevas que constitue le schéma narratif, l'élaboration d'un récit représente une tâche complexe et requiert des compétences linguistiques variées. L'apprentissage en est forcément progressif et devrait se dérouler sur l'ensemble de la scolarité élémentaire.

Il peut, par exemple, faire l'objet d'un travail commun au sein d'une équipe de cycle où la continuité serait assurée :

– d'abord intégrer le schéma narratif canonique ;

– donner ensuite aux enfants la possibilité d'enrichir leur récit en *dilatant* certains épisodes, en introduisant des portraits, en développant les passages descriptifs ou en prévoyant des passages dialogués.

– jouer, enfin, si cela est possible avec quelques enfants, au CM2, sur le décalage que l'on peut introduire entre l'**histoire** (la matérialité des faits) et le **récit** (la façon de rappeler ces faits) par deux procédés principaux : le bouleversement de la chronologie, le flash-back par exemple (*L'Oubli*, de Jacques Sternberg, p. 100 ; le point de vue du récit, c'est-à-dire le choix du narrateur.)

■ ... pour définir le narrateur

L'histoire peut être racontée par un narrateur extérieur et anonyme qui sait tout et qui voit tout (ou presque tout). C'est le cas du roman de Christian Grenier (p. 226 à 231). Le récit est alors obligatoirement à la troisième personne.

L'histoire peut aussi être vue par le regard d'un personnage (vision interne), en fonction de ce que celui-ci sait ou ne sait pas, à tel moment ou à tel autre. Ce point de vue est explicite dans le cas des récits à la première personne, il est implicite quand la troisième personne est malgré tout employée (par exemple dans *L'oubli*, de Jacques Sternberg, p. 100). La vision interne est favorable à la création du suspense.

■ ... et la chronologie

On pourra entraîner certains enfants qui maîtrisent bien l'écriture du récit, à travailler la chronologie du texte ou à changer de point de vue, en commençant par des textes déjà écrits et en continuant par leur propre texte. Par exemple : réécrire *Le Désert*, de Jacques Sternberg, du point de vue des extra-terrestres (p. 234).

La fiche ci-dessous tente de rassembler de façon succincte tous les ingrédients nécessaires à la confection d'un récit : il synthétise les différents aspects que revêt le travail d'invention et d'écriture. Il propose un ensemble d'activités articulées autour d'un projet : apprendre à faire un portrait, apprendre à composer une description, apprendre à construire un dialogue... L'enseignant choisit les priorités en fonction du niveau et de la maturité de ses élèves. Il donne la trame d'une grille d'évaluation à l'usage des enfants et construite par eux au fur et à mesure des lectures et des activités préparatoires. Cette grille d'évaluation est un outil de relecture et d'amélioration du texte.

Fiche 83

L'élaboration d'un récit

La matière du récit

– En quoi l'histoire consiste-t-elle? Comment commence-t-elle? Comment se termine-t-elle? Où se passe-t-elle (les lieux)? Les personnages : leur nom, leur rôle dans l'histoire.

La mise en texte

– La narration proprement dite, la chronologie, le point de vue. La présentation des personnages : portraits. La présentation des lieux : descriptions. Les dialogues.

La mise en mots : compétences linguistiques nécessaires à l'écriture d'un récit

– Le système des temps, ou plutôt les systèmes de temps, selon qu'il s'agit de passages narratifs, descriptifs ou de dialogues. Les indicateurs de temps : l'ensemble des mots permettant l'expression de l'antériorité, la simultanéité, la postériorité, la succession. Les connecteurs logiques.

La (les) manière(s) de désigner les personnages

– Les pronoms substituts ; les synonymies

La ponctuation du dialogue

Relire et améliorer un récit

À travers l'analyse d'un texte d'enfant, nous allons essayer de cerner plus précisément quelles sont les principales difficultés rencontrées par les élèves et comment on peut les aider à les surmonter.

Voici quel était le canevas proposé : *Des êtres venus d'ailleurs, et très différents de nous, débarquent sur notre planète. Ils rencontrent des Terriens, sans trop comprendre qui ils sont et ce qu'ils font, puis repartent chez eux.*

L'aventure

Je vais vous conter comment un Moussilien devint fermier.
Tout à coup, je tombai dans une cour, je me relevai et je regardai autour de moi. Soudain ma super équerre détecta un bruit étrange. J'allais voir. Une grosse boîte rouge, quatre grosses roues noires, faisait du bruit, dans laquelle une grande bête furieuse d'une grande taille était assise. À côté de cette grande boîte, je vis aussi des tire-bouchons roses, et des pétales de rosiers groupés sur une boule qui avançait sur deux bâtons fourchus. L'animal ne ressemblait pas du tout à la population de ma planète. Je m'enfuis vers une grande maison où il y avait une grande forme assise qui fumait une pipe près du feu. J'ouvris la porte, je m'assis à côté de lui, je parlais de mon enfance, il ne comprenait pas alors je lui parlai avec des gestes, j'essayai de lui faire comprendre que je n'étais pas méchant. Je lui demandai qui était cette grosse bête assise dans une grosse boîte rouge avec des roues noires. Il me répondit « que c'était un agriculteur ». Nous finîmes par nous comprendre et nous devînmes amis. Je labourais mon champ quand je vis un monstre s'approcher. Il s'enfuit vers la ferme de mon patron qui était en train de dormir près d'un feu, il ouvrit la porte et lui parla. Mon patron d'abord effrayé sauta de son fauteuil. Le E.T. faisait des gestes désordonnés. Mon patron se calma et essaya de le comprendre. Je raconte comment ils deviennent amis et comment il revient sur sa planète.
– Ils se racontent leur vie, le terrien lui demanda s'il pouvait l'emmener sur sa planète, le E.T. répondit : oui nous partirons demain grâce à un tapis volant que j'ai loué.

Stéphanie
CM2

La *matière du récit* est intéressante et conforme au schéma imposé. L'élève a bien compris le jeu du point de vue narratif et le parti qu'il fallait en tirer : le Moussilien décrit ce qu'il découvre à l'état brut et sans comprendre. L'évocation du tracteur est réussie, la suite est moins claire, mais la convention littéraire est bien intégrée.

Le récit démarre bien et se clôt comme prévu par le départ de l'extraterrestre. En revanche, le changement de point de vue (*je labourais mon champ...*) n'est pas signalé explicitement au lecteur et reste ambigu. D'autre part le tapis volant s'inscrit davantage dans un conte que dans une histoire de science-fiction.

Pris dans le feu de l'action, les élèves ont du mal à prendre conscience de ces défauts. Emportés par leur histoire et absorbés par les tâches multiples qui se présentent en même temps (inventer, enchaîner les phrases les unes aux autres, écrire les mots...), il leur est difficile de prendre du recul.

Aider les élèves à prendre du recul

– Laisser passer un peu de temps entre le premier jet et la première relecture.
– Faire lire le texte à haute voix. Quand on entend (ou que l'on s'entend) lire un texte, les problèmes textuels et syntaxiques ressortent beaucoup plus clairement.
– Mettre les enfants par deux et leur demander de se lire mutuellement leur histoire.
Tous ces procédés sont susceptibles de créer la distanciation nécessaire à l'amélioration du texte.

Mieux exploiter les qualités du récit

Du point de vue de la **mise en texte**, il faudrait inciter l'auteur de *l'Aventure* :

– à faire des paragraphes ;
– à introduire des dialogues. La conversation du narrateur avec la grande forme assise s'y prête particulièrement bien : passage du style indirect au style direct, avec les retombées grammaticales et orthographiques que cela implique ;
– à enrichir le texte, justement au moment de cette conversation. L'élève évoque assez bien la rencontre du Terrien et de l'extraterrestre : les détails *réalistes* (le fermier fume sa pipe, le narrateur s'assied près de lui à la porte de la maison...), les difficultés de la communication et les manifestations d'amitié (*je lui parlai de mon enfance, j'essayai de lui faire comprendre que je n'étais pas méchant*). Il y a là une amorce intéressante que l'enfant pourrait exploiter davantage. On pourrait, en effet, imaginer qu'à ce moment-là, le visiteur se mette à décrire sa planète (ses couleurs, son relief, sa végétation, la façon de vivre de ses habitants...) et que son interlocuteur lui pose des questions...

Un tel ajout, cependant, ne doit pas être trop long : le récit risquerait alors de s'égarer ou de s'enliser. Il y a, en effet, un subtil équilibre à tenir entre le centrage sur le fil conducteur d'une part, et le développement des moments intermédiaires d'autre part.

Beaucoup de choses positives, enfin, dans la **mise en mots**. Le vocabulaire est assez varié, notamment quand il s'agit de désigner et de décrire un personnage. Il faudrait cependant amener l'enfant à diversifier son choix d'adjectifs qualificatifs, de manière à éviter la fréquente répétition de *grande* et de *grosse* : recherche de synonymes ou d'équivalents pour le contexte, modification des formulations.

Travailler l'emploi des temps

Le système des temps du récit est ici bien intégré (c'est loin d'être toujours le cas) : dans la première partie du texte, l'alternance juste du passé simple et de l'imparfait suffit à exprimer clairement la progression du récit.

Cependant la fin du texte (à partir de *Je labourais mon champ...*) manque d'indicateurs temporels. Il faudrait donc rechercher les marqueurs de temps qui permettraient de mieux situer les actions les unes par rapport aux autres : *quelque temps plus tard, en le voyant, cependant, alors, ensuite, enfin, etc.*

Bien utiliser les mots de liaison

On touche ici à ce qui est, avec l'emploi juste des temps, un problème majeur pour la plupart des enfants : les liens logiques et chronologiques permettant des enchaînements satisfaisants à l'intérieur des phrases, et aussi d'une phrase à une autre.

Ou bien ces mots de liaison sont absents (nous l'avons vu plus haut), ou bien, comme dans le texte qui suit, on observe l'emploi exclusif de *puis, et puis, alors,* et *mais*, rarement utilisé avec sa véritable valeur d'opposition.

« *Séverine et David jouent tous les deux dans la forêt à côté de la maison de Séverine puis ils entendent un gros bruit ils se dirigent vers lui et ils voient une boule en métal et la boule s'ouvre puis il en sort un animal bizarre une boule avec plein de poils, autour de la boule il y a plein de tentacules et Séverine le prend dans les bras et ça lui brûle elle le lâche puis David lui chatouille le nez et ça lui fait la même chose. Mais Séverine a une idée.* »

Fiche d'évaluation à l'usage des enfants

Fiche 84

Vérifie que :

1. Tu présentes les personnages au début de l'histoire.
2. Tu annonces bien le *sujet* de l'histoire.
3. Tu termines l'histoire.
4. Tu indiques le(s) lieu(x) où l'histoire se passe.
5. Tu indiques l'époque où l'histoire se passe.
6. Tu décris le(s) lieu(x).
7. Tu fais parler les personnages.
8. Tu emploies les temps demandés.
9. Tu as supprimé les répétitions.
10. Tu as varié les mots de liaison.

Expression écrite, grammaire et vocabulaire

Expression écrite et grammaire : les temps du récit

«Il était une fois une petite fille qui se promenait dans la forêt, elle marche dix minutes et soudain elle vit une voiture avec huit pattes, une bouche et des yeux; elle avait une bouche pour manger les êtres humains, des yeux pour tuer, ses huit pattes pour mieux attraper ses victimes.» (Noémie)

Ce court texte est caractéristique des *décrochages temporels* que l'on observe couramment dans la majorité des textes d'enfants, du moins lors du premier jet. Les causes en sont multiples. **L'alternance des temps du récit** est spécifique de l'écrit : l'imprégnation joue donc beaucoup moins que pour le système du discours, qui est celui de la langue orale et que l'enfant intègre très tôt dès qu'il apprend à parler. **La morphologie du passé simple** est difficile, non pas parce que les formes sont plus complexes (surtout à la troisième personne), mais parce qu'elles ne sont jamais employées à l'oral. Enfin, on peut raconter une histoire au **passé simple**, mais aussi au **passé composé** (récit familier), et même au **présent** (présent de narration). On le voit dans la nouvelle de Christian Poslaniec (p. 2), par exemple, où ce présent crée un *effet de réel* évident.

On peut comprendre donc, que les enfants aient du mal à maintenir jusqu'au bout de leur texte un système de temps cohérent et qu'ils aient tendance à mélanger les trois possibilités qui leur sont théoriquement offertes.

On peut les aider à mettre un peu d'ordre dans ces phénomènes en faisant de la conjugaison *active* à partir de quelques exercices qui doivent accompagner l'élaboration du récit et être explicitement liés par l'enseignant au travail d'écriture en cours (voir fiche 85, page 247).

Science-fiction et néologismes pour l'expression écrite et le vocabulaire

La science-fiction invente des objets et des concepts nouveaux. Le temps d'une nouvelle ou d'un roman, elle invente donc aussi des mots nouveaux. Parallèlement, la recherche scientifique, les découvertes technologiques et l'évolution de la société enrichissent notre lexique de néologismes qui, eux, sont destinés à passer dans le langage courant.

Le phénomène intéresse d'ailleurs le grand public, puisque, chaque année à l'automne, la presse, la radio et la télévision annoncent les nouveaux arrivants dans le dictionnaire.

L'entrée dans ce dictionnaire n'est pas un label, la seule *onction* officielle ne pouvant venir que de l'Académie Française. Elle constitue cependant une indication intéressante sur l'évolution du français contemporain, même si l'usage des locuteurs précède de beaucoup une reconnaissance officieuse ou officielle.

On peut donc, à l'occasion d'un travail sur la science-fiction, introduire assez naturellement une étude de cet aspect vivant et actuel de notre vocabulaire.

Reconnaître et utiliser les mots de liaison

Fiche 85

La reconnaissance et l'utilisation des mots de liaison doivent faire l'objet d'un apprentissage spécifique.

Recherche, dans les textes narratifs, d'un grand nombre de mots et groupes de mots indicateurs de temps : *avant, après, maintenant, longtemps, enfin, une heure plus tard, pour la première fois, un jour, pendant quelque temps, quelque temps après, ensuite, pendant que, dès que...*

On explique collectivement le sens de ces mots et expressions et on essaie ensuite de les classer en fonction de leur sens : antériorité, postériorité, simultanéité, succession, durée, etc.

On aboutit à une liste ordonnée qui, sous forme d'affiche ou de fiche individuelle, servira d'outil et de référence quand les enfants devront travailler cet aspect de leurs textes.

Même type de recherche et même démarche avec les mots et expressions qui indiquent l'opposition (*mais, pourtant, cependant, malgré cela...*), **la cause, la conséquence...**

On voit ici comment la grammaire intervient en jouant pleinement son rôle : elle répond à des problèmes précis d'écriture, elle aide l'enfant à nuancer et diversifier son expression.

Travailler sur les temps

Fiche 86

Exercices d'imprégnation (grammaire implicite)

1. Rétablir la cohérence du système temporel dans un texte d'enfant qui s'y prête. Utiliser, de préférence, des textes des années précédentes, pour ne pas froisser les susceptibilités. Travail de groupes, suivi d'une discussion et d'une mise au point collective.

2. Réécrire un texte au présent de narration en utilisant le système du récit : passé simple, imparfait, plus-que-parfait.

3. Test de closure sur les verbes d'un texte. Le texte est donné avec des blancs à la place des formes verbales. L'enfant dispose de la liste des verbes du texte à l'infinitif.

4. Transformation : discours —> récit.

Faire écrire aux élèves un court texte bien ancré dans le présent, par exemple un texte qui raconte le début de la journée. Leur demander

Fiche 86

ensuite de le réécrire comme s'il s'agissait d'un roman à la troisième personne. Observer tous les changements.

Aujourd'hui, c'est mardi. J'ai eu classe toute la matinée et j'ai trouvé cela bien fatigant, car, hier aussi, la journée a été rude. Heureusement, ce soir, je retourne au judo pour me détendre.

Ce jour-là, c'était mardi. Il (elle) avait eu classe toute la journée et il (elle) avait trouvé cela bien fatigant, car, la veille aussi, la journée avait été rude. Heureusement, ce soir-là (le soir), il (elle) retourna au judo pour se détendre.

Exercices d'analyse

5. Sur un texte d'auteur, relever les temps employés dans le récit proprement dit d'une part, et dans les dialogues d'autre part.

6. Expliquer les valeurs respectives des trois temps fondamentaux du récit (passé simple, imparfait, plus-que-parfait). C'est un système complexe, en cours d'acquisition.

Fiche 87

Les temps du récit et leurs valeurs respectives

«Après ces brèves présentations, ils avaient décollé. Maintenant Jonathan se trouvait loin d'Uma. Il ***avait donné*** *(1) pour consigne à Double Zéro d'aller au hasard et se laissait guider, satisfait de se savoir quelque part dans l'espace, seul. À travers le hublot qui lui faisait face, il découvrait l'immensité sombre, trouée bizarrement de plages plus lumineuses. Il se revit roulant le matin même dans la forêt, et l'image fugitive du renard lui revint à l'esprit : où pouvait-il bien se trouver à cette heure?*

Jonathan ***se sentait*** *(2) enfin d'humeur paisible. Il* ***mit*** *(3) de la musique. Six haut-parleurs puissants crachèrent bientôt ses rythmes favoris. Longtemps* ***il écouta*** *(4). Son vaisseau traçait des chemins inconnus et sa musique apprivoisait le silence.*

Il dormit une bonne dizaine d'heures. À son réveil, Double Zéro l'informa que tout allait bien à bord. La planète la plus proche était Mars qui demeurait toutefois à distance respectable; mais le vaisseau s'apprêtait à croiser Aster 5030, un astéroïde d'accès aisé. Jonathan donna l'ordre de s'y poser. Une heure plus tard, il avait revêtu son scaphandre de sortie et il entreprenait, sur son scooter, sa première excursion.

Le ciel au-dessus de lui ***était*** *(5) jaune. Des montagnes orangées barraient l'horizon. Un charme singulier émanait de ce paysage de poussière où rien, pas une fleur, pas un arbuste ne poussait. Il descendit*

1

Fiche 87

de scooter, s'assit contre un rocher. La poussière soulevée dans le sillage de l'engin flottait encore. C'était le seul élément qui bougeait sur cette Terre inutile. Pour la première fois depuis le début du voyage, il se sentit loin, très loin.

Il ***s'apprêtait***(6) *à repartir quand un bruit* ***retentit*** (7), *une sorte de cliquetis métallique, semblable à celui qu'aurait fait en marchant un homme revêtu d'une armure.* »

Texte tiré de Pierre-Marie Beaude, *Flora l'inconnue de l'espace*, « Castor Poche », Flammarion.

2

1. Plus-que-parfait : événements *antérieurs* au moment où se situent les faits principaux du récit.
2. Imparfait : événements *de second plan* présentés dans leur *aspect duratif* (ici, l'état d'esprit du personnage).
3. Passé simple : événements *de premier plan*, suite des actions qui font avancer le récit.
4. Passé simple : le passé simple peut exprimer des actions longues. Mais ces actions, quelle que soit leur durée, sont présentées comme des *faits ponctuels*.
5. Imparfait : événements de *second plan* (ici, la description du paysage).
6. Imparfait : événements de *second plan* (ici, fait secondaire par rapport au fait principal qui vient ensuite, circonstances de l'action).
7. Passé simple : *fait principal* mis en relief.

Travailler les trois temps fondamentaux

Fiche 88

On pourra cependant aider les enfants à approcher le système représenté par les trois temps fondamentaux à travers les questions et les activités suivantes :

1. Relever les passages qui décrivent quelque chose. Quel est le temps employé ?

2. Choisir un court passage où les trois temps sont représentés et demander d'ordonner les différentes actions sur l'axe du temps.

3. Essayer, sur un bref extrait, de changer systématiquement les temps. Observer ce qui se passe. Le changement de temps est le plus souvent impossible. Mais il est parfois possible. Dans ce cas, expliquer la différence de sens.

«Jonathan se sentit enfin d'humeur paisible. Il mettait de la musique. Six haut-parleurs puissants crachaient bientôt ses rythmes favoris. Longtemps il écoutait. Son vaisseau traça des chemins inconnus et sa musique apprivoisa le silence.»

Se sentit, traça, apprivoisa : la transformation est possible, mais les actions exprimées deviennent des événements de premier plan. La perspective du récit est changé.

Mettait, crachaient, écoutait : impossible, car l'imparfait exprimerait alors une habitude, ce qui est impossible dans le contexte.

Fiche 89

Vocabulaire : les néologismes

Voici, à grands traits, le schéma d'une démarche possible.

1. Point de départ : lecture d'un texte de science-fiction contenant plusieurs mots inventés, par exemple la nouvelle de Christian Poslaniec (cf. p. 234-235) et le chapitre de Christian Grenier (cf. p. 226-231).

– on relève les mots ;

– on essaie de leur donner un sens et on réfléchit en même temps sur la façon dont on s'y prend. S'appuie-t-on sur le contexte ? sur la forme du mot ? sa construction ? sa ressemblance avec un mot connu et reconnu ?

On s'aperçoit, en effet – sauf volonté expresse de sortir un mot totalement farfelu, hors norme et ne ressemblant à rien, et cela arrive – que l'invention des mots tient compte de structures lexicales particulières à notre langue.

Ainsi :

– *déjeunir et krambuse* ressemblent beaucoup à des mots répertoriés ;

– *déjeunoir, couchimose et créascope* utilisent des suffixes connus ;

– *ascenchelle* est un mot-valise (*ascenseur* + *échelle*);

– dans *bouzibulle* et *courgémir*, on entend d'autres mots évocateurs (*bulle*, *gémir*).

Ce système de ressemblances, de références et d'échos est indispensable si l'on veut comprendre les mots, donc comprendre le texte.

2. Cette sensibilisation étant faite, chaque élève essaie de rapporter au moins deux ou trois mots de ce type. Les autres élèves essaient de deviner de quoi il s'agit. Exemple :

– Qu'est-ce qu'un *Trap* (cf. p. 239)?

– Qu'est-ce qu'une *transférante*, une *imaginothèque*? (Michel Cosem, – *Alpha de la Licorne*, La Farandole).

3. À partir de la liste établie à l'étape précédente, et en fonction de l'histoire de science-fiction qu'ils vont écrire, les enfants inventent eux aussi des mots pour désigner des personnages, des objets, des lieux...

L'activité n'est pas gratuite : c'est le moment où ils vont enrichir leur expression écrite et la *matière* de leur récit.

4. Passage à l'observation des mots nouveaux du langage courant : inciter les élèves à faire la *chasse aux mots*, pour, ensuite, les observer et les classer.

L'objectif est double :

– faire prendre conscience que des mots nouveaux apparaissent de façon continue dans la langue. On a d'ailleurs du mal, parfois, à leur faire reconnaître ces mots ;

– par ce biais, approcher quelques modes de structuration du vocabulaire français.

Par exemple :

– la suffixation : jardin*erie*, moné*tique*, ludo*thèque*, budgéti*vore*;

– le glissement de sens par analogie et métaphore : *une soucoupe, un satellite, une puce, un canal, un vaisseau,*

– les mots-valises : *télématique* (télévision + informatique);

– le nom de la marque qui devient le mot générique, sur le modèle de *frigidaire*.

Quelques livres de science-fiction pour le Cycle 3

I. Asimov, Isaac, L'invité du ciel, « Folio Cadet », Gallimard.
P.-M. Beaude, Flora l'inconnue de l'espace, « Castor Poche », Flammarion.
M. Cosem, Alpha de la Licorne, La Farandole.
Ch. Grenier, Le secret des mangeurs d'étoiles, Éd. de l'Amitié, GT Rageot.
Ch. Grenier, Sabotage sur la planète rouge, Éd. de l'Amitié, GT Rageot.
Ch. Grenier, Les cascadeurs du temps, Magnard.
J. Held, Le Navire d'Ika, La Farandole.
Cl. et J.Held, Expédition imprévue sur la planète Érâs, « Aux quatre coins du temps », Bordas.

Trois recueils de nouvelles, « Folio Junior Science-Fiction » :
– Dans la comète et autres récits du cosmos.
– Le brouillard du 26 octobre et autres récits sur la préhistoire
– L'habitant des étoiles et autres récits sur les extra-terrestres.

La bande dessinée au Cycle 3

Une activité riche

La bande dessinée plaît aux enfants parce qu'ils peuvent lire aussi bien le texte que les images, parce qu'elle allie l'invention et l'humour. L'acte de lecture est complet puisqu'il s'exerce sur un ensemble texte-image.

Comme dans toute pédagogie du projet, les activités proposées vont susciter de nombreuses activités langagières : échanges pour décider de la façon dont on va s'y prendre pour fabriquer une BD, pour commenter une BD, pour la décrire... Le maître sera exigeant quant aux échanges de points de vue, quant à la qualité des arguments et à leur logique.

■ Pour la lecture

La planche de BD sera le support de nombreuses activités de lecture qui permettront d'améliorer les compétences des lecteurs : affiner les prises d'indices pour remettre des images dans l'ordre ou pour trouver les bulles manquantes, prélever des informations ponctuelles mais aussi (et surtout) traiter les informations implicites...

Au Cycle 3, on pourra demander aux enfants de résumer une BD, d'analyser la structure de l'histoire, d'expliquer en quoi consiste l'humour et même de la présenter sous forme de saynète.

Ce support se prête bien en outre à une **lecture oralisée intelligente**, non pour vérifier la capacité à lire (en aucun cas, on ne peut dire qu'un enfant sait lire uniquement parce qu'il oralise bien : on peut lire à voix haute sans comprendre ce que l'on dit), mais pour entraîner les enfants à la dimension dramaturgique de la lecture dans un souci de communication aux autres. Lire pour communiquer quelque chose à autrui et lire avec une bonne intonation forment les deux éléments constitutifs de la lecture à voix haute.

Fiche 90

Projet d'enseignement

LA BANDE DESSINÉE

Histoire
Cycle 2
- Mettre en ordre une série d'étapes chronologiques
- Reconnaître les principales sources d'information

Cycle 3
- Utiliser différentes sources historiques et les comparer dans une esprit critique

Langage oral
Cycle 2 et 3
- Organiser logiquement son propos
- Pour qui ?

Lecture
Cycles 2 et 3
- Donner, après lecture des renseignements ponctuels sur le texte
- Résumer
- Identifier les personnages.
- Repérer les indices morpho-syntaxiques

Cycle 3
- Exprimer l'image ou l'idée qu'évoque le texte
- Lire à haute voix

Arts plastiques
CYCLE 2
- Considérer les objets, les images comme des matériaux d'expression

Cycle 3
- Jouer avec les formes, les couleurs, les matières, les images
- Adapter une technique
- Découvrir des procédés

Production d'écrits
Cycle 2
- Bulles d'une BD

Cycle 3
- Création d'une BD

Vocabulaire
Cycle 2
- Distinguer selon le contexte, le sens particulier d'un mot

Cycle 3
- Mémoriser et réutiliser un vocable précis du thème

Construction de la personnalité
Cycle 2
- Développer l'autonomie
- S'adapter à la situation
- Coopérer

Méthodes de travail
Cycles 2-3
- Mener un travail à son terme
- Appliquer le consignes.
- Remettre un travail présenté avec soin et rigueur

Orthographe
Cycle 2
- Copier un texte sans erreur

Cycle 3
- Maîtriser les règles d'accord
- Coopérer

Grammaire
Cycle 2
- Reconnaître et utiliser l'impératif, l'indicatif (présent + passé composé)

Cycle 3
- Identifier et écrire différents types de phrases

Fiche 91

Activités des enfants

LA BANDE DESSINÉE

Méthodes de travail
- Mener son travail à terme
- Accomplir une tâche donnée
- Travailler avec soin

Langage oral
- Échanger des points de vue
- Participer à une maquette
- Présenter une BD

Lecture
- Remettre dans l'ordre une BD
- Justifier ses prises d'indices
- Insérer des bulles
- Lire avec expression (à voix haute)

Histoire
- Utiliser l'histoire en BD
- Puzzle

Arts plastiques
- Travail sur le dessin et la couleur
- Enchaînement des vignettes (stabilité du décor et des personnages)

Production d'écrits
- Produire des dialogues
- Inventer une histoire
- Faire un scénario

Vocabulaire
- Savoir utiliser les termes spécifiques à la BD
- Expliquer et produire des onomatopées

Construction de la personnalité
- Participer à l'élaboration du projet
- Prendre la parole
- Discuter, argumenter
- Écouter les autres

Grammaire
- Utiliser à bon escient les différents types de phrases et les différents temps de la conjugaison

Orthographe
- Respecter les principaux accords

La lecture d'une BD suppose une reconstitution de l'espace et du temps compris entre les vignettes, puisque la BD pratique l'ellipse et que tous les moments de l'action ne sont pas représentés.

■ Pour le récit et le dialogue

Fabriquer une BD va demander aux enfants un effort d'analyse pour répartir ce qui a trait au dialogue d'une part et ce qui concerne le décor, l'image d'autre part. Pour les plus jeunes, on se servira d'une histoire connue, tel un conte, que l'on mettra en BD en créant uniquement les dialogues. Pour les plus grands, on peut, si on dispose de temps, inventer aussi l'histoire. Dans ce cas, les enfants seront peu ou prou initiés au genre narratif et devront séparer ce qui revient au narrateur et ce qui est propos échangés par les personnages. La production de dialogues est une source inépuisable de travaux et réflexion sur la langue. En effet, on peut aborder à cette occasion :

– les *types de phrases* et leur utilisation en fonction des intentions de communication des personnages ;

– le grand domaine des *pronoms personnels* et de leur emploi ;

– les *indicateurs spatio-temporels* dont les personnages se servent souvent ;

– le domaine du *verbe* avec le système temporel dans le discours qui n'est pas du tout celui du récit, en y insérant l'apprentissage de la *conjugaison* des temps du discours ;

– toute forme écrite permet d'inciter les enfants à élargir et préciser leur *vocabulaire*, à respecter les règles d'*accords orthographiques*.

■ Pour le travail pluridisciplinaire

En dehors du français, d'autres disciplines participent à ce projet. En particulier les arts plastiques puisqu'il faudra dessiner des planches, faire des fonds, des décors, insérer des personnages... donc utiliser des techniques et des matériaux divers. La BD est très utilisée en histoire (*Astérix*). On pourra en vérifier les informations et aller à la recherche des anachronismes. Tout travail de remise en ordre de vignettes fait travailler également la chronologie. De plus, ce projet aide à la construction de la personnalité de l'enfant dans la mesure où celui-ci doit participer à une décision collective, trouver sa place, s'adapter à diverses situations, coopérer avec d'autres ; il apprend aussi l'effort et le soin puisqu'une BD, pour être lisible, doit être présentable et achevée.

Une BD pour quoi faire ?

Les enfants ont besoin de donner un sens à leurs activités scolaires. Le maître, pour lancer le projet, saisira toutes les opportunités qui permettront d'avoir d'authentiques destinataires :

– histoire à raconter aux correspondants ou à une autre classe ;

– notice explicative qui prendra la forme d'une BD ;

– coopération entre deux classes ou deux groupes (les uns font les dessins, les autres les bulles) ;

– participation à un concours pour gagner un prix (émission Thalassa, festival d'Angoulême...) ;

– financement d'un voyage, d'une sortie ;

– responsabilité d'une page dans le journal scolaire.

Tri de texte

On présente aux enfants différents écrits, en particulier ceux qui utilisent l'image (recettes, affiches, textes documentaires ... et BD) pour qu'ils trouvent les caractéristiques de la BD par opposition aux autres écrits : c'est un récit mais raconté en images qui occupent de petites cases de tailles différentes (vignettes) ; l'histoire peut être complète et achevée sur une seule feuille (planche) ou sur plusieurs ; les paroles des personnages apparaissent dans des bulles ; les cartouches permettent des liaisons narratives.

Fiche 92

Être capable de distinguer une BD d'autres écrits

• **Objectifs :**
– être capable de distinguer une BD d'autres écrits,
– être capable de trouver les principales caractéristiques de la BD.

• **Matériel :**
– par groupe : une BD, une affiche, une recette, un album ;
– une grande feuille de papier par groupe ;

• **Niveau :** Cycle 2 et Cycle 3 (les caractéristiques trouvées seront plus nombreuses et plus fines à mesure que les enfants seront plus âgés).

• **Déroulement**
– *Première phase* : répartir les enfants en groupes hétérogènes ; donner la consigne oralement et l'écrire au tableau : *Comparer les différents écrits. Sur la grande feuille, noter tous les éléments qui composent la BD.*

Au Cycle 2, les enfants travailleront oralement et le maître écrira la synthèse. Faire expliciter ce qu'ils comprennent et ce que vous attendez d'eux ; distribuer les documents ; donner un temps limité pour ce travail.

– *Deuxième phase* : Faire afficher les différentes feuilles. Le secrétaire d'un groupe dit le premier élément trouvé, les autres confirment ou infirment en argumentant. Si tous les enfants sont d'accord, le maître écrit sur une feuille de synthèse la première caractéristique. Il procédera ainsi pour tous les éléments en changeant à tour de rôle le groupe qui présente en premier afin que chacun soit concerné.

Un conseil : ne pas anticiper sur les réponses enfantines. Accepter qu'ils ne trouvent pas toutes les caractéristiques. Leur représentation évoluera au cours du travail et la fiche de synthèse pourra être améliorée et corrigée en cours de projet.

On pourra renforcer la connaissance de la BD par une deuxième séance facultative. On distribuera aux enfants des BD différentes mais aussi plusieurs numéros d'une même BD et on leur demandera de vérifier si leurs caractéristiques sont pertinentes, s'il faut en retrancher ou en ajouter.

Fiche 92

Puzzles

Fiche 93

Donnez aux enfants une planche sur laquelle vous avez bouleversé l'ordre des vignettes. Les enfants, après les avoir découpées, doivent les remettre dans l'ordre. On peut présenter différentes BD, sans texte ou avec bulles. Cet exercice présente l'avantage d'être facilement modulable en fonction des performances des enfants, donc de permettre une évaluation formative.

En donnant un premier puzzle, le maître note les élèves qui ont terminé dans le quart d'heure, ceux pour qui plus de temps est nécessaire et ceux qui ne réussissent pas. Il peut ensuite faire varier la difficulté des puzzles en fonction des groupes.

Groupe A, rapide : puzzle force 3 et auto-correction accompagnée d'un questionnaire écrit si nécessaire, pour que ce groupe n'ait pas fini avant les autres.

Groupe B, travaille avec le maître : puzzle force 2.

Dans le puzzle, faire expliciter les prises d'indices pour que les enfants se donnent entre eux des conseils méthodologiques.

Nous avons vu que l'apprentissage par les pairs est souvent plus efficace, au moins les premières fois. Puis le maître pourra se consacrer uniquement aux enfants en difficulté.

Expliciter les prises d'indices

Fiche 94

La glissade de Lucas Ramel, in «Pomme d'Api». On donne la même planche à tous les enfants de la classe.

• **Consigne**

Les vignettes sont en désordre. Découpez-les. Remettez-les dans l'ordre.

• **Déroulement**

On laisse les enfants travailler. Quand le tiers de la classe a trouvé au moins le début, faire un arrêt et demander quelle est la première vignette et pourquoi les enfants ont choisi cette vignette et pas une autre.

Le maître note au tableau : **première vignette**, C, parce qu'on y voit le titre de la collection : *Lucas Ramel*. On sait que c'est le titre à cause des gros caractères tantôt noirs, tantôt blancs. Il y a un autre titre : *La glissade*. C'est le titre de cette planche car il est plus petit mais encadré et à l'oblique.

– **Quels sont les autres indices de cette vignette qui vont être utiles pour trouver la suite ?** On voit le personnage principal ; il a l'air content que le sol soit gelé, parce qu'il sourit.

Puis on laisse les enfants chercher les vignettes suivantes jusqu'à celles qui offrent une difficulté (E et A) en procédant toujours de la même façon.

Le maître demande aux enfants **quelle vignette ils ont choisie en deuxième position,** et pourquoi (F : parce qu'on voit Lucas en train de glisser, ce qui correspond bien au titre). Il n'est pas utile de faire lire les onomatopées.

On remarquera les traits qui signifient un déplacement en BD. On demandera également quelle peut être la suite de l'histoire. La BD reposant souvent sur un accident, il est probable que Lucas va tomber.

– **Quelle est la troisième vignette ? la E ou la A?**

C'est la position du corps qui est déterminante. Dans la vignette E, on voit le personnage en train de perdre l'équilibre ; dans la vignette A, il est par terre. Suppositions confirmées par les bulles.

Enfin, dans la vignette B, on voit apparaître l'arbre. Le gag final se trouve en B. Il faut s'arrêter sur le contenu de la bulle D pour en savourer l'humour et sur la signification de l'onomatopée en B.

Cette séquence ne doit pas dépasser quarante-cinq minutes. Après deux ou trois séances de ce type, la classe peut être répartie en groupes pour des activités différenciées.

Fiche 95

Association texte-image

On donne une planche dont les bulles ont été évidées de leur texte. Celui-ci peut apparaître sous sa forme initiale, (la forme des bulles est alors une prise d'indices efficace), ou bien être retranscrit et seul le sens préside au choix. Là aussi, on procédera à l'analyse de toutes les prises d'indices pour décider du choix de la bulle.

Roba – *Boule et Bill*, n° 12 page 17, Éd. Dupuis.

Qu'est-ce qu'une BD?

Activités d'entraînement à la lecture

Nous présentons un éventail d'activités dans lequel le maître puisera.

• Trouver l'intrus

On insère une vignette ou une bulle venant d'une autre planche et les enfants doivent la retrouver en justifiant leur choix.

• BD lacunaires

On enlève certains mots dans des vignettes et les enfants doivent les retrouver. Pour les plus petits, on peut ôter simplement une syllabe, puis un mot entier mais en leur donnant une liste dans laquelle ils puiseront. Enfin, le maître acceptera les synonymes et demandera aux enfants les indices qui les ont conduits à supposer que c'était tel mot.

• **Résumé**

Proposer trois ou quatre planches et un texte écrit qui résume une des planches. Le jeu consiste à la retrouver.

Activités en bibliothèque

– Recenser les BD de la bibliothèque.
– Les grouper par auteurs, illustrateur et thèmes.
– Rechercher si l'auteur ou l'illustrateur ont fait d'autres BD.
– Chercher s'il existe des BD documentaires.

Lecture à haute voix

– Jouer une planche sous forme de sketch.
– Lire avec le ton une planche ou la jouer devant une autre classe.
– S'entraîner à bien lire une planche pour s'enregistrer et enrichir la collection de cassettes des CP, des enfants de maternelle, du ou des correspondants.

Lecture fine

Fiche 96

Le questionnaire de compréhension, oral pour les plus jeunes et écrits pour les plus âgés, vise à faire émerger le sens dans toute sa complexité. Il s'agit donc d'aider les enfants dans leur effort et non d'évaluer leur compétence. Voici un exemple de question bâti à partir d'une planche de BD.

Identifier l'écrit, son auteur, le type de support, la présentation

1. Comment appelle-t-on ce genre d'écrit ?
2. Quel est son titre ?
3. Combien y a-t-il de vignettes ?

Comprendre l'implicite, le non-dit, le suggéré

4. Explique quelle est la particularité de la dernière vignette.
5. Explicite le titre.

On pourrait s'arrêter là. Mais la dernière question étant difficile, on peut aider les enfants par des questions intermédiaires.

Repérage des indices non textuels

Première vignette

6. Pourquoi la première bulle a-t-elle des ronds et non des flèches ?

7. Que signifient les petits nuages autour de Bill ?

Deuxième vignette

8. Que signifient les petits traits qui entourent l'arrière train de Bill ?

Boule et *Bill*, « Tel père, tel chien », Dupuis, 1970, p. 34.

Fiche 96

Traitement des données linguistiques et iconiques

9. Pourquoi le père rit-il dans la deuxième vignette ? Que trouve-t-il drôle ?
10. Que fait Boule dans la dernière vignette ?
11. Qu'est-ce qui est drôle dans la dernière vignette ?
12. Explique le titre.

Types de phrases et ponctuation

Fiche 97

On utilisera ici Lucas Ramel pour cette sensibilisation, on pourra demander aux enfants de s'entraîner à dire avec le ton les paroles prononcées par Lucas. Ainsi, on s'appuiera sur leur compétence orale en matière prosodique pour découvrir l'unité phrase et le sens de la ponctuation.

En effet, les élèves sont capables d'entendre une pause, une intonation montante, une intonation descendante. Une fois l'entraînement satisfaisant, ils marquent d'un trait de couleur chaque pause. Ils délimitent ainsi l'unité phrase.

- *Ho !*
- *Ici c'est bien gelé !*
- *HOULA !*
- *AU SECOURS !*
- *Heureusement qu'il y a cet arbre pour m'arrêter.*
- *Ça c'est une super glissade.*

Synthèse : Quand Lucas a fini de parler, on écrit :
[.] un point ou *[!] un point d'exclamation.*

Sur un autre texte, les enfants cherchent et colorient le point et le point d'exclamation. S'ils découvrent d'autres signes, chercher la raison de leur présence.

Quand Lucas commence à parler, la première lettre est une majuscule. Est-ce ainsi dans tous les textes ?

Sur ces découvertes, discussion collective qui doit amener les enfants à une synthèse du type :

- un ensemble de mots qui explique ou exprime une chose (une action, une idée) forment une phrase. Il y en a des courtes : «*Oh!*», et des beaucoup plus longues...,

- quand on écrit une phrase, on écrit la première lettre du premier mot avec une majuscule.

- quand on termine une phrase, on écrit un point [.] ou un point d'exclamation [!].

Pourquoi y a-t-il deux sortes de points dans cette BD?

Faire paraphraser les paroles de Lucas afin que les enfants expriment avec leurs mots le sens de chaque phrase. Lucas prononce-t-il toutes ces phrases avec le même ton ?

Faire trier les phrases selon l'intonation.

On aboutit à un classement plus ou moins sophistiqué si les enfants distinguent les différentes émotions qui étreignent Lucas : la joie, la surprise, la peur.... Ce classement différencie les phrases qui expriment un sentiment, une émotion traduits par [!] et les phrases où l'on raconte simplement et qui se terminent par [.].
Faire vérifier cette approche en regardant et lisant à haute voix d'autres textes.
On fera le même travail pour le point d'interrogation.

On terminera les séquences en donnant aux enfants le nom grammatical de ces phrases :

– phrase déclarative : majuscule — [.]

– phrase interrogative : majuscule — [?]

– phrase exclamative : majuscule — [!]

Pour que les enfants parviennent à différencier la phrase exclamative de la phrase impérative, il faudra les inviter à faire des remarques sur la forme et le sens du verbe.

Ne pas aborder immédiatement les différentes formes de l'interrogation. On attendra pour travailler cette question d'avoir la nécessité de faire varier les demandes lors de l'expression écrite.

Toute remarque grammaticale sera prise en compte en expression écrite. Pour que l'acquisition de la grammaire ait un sens, et donc que les enfants réutilisent leurs connaissances, il est nécessaire de lier les observations faites sur le fonctionnement de la langue à des activités de compréhension (lecture) et de production d'écrits.

On pourra donc utilement terminer les séquences décrites ci-dessus en faisant écrire le contenu des bulles sur une planche dont on a enlevé les dialogues (après lecture, prise d'informations sur l'image...). Le maître rappellera la nécessité de délimiter les phrases par les signes découverts. Si certains élèves omettent la ponctuation, leur lire les phrases sans s'arrêter, sans mettre le ton. C'est une façon vivante de montrer le sens de ces petits signes.

Prolongements
On pourra comparer les différentes façons de montrer que quelqu'un parle, en fonction du support :

– dans une BD, c'est la bulle qui nous l'indique ;

– dans une saynète, nom du personnage et utilisation des deux points [:];

– dans un dialogue intégré à un récit, un verbe qui exprime la façon dont on parle (*dire, chuchoter, crier...*) et deux points [:], guillemets [«......»] et tirets [–] pour indiquer l'échange entre différents personnages ;

– dans un récit, un verbe qui exprime la façon dont on parle + *que* ou *si* .

L'essentiel est de ne pas mélanger les formes.
On ne peut donc trouver dans une bulle : *Lucas dit que* ou *Lucas dit : «..... »*.

Le système du verbe dans le dialogue (discours), au CM, à partir d'une planche de *Tintin*

• Rappel de quelques notions sur le verbe

Un mot est un verbe s'il présente des variations morphologiques en temps et en mode, éventuellement en personne, en nombre, en voix.

Autrement, il appartient à une autre catégorie grammaticale.

Par exemple : variation en genre et en nombre précédé d'un déterminant —> un nom : *un ami, une amie, des amis.*

Variation en personne, en temps —> un verbe : *il émeut, nous avons ému.*

• **La variation en temps**
Elle est propre au verbe tandis que le verbe n'est pas le seul à indiquer une action, comme on le dit trop souvent.

Partir et *départ* ont un signifié commun, le fait de quitter les lieux, mais seul le verbe peut l'exprimer en le situant : à l'instant où l'on parle : *il part*; à une époque antérieure à cet instant : *il partait;* à une époque ultérieure : *il partira.*

– Pour obtenir la même indication avec le nom *départ*, il faut ajouter des adjectifs ou des compléments : *son départ, présent, passé, futur... le départ d'aujourd'hui, d'hier, de lundi prochain...*

• **Les indications de temps**
En histoire, les dates se font par référence à l'échelle chronologique qui a une origine absolue fixe (la naissance du Christ dans notre culture) et des unités fixes d'intervalles (les années).

En conjugaison, les séries paradigmatiques ou *tiroirs* (présent, imparfait, futur...), ne situent l'action que :

– par référence à l'instant présent, indéfiniment déplacé, sans indication d'intervalle, dans le discours ;

– par référence à un instant passé, indéfiniment déplacé, exprimé à l'imparfait dans le récit.

Il convient donc, dès le début de l'apprentissage, de séparer (par deux fiches différentes, par exemple) les emplois liés au sens dans le discours et dans le récit et de dire aux enfants que le nom donné en conjugaison (présent, imparfait, passé composé...) n'indique par forcément le moment où se situe les actions !

– *Maintenant* (= présent), *je joue :* conjugaison du présent.

– *Maintenant* (= présent), *j'ai* assez *travaillé :* conjugaison du passé composé.

– *Maintenant* (= présent), *je vais me promener :* conjugaison du futur 2.

• **Les modes**
Les tiroirs de la conjugaison se répartissent en deux groupes. Les *tiroirs personnels* parce qu'ils représentent tous une variation en personne : *venais, vient, viendrons...* et les *tiroirs impersonnels* qui ne présentent pas cette variation : *venant, venir, venu...*

La différence entre : *J'espère partir* et *J'espère que je partirai* n'est ni le temps (action future dans les deux cas), ni la personne (première personne dans les deux cas), mais **le mode**.

Pour les *tiroirs* impersonnels, le mode indique que les verbes peuvent exercer une fonction dépendante où ils sont remplaçables par des mots non verbaux.

Mode infinitif = nom : *J'espère partir bientôt. J'espère mon départ proche.*

Mode participe = adjectif : *J'ai vu Paul partant pour TahitiJ'ai vu Paul malade.*

Mode gérondif = adverbe *J'ai vu Paul en partant. J'ai vu Paul hier.*

Pour les *tiroirs* personnels, certaines formes peuvent être employées sans pronom sujet : *viens, venons, venez* (mais présence de la variation qui indique la personne). C'est le mode impératif.

Certaines formes peuvent être employées avec un sujet dans une proposition indépendante : *Paul irait trop vite. Paul viendra. Tu es venu.* C'est le mode indicatif.

Certaines formes sont, le plus souvent, employées dans une proposition subordonnée : Je veux que *tu viennes.* C'est le mode subjonctif.

L'indicatif est le mode de l'assertion pure et simple. L'impératif est le mode du commandement.

Le subjonctif est le mode de la subordination.

En linguistique, **on ne considère pas le conditionnel comme un mode**, mais comme un temps de l'indicatif. Il a une valeur de **futur** dans un repérage passé : *Il affirme qu'il viendra. Il affirma qu'il viendrait.* Il exprime également le **caractère fictif** d'une action : *Avec cette voiture, tu iras trop vite. Avec cette voiture, tu irais trop vite.* Comme l'imparfait ou le plus-que-parfait, il s'emploie après *si* : *Si tu allais moins vite... Si tu étais allé moins vite.*

Si l'on ouvrait un mode qui rassemblerait toutes les façons d'exprimer l'irréel, il faudrait y inclure l'imparfait, le plus-que-parfait et le conditionnel. Néanmoins on peut continuer à étudier le conditionnel selon la tradition scolaire.

■ Quelques conseils pour faciliter l'installation du système verbal chez l'enfant

Comme pour toute acquisition linguistique, il convient de partir de productions d'écrits et des difficultés rencontrées alors par les enfants.

Les connecteurs temporels. L'emploi des formes verbales pose celui des connecteurs temporels.

En effet, toute description d'une succession d'actions dans un axe du temps commande l'emploi d'adverbes, de compléments, de subordonnées, de *tiroirs* pour expliquer cet ordre sur la ligne du temps : *hier, aujourd'hui, demain* (discours); *la veille, alors, le lendemain* (récit); avec, si c'est nécessaire : indication des intervalles (*tout à l'heure, dans dix ans)* , indication de durée *(en une seconde, pour l'éternité)*, des indications de simultanéité, d'antériorité, de posteriorité. *(À peine arrivés, les voilà repartis..., Avant de venir, achète du pain...,Huit jours après que vous serez partis, ...)* .

La cohérence d'un texte est assurée en partie par la présence de ces connecteurs. Il faut donc veiller à la richesse lexicale des textes que l'on donne à lire.

Ceux-ci doivent être une mine exploitable quant à la présence de ces connecteurs et ne pas seulement comporter des phrases juxtaposées.

Les temps. Bien entendu, on veillera également au bon emploi des temps. Dans un récit : imparfait et passé simple. Dans un dialogue : présent, imparfait ou passé composé et futur.

Cet emploi s'installe d'abord par **imprégnation**.

On pourra le consolider par des **recherches** en lecture et par la **production** de fiches du type :

Dans le récit

Verbes en — *ais*, — *ait*

et verbes en *i, u, a, in* ;

ou verbes en deux morceaux : *a/est* + —— .

Dans le dialogue : présent, futur, imparfait et verbes en deux morceaux .

L'étude du passé simple n'étant au programme qu'au CM2, le maître donnera les formes écrites nécessaires.

Verbes du premier groupe en *a/è* ——> *il chanta, ils chantèrent.*

Verbes du deuxième groupe en *i* ——> *il finit, ils finirent.*

Verbes du troisième groupe en *u* ——> *il mourut, ils moururent;* en *i* ——> *il vit, ils virent;* en *in* ——> *il vint, ils vinrent.*

Le troisième groupe est le plus délicat. On complètera cette fiche référentielle en notant dans les groupes correspondants l'infinitif de tous les verbes au fur et à mesure de leur rencontre.

Problèmes d'orthographe liés au verbe

En dehors de l'emploi des tiroirs liés au sens, les verbes posent essentiellement des problèmes d'orthographe.

Première tâche
Faire faire, au CE1-CE2, le repérage des formes écrites de la conjugaison, et cela régulièrement :

- repérage sur les textes lus ou produits ;
- classements selon les critères émis par les enfants et qui s'affineront au cours du temps : verbes en un morceau/en deux morceaux ; formes en — ai (imparfait) formes en —ra, —ront (futur);
- on reprend les verbes dans leur contexte pour faire des regroupements selon la valeur temporelle, sans oublier de faire la différence entre récit et dialogue.
- Apparaîtra à la suite de ce travail, un classement selon la marque graphique de la personne.

Alors, on peut donner aux enfants le nom du tiroir et reprendre le paradigme complet. Aborder ainsi la conjugaison, c'est redonner à l'apprentissage des désinences verbales une implication textuelle forte, c'est lier l'apprentissage orthographique de la conjugaison à sa signification en contexte.

Deuxième tâche
Exercices rapides de consolidation, sur ardoise.

Donner oralement une forme verbale :

- ils écrivent sur l'ardoise si elle est en un ou deux morceaux (premier critère);
- ils notent si cette forme est en ai, en ra, en va +... (deuxième critère);
- s'ils ont perçu les valeurs temporelles, ils écrivent : dialogue ou récit, présent ou passé ou futur.

VERBES dans les histoires

Situation à la fin février au CE1

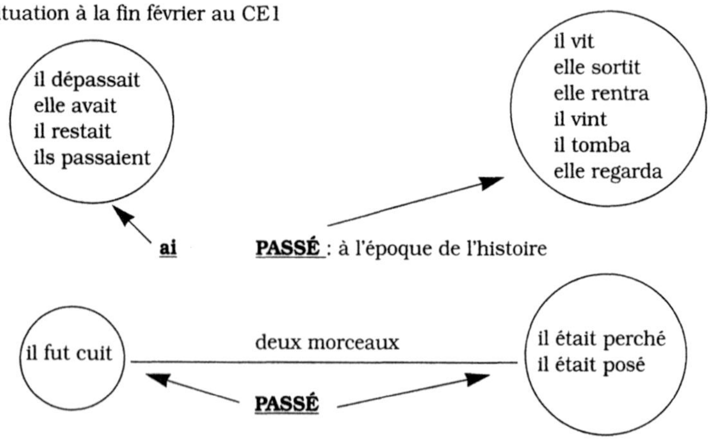

Si les enfants ont été sensibles aux désinences :

- vous dites *nous*, ils écrivent —> — ons
- vous dites *vous*, ils écrivent —> — ez
- vous dites *je*, ils écrivent —> — e/s
- vous dites *tu*, ils écrivent —> — s
- vous dites *elles*/ils, ils écrivent —> — nt
- vous dites *il*/*elle*, ils écrivent —> — e/t

Les verbes dans le dialogue

Situation à la fin février au CE1

PRÉSENT

je demande
je vais
j'ai
je suis
je sens

c'est

FUTUR

je m'en vais écraser
je m'en vais tirer
il va refuser
il va donner

va + ...

je ferai
je me régalerai
je donnerai
il sera
elles seront

R

n'écrase pas !
donne-moi !
ne fends pas !
ne tire pas !

l'ordre

tu as rêvé
j'ai eu
elle s'est moquée
j'ai dormi
j'ai fait
elle a passé
elle a filé
j'ai eu
j'ai quitté

deux morceaux

je guettais
je dormais
je savais
je criais
il avait
elle était

ai-
PASSÉ

NB. Les enfants n'ont pu se mettre d'accord pour les verbes en deux morceaux : certains voulaient les ranger avec le passé, d'autres non (à cause de sa valeur de présent accompli. Exemple : *Aujourd'hui, j'ai bien travaillé*).

Troisième tâche

Montrer les grandes régularités orthographiques du système verbal et non donner à penser que chaque verbe est un cas particulier.

• *s* : est toujours la désinence de la deuxième personne du singulier (sauf verbes du premier groupe à l'impératif). *x* est un *s* caché ;

Fiche 98

• *ons* : est toujours la désinence de la première personne du pluriel (sauf *nous sommes*).
• *ez* : est toujours la désinence de la deuxième personne du pluriel sauf : *vous dites, vous faites* et *tes* qu'on retrouve au passé simple);
• *(e)nt* : est toujours la désinence de la troisième personne du pluriel;

• la marque de la troisième personne du singulier est :
– *e* : au présent de l'indicatif des verbes du premier groupe et au subjonctif présent;
– *a* : au passé simple de l'indicatif des verbes du premier groupe + il *a*, *il va*;
– *t/d* : pour tous les autres temps et tous les autres verbe;.

• la marque de la première personne du singulier est :
– *e* : présent de l'indicatif des verbes du premier groupe + subjonctif;
– *ai* : passé simple de l'indicatif des verbes du premier groupe + j'ai;
– *s* : pour tous les autres verbes. (+ x)

Quatrième tâche
Le paradigme complet du verbe est donné lorsque les enfants ont perçu l'ensemble des graphies terminales et le sens de l'emploi.

Conclusion
L'important est de ne pas séparer les activités de français. Les activités d'analyse de la langue doivent aider à une meilleure compréhension en lecture et toujours déboucher sur un réemploi en production d'écrits. Cette démarche privilégie la construction des savoirs par les enfants à partir de leurs difficultés. Leurs erreurs deviennent alors des indices d'un savoir en construction et non des écarts par rapport à la norme.

Fiche 99

Les temps dans le dialogue (CM1)

Dramatisation

Les enfants lisent silencieusement la planche extraite de *On a marché sur la lune* (Tintin). On joue la scène, ce qui permettra d'élucider la *voix off*. Le maître pose des questions de compréhension. Puis il demande de souligner tous les verbes conjugués. On vérifie qu'aucun n'a été oublié (le maître peut ainsi savoir quel(s) enfant(s) ne sait (savent) pas encore distinguer un verbe. Puis il demande de les classer.

Classement

Les élèves peuvent proposer des classements en fonction de la personne ou du temps. L'enseignant accepte les deux puisqu'aucun n'est faux. On reprend l'ensemble des verbes que l'on classe ensuite par rapport à la parole.

• **Moment où le professeur Tournesol parle** = *présent*
– *récapitulons; je vous rappelle; il n'y a pas lieu; on ne sait jamais; je ne puis évaluer; prenez.*

• **Avant =** *passé*
– *tout ait été calculé.*

• **Immédiatement après** = *futur 2*
– *nous allons nous rendre.*

• **Après** = *futur*
– *nous nous étendrons ; nous supporterons ; elle soit progressive ; il est possible ; il est probable ; nous perdrons ; le pilotage se fera.*

• *C'est* : inclassable, n'indique pas de temps.

Dans ce début de dialogue, il est très net, et on le fera remarquer, que le présent de l'indicatif et celui de l'impératif pour la conjugaison coïncident avec le temps de la parole mais que pour toutes les actions postérieures on a le choix entre plusieurs temps :

– le futur 2 ; le futur ; le subjonctif présent ; le présent avec *il est possible, il est probable.*

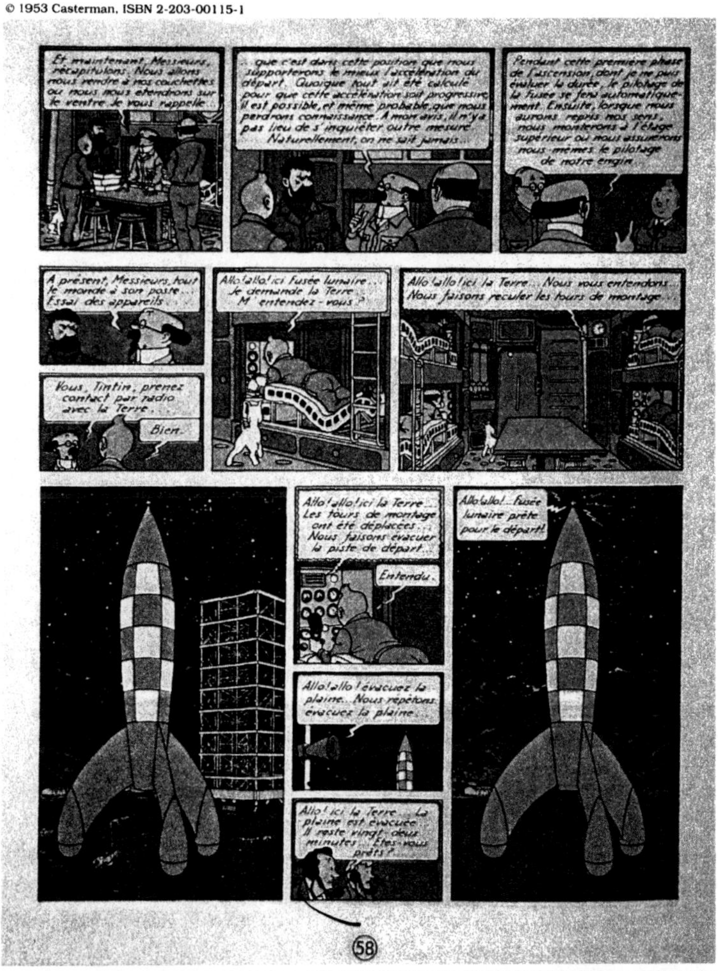

Les futurs

On s'attardera sur les futurs de la troisième vignette où nous avons l'expression de l'antériorité rendue par un futur antérieur (comme son nom l'indique). Encore faut-il le faire expliciter et mettre les verbes sur un axe chronologique.

Après les paroles de Tournesol

nous aurons repris — *nous monterons, nous assurerons*

Les présents

Ensuite, on passera à l'explication des temps de la conjugaison employés par la voix venant de la terre :

- «*nous faisons reculer les tours*»;
- «*les tours ont été déplacées*»;

équivalents d'un futur immédiat : *nous allons le faire faire.*

C'est fait. Ce n'est pas un passé mais l'expression d'une action accomplie dans le présent.

Au moment de la parole : présent

- «*nous faisons évacuer*» : équivalent d'un futur;
- «*évacuez*» : ordre;
- «*la plaine est évacuée*» : action accomplie.

On voit ici la richesse mais aussi la complexité :

- de ce qu'on appelle **le présent** (non celui de la conjugaison, mais celui du temps qui passe) qui est fait :
- d'instants futurs, *nous faisons évacuer la plaine;*
- d'instants passés, *la plaine est évacuée;*
- de ce qu'on appelle **passé composé** qui est parfois un vrai passé (lorsqu'il peut être remplacé par un passé simple) : *la cigale a chanté tout l'été* (= *chanta*); ou un présent accompli, *aujourd'hui j'ai peu travaillé.*

Étudier les caractéristiques des BD

On peut envisager deux façons de procéder. Dans l'une, on va directement au but : on envisage immédiatement de créer une BD et l'on traite les problèmes les uns après les autres lors de leur rencontre.

Comment, par exemple, faire des dialogues lorsque les enfants vont vouloir faire parler leurs personnages? L'autre consiste à faire quelques activités préparatoires pour élaguer un certain nombre de difficultés avant de se lancer. Ainsi on a travailler la mise en dialogue avant le projet. Cette deuxième façon est plus exhaustive mais aussi plus coûteuse en temps. À vous de choisir.

■ Cohérence du récit

On peut envisager de faire prendre conscience de la nécessité d'assurer une cohérence narrative dans la BD. En effet, comme tout récit, même en images, il est nécessaire d'assurer la continuité dans l'enchaînement des actions et dans les liens de causalité, de manière explicite et implicite. **Jamais *imaginer* ne signifie *inventer n'importe quoi, n'importe comment.* Tout imaginaire est structuré.**

Afin de travailler cet aspect, on peut, comme dans le récit, faire trouver des suites de planches ou inventer des chutes par exemple. Il ne s'agit pas de trouver forcément la même solution que celle du scénariste, mais d'inventer tous les possibles narratifs à partir des éléments lus et vus précédemment. Ce travail est intéressant tant du point de vue de la lecture, car il y a prise d'indices, que de celui de l'imaginaire. Le maître pourra procéder oralement et/ou par écrit. Dans ce dernier cas, les élèves écrivent sous forme de récit ce qu'ils pensent mettre sous forme de BD.

■ L'humour

Nous proposerons de fabriquer une planche humoristique dont l'élément central sera le gag. Ce type de BD plaît aux enfants car ils aiment rire et plaisanter. Nous y voyons un autre intérêt, celui de travailler autre chose que la trame narrative que les élèves utilisent déjà beaucoup à l'école puisqu'en production d'écrits on leur demande essentiellement et très généralement de produire des récits.

Pour préparer le terrain, on peut envisager une série de séquences sur les sources du comique en BD. Les enfants devront inventorier les gags dans plusieurs BD (recherche en bibliothèque et chez eux). Puis ils procéderont à une explicitation de leurs trouvailles devant le groupe classe (ce qui rejoindra les objectifs de lecture fine.

Enfin, ils essaieront de les classer :

- comique uniquement de situation,
- comique dû au renversement d'une situation : voleur volé,
- opposition entre situation et propos,
- ridicule traditionnel : chute contre un arbre,
- irruption de l'inattendu...

■ Le dialogue

La grande particularité de la BD, c'est de n'avoir pas ou très peu de partie narrative. Le récit étant assuré par l'image, l'essentiel de l'écrit est constitué par quelques éléments narratifs dans les cartouches, des dialogues dans les bulles, des onomatopées et quelques symboles qui appartiennent aux deux genres, écrit et dessin. De plus, le dialogue de la BD n'a pas de signes de ponctuation ni de mise en page particuliers, pas d'incise rappelant les conditions de l'énonciation et enfin, les temps employés et les personnes sont connus car utilisés à l'oral par les enfants. Tous ces traits constituent un atout en pédagogie pour leur facilité d'emploi. On peut raisonnablement envisager de faire écrire des dialogues dans des bulles dès la fin du Cycle 2, sans pour autant fabriquer une BD.

• Comment faire ?
On peut, à partir d'un récit connu, imaginer oralement un dialogue entre les personnages.

Dans la rencontre entre Blanche-Neige et la sorcière, que lui a dit celle-ci pour la persuader d'accepter la pomme ? Qu'a pu répondre la naïve princesse ? Pour aider de jeunes enfants à imaginer la scène, on peut la leur faire jouer. On note les propositions au tableau sous forme d'inventaire rapide et non de phrases totalement construites. On évite ainsi les oublis ou les pannes ainsi que les doutes orthographiques.

Enfin, sur une planche composée de trois vignettes simples où le maître aura dessiné deux femmes, les élèves devront écrire le dialogue qu'ils entoureront ensuite d'un trait figurant la bulle.

• Quelles difficultés les élèves auront-ils à surmonter ?
Essentiellement des difficultés liées à la cohérence : la sorcière doit trouver des arguments pour convaincre Blanche-Neige, celle-ci doit énoncer des raisons pour refuser ou repousser l'offre qui ne tiennent pas au fait que la pomme est empoisonnée puisqu'elle l'ignore. Elle le fait plutôt par timidité naturelle, par méfiance selon les conseils des nains, par peur devant une vieille femme laide et inconnue...

On va rencontrer des problèmes de **cohérence syntaxique :** une question appelle une réponse, une exclamation, une explicitation des **difficultés en orthographe** qui seront résolues ultérieurement.

Par le biais du dialogue, on pourra aborder les types de phrases et la conjugaison aux deux premières personnes du singulier et du pluriel.

À partir du début du Cycle 3, on peut faire le **jeu du téléphone :** on propose un dialogue après avoir ôté les réponses d'un des deux protagonistes. Il faut trouver celles-ci en s'aidant de toutes les prises d'indices possibles : contextuelles, sémantiques, syntaxiques... c'est donc un travail de lecture avant d'être de l'écrit. On pourra d'ailleurs faire jouer la scène aux enfants en difficulté. Cet exercice rejoint celui des bulles occultées en lecture.

Exemple d'initiation au dialogue (CM1 - CM2)

Texte extrait de : *Le Misanthrope et l'Auvergnat* de Labiche, Calman-Lévy.

Situation : Chiffonnet a perdu son portefeuille. Machavoine, porteur d'eau, vient le lui rapporter. Il sonne à la porte de Chiffonnet. Il est midi.

Chiffonnet – *Quel est l'animal? Le porteur d'eau! C'est toi qui m'as réveillé, imbécile!*

Machavoine –

Chiffonnet – *Voyons, que veux-tu?*

Machavoine –

Chiffonnet – *Oui... moi.*

Machavoine –

Chiffonnet – *Dans mon escalier, je crois.*

Machavoine –

Chiffonnet – *Un portefeuille.*

Machavoine –

Chiffonnet – *Rouge!*

Machavoine –

Chiffonnet – *Quatre billets de mille!*

Machavoine –

Chiffonnet – *C'est prodigieux!... Tiens! Je me dois un cigare! Eh bien où va-t-il donc? Hé! Porteur d'eau!*

Machavoine –

Chiffonnet – *Tu oublies la petite récompense.*

Machavoine –

Chiffonnet – *Parce que tu me rapportes quatre mille francs!*

Machavoine –

Chiffonnet – *Oui, oui... C'est pour avoir davantage... Je connais cette ficelle-là. Tiens, voilà quarante francs!*

Machavoine –

Chiffonnet – *Cent francs.*

Machavoine –

Chiffonnet – *Mille!*

1

• Objectifs

Initier les élèves au dialogue afin qu'ils soient capables de cohérence sémantico-syntaxique dans les répliques.

•Déroulement
Donner la consigne oralement et l'écrire au tableau : «*Vous allez lire un dialogue entre deux personnages, Chiffonnet et Machavoine. Mais les répliques de Machavoine ont disparu. À vous de les trouver et de les écrire.*»

Il ne faut pas vouloir absolument retrouver le texte original. L'étude des variations entre les propositions des élèves et le texte original sera riche en informations.

Les enfants travaillent de **façon individuelle**. Si certains sont complètement bloqués, ils se mettent par deux et à voix basse ils peuvent jouer les personnages. Pour relancer le travail, demander à toute la classe comment on peut résoudre cette énigme.

Prendre en exemple le début. Il faut lire la suite; c'est en confrontant les deux répliques de Chiffonnet que l'on peut trouver.

« Quelles informations trouve-t-on ? Qu'en déduit-on ? Chiffonnet jure, il n'est pas content. Pourquoi ? Parce qu'il est réveillé, Machavoine peut s'excuser de déranger. Chiffonnet le reconnaît et le nomme par son métier. Que peut dire Machavoine car Chiffonnet ne lui pose aucune question ? »

• Correction
Il s'agit de demander aux élèves d'expliciter leurs réponses en les argumentant, c'est-à-dire en fournissant les prises d'indices sur lesquelles ils se sont appuyés. Surtout ne pas se contenter d'un catalogue de réponses possibles. Il faut mettre à jour les liens syntaxiques et sémantiques entre les répliques.

– Quels indices recueille-t-on ?

– *que* (veux-tu) : l'objet de la visite. Question : *Quoi, qu'avez-vous perdu ?*

– *dans* (mon escalier). Question : *Où?*.

– *rouge* : question portant sur la couleur. *Comment ou de quelle couleur est-il ?*

– *quatre billets de mille* : question portant sur le contenu. *Qu'y avait-il dedans ? Combien d'argent ?*

– *parce que...* : suppose une question avec *pourquoi;* à mettre en relation avec le mot *récompense.*

Les autres répliques ne sont pas des réponses. Ce sont donc les informations sémantiques seules qui permettront de trouver les propos et les gestes de Machavoine.

«*Où va-t-il donc?*» fausse question. Chiffonnet ne s'adresse pas à Machavoine puisqu'il emploie la troisième personne (indication de jeu scénique pour expliquer que Machavoine s'en va).

«*Hé! Porteur d'eau!*» : exclamation qui suppose une interpellation. *Que peut répondre Machavoine ? Que peut-il faire ?*

«*C'est pour en avoir davantage*» : suppose un refus de Machavoine que Chiffonnet interprète comme une enchère, ce qui est confirmé par la suite puisqu'il propose quarante francs, puis cent francs et enfin mille. Il y a donc trois refus de Chiffonnet. Aux enfants de trouver pour quelles raisons (psychologiques) Machavoine refuse.

• Prolongements
En grammaire et vocabulaire on pourra travailler les différentes questions et surtout les outils de l'interrogation directe.

On pourra refaire le même type d'exercice en partant d'un texte narratif. On verra que les prises d'indices sont également dans le récit et pas uniquement dans le dialogue. En effet, on peut y trouver des indications psychologiques sur les personnages, des explications sur la situation et sur leur façon de s'exprimer.

On terminera ce jeu du téléphone par la recherche d'une partie de dialogue sur une planche de BD. Là, c'est l'image qui est porteuse de sens essentiellement sur le ton et la situation : colère ou terreur, recherche ou retrouvailles...

On peut demander aux plus grands de souligner, dans un récit, les dialogues en style direct et de les transformer en style indirect (quand cela ne met en jeu qu'un changement de personne et de temps) et inversement de transformer du style indirect en style direct.

Les onomatopées

Ce sont des mots dont l'image acoustique a valeur imitative. Ainsi *craquer* évoque, pour nous français, le bruit d'une cassure, *hurler* imite le cri du loup. Le rapport entre le sens et le son est totalement conventionnel et... national... Le hennissement du cheval est rendu en allemand par *Wiehern*, en danois par *vrinske*, en turc par *kisne*, en mongol par *incaga*, en portugais par *rinchar*...

Certaines onomatopées sont devenues des interjections : *aïe*, *ah*, *euh*, *pfff*; d'autres ont été lexicalisées : *miauler*, *claquer*, *tinter*... (la plupart des verbes exprimant les cris des animaux sont onomatopéiques). L'onomatopée peut être entièrement consonantique : *pfff*, *zzz*...

Exercices sur les onomatopées

– Donner une liste d'onomatopées et demander aux enfants d'expliquer ce qu'elles évoquent.

– Donner une définition de nom commun et demander aux enfants de trouver le nom à partir d'une onomatopée. Par exemple : *un violon dont on joue mal* → *un crincrin.*

– Donner une définition d'une onomatopée à valeur d'adverbe de manière. Par exemple : *aller ni très bien, ni très mal* → *couci-couça.*

– Dans les slogans, trouver les onomatotpées, par exemple : *un petit... vaut mieux qu'un grand choc.*

Toutes ces onomatopées peuvent entrer dans la composition de mots croisés fabriqués par le maître et les enfants.

Elle peut contenir des phonèmes étrangers à notre langue : *brrr, bang, tchac, wouah, baoum* . Elle marque souvent par le redoublement syllabique la répétition indéfinie d'un son ; *coin-coin, glou-glou, teuf-teuf, taratata*... La répétition s'accompagne souvent d'une alternance vocalique : *flic-floc, ding-ding-dong, pif-paf-pouf, patati-patata*...

Les élèves pourront recenser toutes les onomatopées qu'ils connaissent puis classer celles qui sont employées comme nom ou verbe et celles qui n'appartiennent à aucune catégorie grammaticale traditionnelle. Ils pourront enrichir leur tableau en relevant celles employées dans les BD. Ils se seront constitués ainsi un répertoire qu'ils pourront utiliser lors de la fabrication de leur propre BD.

■ Les pictogrammes

Ce sont les équivalents graphiques des onomatopées. Beaucoup de dessins symbolisent des actions ou des sentiments. On demandera aux enfants de les relever et d'en dresser un catalogue afin de pouvoir les utiliser dans leur propre BD.

Ainsi l'effet Marey sert à montrer un mouvement très rapide. Le dessinateur démultiplie le geste ou certaines parties du corps ou bien il hachure derrière le personnage afin de faire comprendre que celui-ci n'est pas immobile. Parfois il laisse le bas du corps dans le flou afin de représenter une grande vitesse.

– La tendresse

– L'optimisme

– Le sommeil

– Une idée

– Un choc

– Un étonnement

On n'oubliera pas de faire remarquer la diversité des flèches accompagnant les bulles, le jeu sur le changement de typographie pour signifier que le personnage parle, rêve ou qu'il s'agit d'une voix-*off*.

Réaliser une BD en neuf séances

Nous décrirons ici comment faire directement une BD sans exercices préparatoires. La classe a décidé de fabriquer une BD. Le maître choisira de travailler l'humour.

1. Le gag
Les enfants cherchent une situation comique qui sera le point de départ de leur BD. Chacun cherche sur son cahier, puis présente son idée aux autres. Le maître dresse l'inventaire des idées. La classe choisit celle qu'elle mettra en scène. On peut aider les élèves en regardant les gags présentés dans les BD en séquence de lecture ou en leur demandant de raconter une situation drôle qui leur est arrivée à eux ou à l'un de leurs proches et qui a suscité le rire de tous.

2. L'histoire
Bâtir le scénario de l'histoire sous la forme d'un texte peu élaboré mais où sont exprimées clairement la situation initiale, l'évolution et la chute. Ce travail peut se mener collectivement et oralement, le maître écrivant sous la dictée des élèves. Il peut aussi se mener individuellement. Le maître fait alors procéder à un choix à la suite d'un vote, ou fait recomposer un texte collectivement à partir d'éléments empruntés à différents textes. L'essentiel pour conserver la dynamique du projet est qu'aucun enfant ne se sente lésé et que tous soient concernés.

3. Le synopsis
Demander aux enfants de découper le texte en séquences pour fixer le nombre de vignettes. Puis chaque vignette est analysée par un groupe d'élèves qui en dresse le synopsis : liste des personnages, où sont-ils ? que font-ils ? ce qui peut être exprimé par le dessin. Présentation de chaque trame ; amélioration et approbation de la classe. À partir de là, certaines séquences seront proprement du français et d'autres des arts plastiques.

4. Construction des dialogues
Le maître répartit les rôles des personnages et fait jouer les enfants. Il leur rappelle la situation pour chaque vignette. Tandis que les acteurs cherchent les propos de leur personnage, les autres les écrivent pour les garder en mémoire. Le passage par le jeu dramatique devrait, en principe, éviter les problèmes d'incohérence. Sinon le maître devra questionner les enfants en montrant qu'il ne peut comprendre afin qu'ils ajustent leur réplique. S'il le désire, il peut parallèlement travailler le dialogue par le jeu du téléphone.

5. Construction plastique des vignettes
On reprend le synopsis.

– Quel est le décor ? Dans quelle situation se trouvent les personnages dans chaque vignette ?

– Quelle est la scène la plus importante?

– Choix du format des vignettes et de la mise en page.

Pour chaque vignette, faire l'inventaire des éléments du décor indispensables et du choix des techniques.

Répartir les tâches : un enfant pour le décor d'une vignette sur papier Canson 24 x 32. Les enfants ne sont pas capables de dessiner sur tout petit format. La réalisation plastique aura lieu ultérieurement. Il faut au moins dessiner au crayon les grandes lignes. Pour les personnages on dresse leur portrait physique et on décide de leurs vêtements.

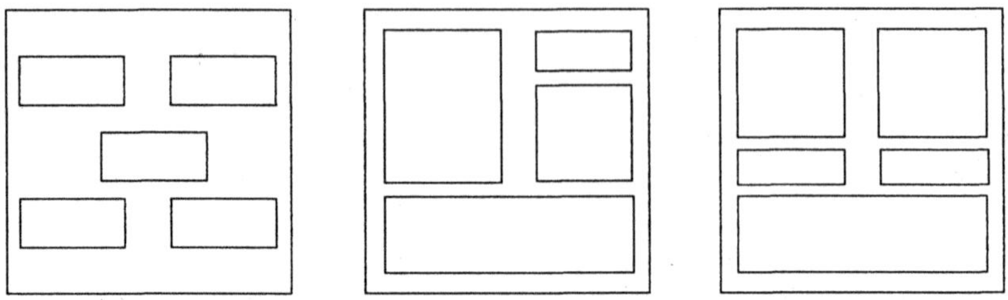

Faire un inventaire pour chaque vignette des éléments du décor

6. TME

On aura tout intérêt à faire construire par chaque enfant, en TME, un pantin articulé par des attaches parisiennes dont les dimensions conviennent à la feuille de Canson. Ainsi, les enfants pourront faire des essais de postures en l'appliquant sur cette feuille. Ils dessineront son contour sur une autre feuille qu'ils peindront et découperont. Ensuite, ils colleront leurs personnages sur la feuille Canson où est peint le décor. Enfin, d'autres enfants auront la tâche de recopier les dialogues.

Au préalable, une fois les grandes lignes du décor dessinées au crayon à papier, on pose le ou les pantins sur la feuille et on découpe la ou les bulles en fonction de la place dont on dispose.

7. À chacun son travail

Une tâche par élève : peindre (ou colorier) le décor, un personnage, écrire une bulle...

Dès que le décor des deux premières vignettes est réalisé, afficher les dessins. Il faut que les enfants s'aperçoivent de la nécessité d'une continuité et d'une cohérence dans le décor (l'erreur est ici pédagogique, elle permet la construction du savoir). Tant que les personnages ne changent pas de lieu, il faut que celui-ci reste le même avec les mêmes détails. Les élèves qui peignent les décors doivent donc travailler ensemble pour se mettre d'accord sur les formes et les couleurs employées. Il en va de même pour les personnages. Si rien ne justifie un changement un personnage, doit conserver la même tête et les mêmes habits.

8. Achever la réalisation

Il faudra bien deux séances pour venir à bout de la réalisation plastique.

9. Réalisation finale

La dernière séance est consacrée à la finition. On colle le ou les personnages ainsi que les bulles sur les décors. On rectifie au besoin quelques détails. On ajoute des onomatopées ou des pictogrammes. Puis on dispose chaque vignette sur une feuille de couleur format affiche selon la mise en page choisie au début. On se congratule d'avoir fait un tel travail !

Prolongements possibles

Si vos élèves ne sont pas lassés ou si, à propos de la BD, vous souhaitez travailler d'autres directions, voici quelques pistes :

- un des protagonistes de la BD réalisée ou lue raconte l'aventure de son point de vue (en BD ou en texte narratif) ;
- transformer un conte ou une légende connus en BD;
- rassembler des BD par thème ou par genre : la BD et le fantastique, la BD et l'énigme policière...
- inventorier les personnages principaux des BD : héros tout en muscles, tout en cervelle, bricoleur, anti-héros...
- lire des BD avec entrées thématiques : le racisme à travers la BD, l'histoire...

La poésie aux Cycles 2 et 3

La poésie à l'école

La poésie à l'école s'est trop longtemps cantonnée dans la récitation de textes appris par cœur. L'entraînement de la mémoire et la familiarisation avec un patrimoine littéraire sont certes indispensables dès le plus jeune âge. Il est possible et nécessaire, cependant, d'aller au-delà de cette activité qui risque de rester un peu formelle et en retrait de la véritable force que représente le langage poétique. C'est la raison pour laquelle nous proposons quelques situations pour **lire** mais aussi pour **écrire de la poésie,** car ici, comme dans tout projet d'expression, lecture et écriture rebondissent l'une sur l'autre. Faire écrire des poèmes à l'école peut apparaître comme une ambition démesurée. En réalité, elle ne l'est pas tant que cela. On constate en effet quotidiennement que les propositions de jeux poétiques trouvent dans les classes un écho considérable et que les enseignants sont toujours surpris – le mot est faible – par les résultats. Les enfants, comme les adultes probablement, ont en eux un potentiel créatif important qu'il faut solliciter.

L'enseignant n'a donc rien à craindre de ce côté : les élèves *trouvent* toujours quelque chose, le risque qu'il court n'est pas le vide mais le trop plein à canaliser.

Mais, dira-t-on, il s'agit tout au plus de jeux poétiques, et en aucun cas de poésie véritable.

Bien sûr, tous les enfants ne deviendront pas des Victor Hugo. Mais tous auront eu, au moins une fois dans leur vie, un contact personnel et vrai avec la fonction poétique du langage et avec l'émotion qu'elle peut susciter, au-delà de toute mièvrerie ou de toute grandiloquence.

■ Jouer... c'est très sérieux

Réfléchissons un instant sur le terme de *jeu*. Pour être libre, gratuite et source d'agrément, il ne s'agit en aucun cas d'une activité anodine.

Jouer avec les mots, c'est une façon de se les approprier, en prenant du recul par rapport à la langue et de prendre confiance en soi, dans ses capacités d'imagination et de création. Quand les règles sont bien posées, en effet, tous les enfants parviennent à une production, ce qui est très important sur le plan psychologique. Les contraintes imposées, loin d'être stérilisantes, sont au contraire très productrices. Certains élèves, d'autre part, peu à l'aise dans des textes longs comme le récit, se révèlent dans des productions courtes.

Cela permet, en outre, d'acquérir une certaine forme de liberté. La plupart des activités proposées s'inspirent largement des jeux surréalistes, en faisant une grande part au hasard de la rencontre des mots, à l'insolite, au cocasse, à l'absurde.

Le langage fait rire, mais il fait aussi exploser les cadres de la logique. Il *décape* la réalité et il établit entre les choses des relations nouvelles. La poésie permet parfois de porter sur le monde un autre regard.

Faire lire et écrire de la poésie, **c'est explorer une nouvelle fonction du langage, celle où il se prend lui-même pour fin** : du travail sur les sons, les rythmes et les images surgit l'émotion. Un poème est une forme, ou plutôt un système de formes signifiantes.

Cette approche permet donc très précocement, dès l'école maternelle, d'appréhender les aspects multiples de la langue et d'en faire jouer tous les rouages, auditif, visuel, lexical, sémantique, métaphorique...

Nous allons maintenant détailler quelques approches possibles de l'écriture poétique. Chaque paragraphe présente les situations de façon progressive, des plus simples aux plus complexes. Certaines sont simplement évoquées, d'autres plus longuement développées.

Approche de la poésie

Fiche 102

Quelle que soit l'entrée choisie, la démarche nous semble devoir être la même que pour les autres types de textes.

1 – Lecture d'un poème (ou de plusieurs poèmes), imprégnation, étude d'un modèle nécessaire à une claire représentation de la tâche.

2 – Consigne précise d'écriture, qui signale bien les contraintes, les exigences, mais aussi la part de liberté.

3 – Éventuellement, recherche d'idées en grand groupe ou petits groupes.

4 – Première écriture individuelle.

5 – Relecture, en vue d'une amélioration du texte.

6 – Réécriture et mise au propre.

Jouer avec les sons

L'oral est la réalité la plus immédiate de la langue. L'entrée auditive est donc la première envisageable, puisqu'accessible dès l'école maternelle. Des enfants qui ne savent pas lire peuvent pratiquer la plupart des activités que nous proposons ici : dans ce cas, la dictée à l'adulte remplace l'écriture de l'élève ou du groupe.

Faire jouer les élèves avec les sons, c'est les aider à mieux comprendre le fonctionnement de la langue : les phrases sont faites de mots, les mots sont faits de sons... Tous les chercheurs s'accordent actuellement à dire que cette conscience phonologique facilite l'apprentissage de la lecture.

Fiche 103

Écrire la comptine des prénoms de la classe

C'est un jeu très connu à partir de poèmes également très connus. Nous le citons, cependant, car le travail sur les prénoms est capital au Cycle 2.
Point de départ : lire les poèmes suivants et expliciter collectivement la manière dont ils sont faits.

Dimanche

Charlotte
Fait la compote.

Bertrand
Suce des harengs.

Cunégonde
Se teint en blonde.

Épaminondas
Cire ses godasses.

Thérèse
Souffle sur la braise.

Léon
Peint des potirons.

Brigitte
S'agite,s'agite.

Adhémar
Dit qu'il en a marre.

René de Obaldia, *Innocentines*, Grasset.

On se noie,
Benoît?

On se gare,
Edgar?

On sourit
Henri?

On s'étonne,
Antoine?

Si les mots ne riment plus
C'est que vous avez trop bu

Luc Bérimont, – *Comptines pour les enfants d'ici et les canards sauvages*, Éditions Saint-Germain-des-Prés, mis en musique par Jacques Douai, UNIDISC 45524.

Consigne : à la manière de Obaldia, nous allons écrire la comptine des prénoms de la classe.
Démarche : chaque enfant doit inventer une phrase qui rime avec son prénom pour se présenter. On peut aussi décider que chaque enfant va inventer une phrase pour le prénom d'un autre élève.
Recherche et essais collectifs pour s'assurer que l'activité est bien comprise.

Fiche 103

Compléter, continuer ou enrichir un poème

Fiche 104

• Compléter un poème

Choisir un poème pas trop long dont les rimes sont évidentes. Le donner aux enfants en ayant supprimé les mots qui riment et leur demander de compléter le poème.

Bien préciser qu'il ne s'agit pas de deviner le mot d'origine, mais d'en trouver un qui soit possible à la fois pour la sonorité et pour le sens.

Lire ensuite le poème original complet. Comparaison, discussion.

• Continuer ou enrichir un poème

Point de départ : un poème à structure répétitive qui joue sur la rime et l'écho phonique.

Trois escargots(1)

J'ai rencontré trois escargots
Qui s'en allaient cartable au dos

Et dans le pré trois limaçons
Qui disaient par cœur leur leçon.

Puis, dans un champ, quatre lézards,
Qui écrivaient un long devoir.

Où peut se trouver leur école ?
Au milieu des avoines folles ?

Et leur maître est-il ce corbeau
Que je vois dessiner là-haut.

De belles lettres au tableau ?

Consigne

Chaque élève (ou groupe d'élèves) doit rajouter une strophe au poème, c'est-à-dire, en réalité, une phrase.

Il faut donc choisir un animal, puis trouver un mot qui rime avec son nom dans le champ lexical de l'école et composer la phrase (à l'oral ou à l'écrit).

1. Maurice Carême, *Pigeon vole*, Fondation Maurice Carême, 1958.

Fiche 105

Créer une comptine

Farfelues et jubilatoires, les comptines entraînent la mémoire verbale et articulatoire. Il est relativement facile d'en inventer de nouvelles.

Première possibilité : on choisit un son et on organise une recherche, collective ou par groupes, de mots qui se terminent par ce son. On s'arrête à quatre, six, huit ou dix mots selon le niveau de la classe. Avec ces mots issus du hasard, écrire un texte qui tienne debout. Ce texte sera obligatoirement comique.

On peut aussi croiser la contrainte phonétique avec une exigence sur le plan du sens et de la structure, comme dans cette comptine de sorcière :

La sorcière prépare sa potion magique. Continue la recette...

- *Abracadabra : le cerveau d'un rat*
- *abracadabri : la queue d'une souris*
- *abracadabro : un vilain corbeau*
- *abracadabran : la queue d'un serpent*
- *abracadabrou : les yeux d'un hibou*
- *abracadabré : nez d'une araignée*

Jouer avec les lettres

Faire travailler l'imagination sur le dessin des lettres, sur la forme des mots, sur toutes les ressources du graphisme et de la mise en page, tel est le propos de la fiche 106.

Fiche 106

Les lettres en liberté

Comme l'on s'amuse parfois à voir dans les nuages autre chose que les nuages, on peut inciter les enfants – ils le font parfois spontanément – à voir dans les lettres de l'alphabet autre chose que des lettres.

Point de départ

Papirette est une petite fille de papier sortie du cahier de Georges. Elle s'est endormie...

Mais les caractères d'imprimerie chatouillaient Papirette. Elle rêva que, tenant le I à la main, elle poussait le O comme un cerceau. Le I se changea en sceptre, le O en globe terrestre et Papirette devint reine. Elle ouvrit le portillon du A et entra dans le jardin où elle se balança sur le H, escalada les montagnes russes du M et du N. Le S siffla : aussitôt toutes les lettres, les majuscules tenant par la main leurs enfants minuscules, se rangèrent par ordre alphabétique et Papirette les passa en revue. Elle vérifia que les points fussent bien sur les I et les barres aux T.

Béatrix Beck, Jean Claverie – «La grenouille d'encrier» in *Contes à l'enfant né coiffé*, «Folio Cadet», Gallimard.

Fiche 106

Consigne et démarche

L'ensemble de la classe va, à la manière de Béatrix Beck, imaginer à son tour que les lettres deviennent des personnages, des objets, des éléments de paysage...

Chaque élève (ou chaque groupe d'élèves) choisira une lettre (ou plusieurs) et écrira pour chacune une phrase ou un court texte.

On réunira ces productions pour composer l'histoire de l'alphabet, sans qu'il y ait, bien sûr, de récit proprement dit.

Le A monte au ciel comme le sommet d'une montagne.

Le B gourmand a mangé trop de crustacés.

Le C comme la lune qui vous sourit.

Au fur et à mesure de la recherche, le jeu peut s'enrichir : on dessine la lettre (le A devient un pic enneigé, le C un quartier de lune...), on trouve des échos de sonorités ou de rimes, on débouche sur des jeux de mots, etc.

Les mots calligrammes

Fiche 107

Depuis Ferdinand de Saussure, la linguistique nous a convaincu de l'arbitraire du signe : entre le signifiant et le signifié, aucun autre lien que celui de l'usage.

Le jeu consiste justement à établir ce lien entre le sens et sa forme graphique. Le mot n'est plus seulement une combinatoire linéaire. Il devient dessin.

C'est Apollinaire qui nous ouvre la voie avec ses Calligrammes (1918), poèmes-dessins où la mise en page devient signifiante : le poème «Il pleut» s'écrit verticalement, dessinant la pluie qui tombe pour evoquer les barreaux d'une prison. on pourra trouver l'occasion de suggérer aux enfants une présentation de ce type pour un texte qui s'y prête. Mais le travail sur les mots est plus intéressant car plus souple et plus stimulant pour l'imagination.

La mise en œuvre est très simple :

- dessin au tableau de quelques mots calligrammes ;
- réactions des enfants, analyse, discussion ;
- individuellement ou par groupes, confection de nouveaux mots calligrammes.

creVasse Montagne ?uestion

à compléter

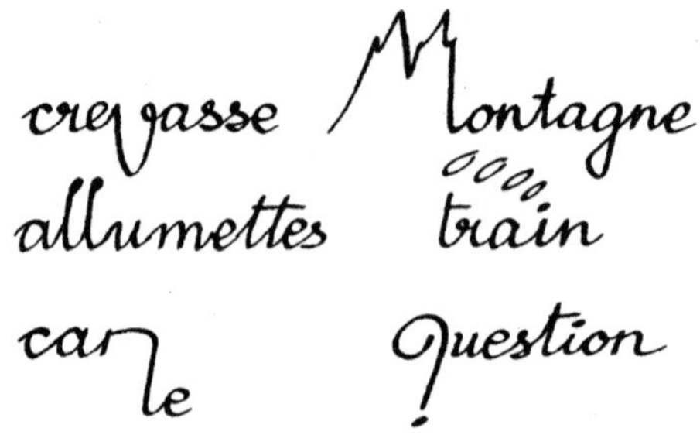

Les calligrammes les plus simples jouent seulement sur une lettre du mot.

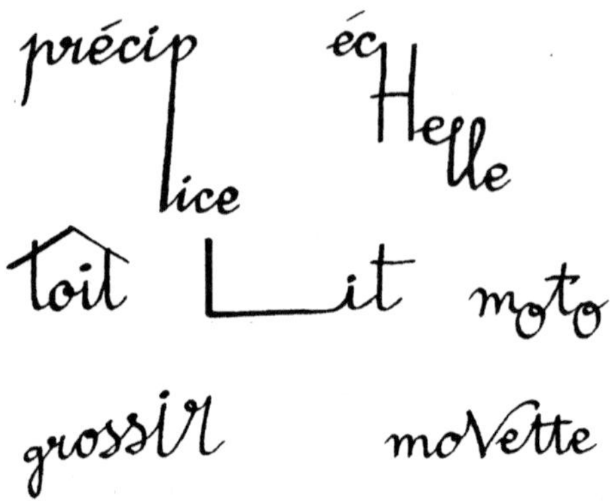

D'autres mettent en jeu la globalité du mot.

Jouer avec les images

Au même titre que les sonorités du langage et ses ressources rythmiques, les images forment l'un des matériaux de base du texte poétique. Par le biais des mots, les métaphores et les comparaisons mettent en relation des réalités parfois très éloignées. Ces associations fulgurantes suscitent de nouvelles relations entre les choses, de nouvelles idées, un nouvel univers mental.

C'est à ce titre qu'on peut dire que les mots sont magiques et, avec Rimbaud, que le poète est un alchimiste.

La sensibilité à ce phénomène permet de lire en profondeur et de comprendre vraiment un poème. Il faut aider les enfants à l'acquérir en leur proposant quelques activités qui les obligent à casser le cadre parfois trop étroit de la logique pour établir les *correspondances* secrètes entre les choses.

Les jeux surréalistes

Les poètes surréalistes ont voulu justement faire exploser les contraintes de la logique pour changer la pensée et *changer la vie*. Ils ont alors inventé des jeux d'écriture collectifs où ils s'en remettaient entièrement au hasard, quitte à l'aménager ensuite.

Ces jeux, faciles à mettre en œuvre et souvent drôles, ont un impact très fort sur les élèves qui les pratiquent. Ils jouent un rôle important de déblocage et de prise de liberté.

• Le cadavre exquis

On se donne un patron syntaxique, par exemple : *Groupe nominal sujet* (avec qui + relative) + *GV* + *Groupe circonstanciel*. Par équipes de trois, les élèves écrivent un maximum de phrases construites de cette façon, avec la contrainte suivante : chacun écrit un groupe, à tour de rôle, sans savoir ce que les autres ont écrit auparavant.

Le résultat est obligatoirement cocasse, insolite ou carrément poétique, à condition d'écrire beaucoup, car le pourcentage de phrases *sans étincelle* est relativement important.

À condition d'inciter les enfants à sortir des formulations trop courantes et trop prosaïques dans lesquelles ils se cantonnent dans un premier temps :

La sorcière qui a trouvé le secret du bonheur est au-dessus de notre maison.

L'homme intelligent qui mange du homard s'en va au soleil levant.

Les grenouilles vertes qui croassent jouent aux billes derrière la Tour Eiffel.

Notons au passage qu'on peut varier à l'infini les structures de phrases : l'intérêt grammatical de l'exercice apparaît donc évident.

• Pourquoi ?... Parce que...

Par groupes de deux, mais *en aveugle*, à tour de rôle, les élèves posent une question et y répondent :

– *Pourquoi les crocodiles pleurent-ils ?*

Parce qu'il n'y a pas de marguerites.

– *Pourquoi l'école est-elle obligatoire ?*

Parce qu'il a plu toute la journée.

– *Pourquoi le temps passe-t-il si vite ?*

Parce que les bateaux vont sur l'eau.

Ici aussi, en gardant le même principe, on peut varier les situations de manière importante.

On peut également décider de s'en tenir au strict hasard qui, en général, fait assez bien les choses.

Mais les *auteurs* voient souvent, dans leur stock de groupes de mots ou de phrases, des alliances particulièrement réussies et décident d'infléchir le cours des choses.

Fiche 109

Mots à tiroirs et anagrammes

Ces deux jeux sont très voisins. Ils amènent, en effet, à voir dans un mot un autre mot (ou plusieurs), et de leur alliance aléatoire surgit parfois une image intéressante ou le sujet d'une histoire.

Mots à tiroirs

sILEnce —> île de silence

FlEUr —> fleur de feu

sOuRce —> l'or de la source

Anagrammes

CHIEN – CHINE – NICHE

GENIE – NEIGE

GIVRE – GRIVE

ANCRE – NACRE

On peut essayer de faire des phrases avec ces mots :
– *Au lieu d'aller en Chine, le chien rentra dans sa niche.* Imaginer une histoire qui aurait cette fin.
– *Vois-tu le génie sur la neige ?*
– *L'ancre du bateau était en nacre.*

Fiche 110

Le portrait chinois

Ce jeu de société, qui peut paraître anodin, oblige en réalité à établir des correspondances dans des univers parallèles. Il mène l'enfant sur le chemin de la métaphore. À faire d'abord collectivement, puis en groupes.

Par exemple : la neige

– *Si c'était un bruit, ce serait...*

– *Si c'était une musique, ce serait...*

– *Si c'était une odeur, ce serait...*

– *Si c'était une saveur, ce serait...*

– *Si c'était un tissu, ce serait...*

Aux enfants de proposer d'autres équivalences. Ce jeu peut déboucher directement et naturellement sur l'écriture d'un texte.

Associations de mots, associations d'images

L'objectif est d'écrire un poème sur un thème donné : élément naturel, animal, etc.

Point de départ : lecture et observation d'un poème.

Le Homard

Homard le pacha de la mer,
Homard le bleu, homard le rouge,
Homard le nageur à l'envers,
Homard, si tu remues, tu bouges.
Homard, ermite des rochers,

Homard, mauvais garçon, bon prince,
Homard, la gloire des marchés,
Homard, Monsieur de la Pince.

Robert Desnos, *Chantefables et Chantefleurs*, Gründ.

On analyse la composition du poème et la construction de chaque vers : adjectifs qualificatifs, surnoms (les groupes nominaux en apposition), phrases entières (vers 4). On pourrait aussi avoir des groupes nominaux avec des propositions subordonnées relatives.

Démarche : collectivement ou par groupes, choisir un thème riche en évocations et en associations possibles : le soleil, la mer, le vent, les vacances...

Constituer ensuite une nébuleuse de mots et d'expressions qui pourront être réemployés.

Passer à l'écriture individuelle :

L'été

L'été c'est mille fleurs dans les champs
L'été c'est les vacances pour les mamans
L'été c'est les papillons qui volent dans les fleurs
L'été c'est vraiment pas une erreur
L'été c'est pas malheureux
L'été c'est le bonheur
L'été c'est le soleil qui rayonne
L'été c'est pas l'orage qui grogne
Et après c'est l'automne avec le vent qui tourbillonne.

Émilie

Ce texte est un exemple riche et intéressant à bien des égards : il progresse vers une clôture ; il utilise des constructions assez complexes du groupe nominal, avec des relatives en particulier ; il joue sur les rimes ;

– *L'été c'est vraiment pas une erreur* est une formulation originale.

Il montre bien que, stimulés et guidés, la plupart des enfants sont capables de produire des textes relativement élaborés. Il montre aussi que l'écriture et l'amélioration de ces textes sont l'occasion d'un travail en profondeur. pour celui-ci, par exemple :

– variations sur toutes les constructions possibles du groupe nominal simple (déterminant + nom) ou enrichi d'un complément de nom, d'un adjectif, d'une proposition subordonnée relative... C'est encore de la grammaire en action ;

– lecture d'autres poèmes (d'auteurs reconnus ou d'enfants) pour enrichir ses propres idées et évacuer au maximum les *clichés* trop usés (le poème cité ci-dessus n'en est pas totalement exempt).

Jouer avec la structure syntaxique

De nombreux poèmes accessibles aux enfants et beaucoup de ceux qui ont été écrits spécialement pour eux reposent sur un schéma syntaxique fort. Cette structure offre une nouvelle entrée possible dans l'écriture d'un poème.

De la simple phrase au poème entier, en passant par la strophe, il est possible de graduer la difficulté. Mais la démarche est toujours la même : lecture et observation du modèle, puis réécriture d'un texte après en avoir *dégagé* le schéma syntaxique que l'on visualise clairement sur le tableau ou sur une affiche.

Dans les exemples que nous proposons ci-dessous, ce schéma apparaît en caractères gras.

La préparation (explicitation de la tâche, recherche d'idées, essais...) se fait collectivement ou par groupes, l'écriture est plutôt individuelle.

Incitons les enfants à réinvestir ce qu'ils auront rencontré dans d'autres jeux poétiques : sonorités, vocabulaire, images...

• **Il y avait tellement de** vent
que l'école s'est envolée.

• **Souvent, je rêve que** ...
Et je.

Les jeux poétiques publiés dans la fiche suivante aiguisent le regard du lecteur de poèmes et affinent sa sensibilité, sensibilité qui peut s'exprimer aussi dans d'autres activités : lecture oralisée de poèmes, à une voix, à plusieurs voix, avec l'aide du magnétophone ; mémorisation ; illustration ; sonorisation.

On cherche une musique qui soit *l'équivalent* du poème ou qui puisse accompagner sa lecture.

Quelques jeux poétiques

Tu dis

***Tu dis** sable*
***et** déjà*
la mer est à tes pieds
Tu dis forêt
et déjà
les arbres te tendent leurs bras
Tu dis colline
et déjà
le sentier court avec toi vers le sommet
Tu dis nuages
et déjà
un cumulus t'offre la promesse du voyage
Tu dis poème
et déjà
les mots volent et dansent
comme étincelles dans ta cheminée

Joseph-Paul Schneider in Jean Orizet, *Les plus beaux poèmes pour les enfants*, Cherche-Midi.

Si j'étais... Si tu étais

***Si tu étais** poisson d'argent*
***Tu** nagerais dans l'océan*
Si tu étais oiseau volant
Tu serais un pélican
Si tu étais un chat
Tu serais angora
Si tu étais un paon
Tu serais géant.

Bruno et Rémi

Le hibou et l'hirondelle

*– **Moi**, dit le hibou*
***à** l'hirondelle,*
j'ai un beau jabot,
des gants élégants.
***Je** suis un monsieur*
tout à fait sérieux.
***Je** suis important.*

*– **Moi**, **dit** l'hirondelle*
qui file à tire-d'aile
(tu ne la vois pas,
elle est sur le toit)
moi, dit l'hirondelle,
*je vole **et je** vais*
là où il me plaît.
***je suis** bien contente*
***et** c'est beaucoup mieux.*

Claude Roy, *Enfantasques*, Gallimard.

Fiche 112

Poème pour un enfant lointain

Tu peux *jouer au caillou :*
il suffit de *ne pas bouger,*
très longtemps, très longtemps.

Tu peux jouer à l'hirondelle :
il suffit d'ouvrir les bras
et de sauter très haut, très haut.

Tu peux jouer à l'étoile :
il suffit de fermer l'œil,
puis de le rouvrir,
beaucoup de fois, beaucoup de fois.
Tu peux jouer à la rivière :
il suffit de pleurer,
pas très fort, pas très fort.

Tu peux jouer à l'arbre :
il suffit de porter quelques fleurs
qui sentent bon, qui sentent bon.

Alain Bosquet, *Le cheval applaudit*, Éditions ouvrières.

Les amis d'enfance

Je me souviens du *grand cheval*
Qui *promenait tête et crinière*
Comme *une grappe de lumière*
Dans *la nuit du pays natal.*

Qui me dira mon chien inquiet,
Ses coups de patte dans la porte,
Lui qui prenait pour un gibier
Le tourbillon des feuilles mortes.

Maintenant que j'habite en ville
Un paysage sans jardins,
Je songe à ces anciens matins
Tout parfumés de marguerites.

René-Guy Cadou – *Les amis d'enfance*, Seghers.

Et demain ?

Hier *je fus cheval*
Avant-hier *oiseau*
Encore *avant poisson*

J*'ai galopé dans la prairie*
J*'ai volé dans le ciel*
J*'ai nagé dans la mer*

Aujourd'hui je marche sur la terre
Je regarde le monde
Et je le reconnais
L'herbe de la prairie
Les nuages du ciel
Les vagues de la mer

Je rêve et me souviens
De ce que je suis.

Jacques Charpentreau – *Poésie en jeu*, Éditions ouvrières.

Bibliographie

J.-M. ADAM, *Le récit*, « Que sais-je ? » n° 2149, Paris, P.U.F., 1984.

J.-M. ADAM, *Le texte narratif*, Nathan Université, 1987.

A. BÉLOT, *Le Journal*, « Médias », «Échos », éd. CFPJ-Hachette.
– *Lire/Écrire, Le journal à l'école*, brochure de la Commission animation et recherche Pédagogique, Français, CDF de la Somme et CRDP d'Amiens.
– *Les journaux scolaires, pourquoi ? comment ?*, ICEM, Pédagogie Freinet, Microkiosque, CRDP de Dijon.

J.-Cl. BOURGUIGNON, B. GROMER, R. STOECKLÉ, *L'album pour enfants, Pourquoi ? Comment ?*, Coll. Pratique pédagogique, Armand Colin, 1985.

O. BRITAN, Ch. FOURNIER, *Créer une Bibliothèque centre-documentaire (B.C.D.), Pourquoi ? Comment ?*, Magnard, 1985.

J. CHARPENTREAU, *Le mystère en fleur* (Les enfants et l'apprentissage de la poésie), coll. Enfance heureuse, Éditions ouvrières.

G. CHAUVEAU et E. ROGOVAS-CHAUVEAU « L'évolution du savoir-lire chez l'enfant », in *Cahiers Pédagogiques*, n° 254-255 (1987), n° 70 (1985).

B. COMBETTES, J. FRESSON, R. TOMASSONE, *De la phrase au texte*, Delagrave, 1980.

H. COPIN et H. PHILIBERT, *La manufacture de poésie* (CE et CM), Hachette.

S. DJEBBOUR et R. LARTIGUE, « Du brouillon au texte définitif », *Cahier du CDDP de Melun*, n° X.

EVA, *Évaluer les écrits à l'école primaire*, coll. Pédagogie pour demain, Hachette, 1991.

M. FAYOL, *Le récit et sa construction*, Delachaux et Niestlé, 1985.

E. FERREIRO, *Lire-écrire à l'école, comment s'y apprennent-ils ?*, C.R.D.P., Lyon, 1988.

C. GARCIA-DEBANC, « Propositions pour une didactique du texte explicatif », in *Rencontres Pédagogiques*, n°19, 1988.

– « Les textes explicatifs », in revue *Pratiques*, n°51, septembre 1986.

G. GENETTE, *Figures III*, Coll. Poétique, Le Seuil.

A. J. GREIMAS, *Sémantique structurale*, Larousse, 1966.

J. HELD, *Connaître et choisir les livres pour enfants*, Hachette, 1985.
– *Guide des livres pour enfants et adolescents*, Hachette, 1987.

La Joie par les Livres, « Guide de La Joie par les Livres pour les œuvres de fiction », (8 rue Saint-Bon, 75004 Paris).
– *De Neanderthal à la navette spatiale*, guide de La Joie par les Livres, 1986.

J. Jolibert, *Former des enfants producteurs de textes*, Coll. Pédagogie pratique, Hachette, 1988.

– *Former des enfants lecteurs*, Hachette.

J.-H. Malineau et Cl. Dufour, *L'écriture avant la lettre*, L'École des loisirs.

J. Miribel et C. Grosset-Bureau, *L'Orange bleue* (vol. 1 et 2), Nathan.

M.-O. Ottenwalter, *Écrire des textes au CP/CE*, 2 volumes, Coll. Pratique pédagogique, Armand Colin-Bourrelier, 1988.

J. Pinaud, S. Guebel, *Guide pratique de la documentation*, Hachette, 1988.

B. Schneuwly, *Le langage écrit chez l'enfant*, Delachaux et Niestlé, 1988.

B. Séménadisse, *Création poétique (CE et CM)*, Bordas.

L. Sprenger-Charolles, « Rôle du contexte linguistiques, des informations visuelles et phonologiques dans la lecture et son apprentissage », in *Pratiques*, n° 52.

R. Stoëcklé, *Des albums pour des situations*, Coll. Pratique pédagogique, Armand Colin, 1986.

C. Tisset, *Aides à l'écriture*, dossier in *JDI*, avril 1991, Nathan.
– *Écrire des textes au CM*, Coll. Pratique pédagogique, Armand Colin, 1990.

T. Todorov, *Poétique*, Coll. Points, Le Seuil, 1973.

Brochures et articles de revues

« Les activités rédactionnelles », in *Pratiques*, n° 49, mars 1986.

Aimer lire, Bayard Presse, 1982.

« Articulation oral/écrit », in *Repères* (nouvelle série), I.N.R.P., n° 3.

La Bibliothèque, centre documentaire, animation communication autour du livre, C.D.D.P. de la Marne, 1986.

Du brouillon au texte définitif, C.D.D.P. de Melun, 1988.

Écrire et Réécrire au CE et au CM, C.R.D.P. de Rennes, 1988.

« L'enfant lecteur », revue *Autrement*, n° 97, mars 1988.

« L'Évaluation », in *Pratiques*, n° 44, décembre 1984.

« Ils (elles) écrivent..., in *Le Français Aujourd'hui*, n° 65, mars 1984.

« Nous écrivons, vous écrivez... », in *Le Français Aujourd'hui*, n° 64, décembre 1983, AFEF.

Objectif : écrire, C.D.D.P. de la Lozère, 1986.

Quelques jalons pour une pratique textuelle de l'écrit, CRDP de Clermont-Ferrand, 1989.

« La Rédaction », in *Pratiques*, n° 29, mars 1981.

« Savoir écrire, évaluer, réécrire en classe », in *Repères*, I.N.R.P., n° 4 (Nouvelle série).

Index des fiches techniques

Pédagogies pour demain

Références

L'École du dedans, Georges Lerbet
Le Métier d'élève, René La Borderie
La Conversation enfantine, Jean-François Simonpoli
Agir pour la réussite scolaire, Daniel Pasquier
Les Manuels scolaires, histoire et actualité, Alain Choppin

Nouvelles approches

Le Projet d'établissement, Jean-Pierre Obin, Françoise Cros
Pédagogie différenciée, Halina Przesmycki
Des Méthodes pour mieux s'organiser, Roger Monti
Aider les élèves à apprendre, Gérard de Vecchi
Travailler en équipe, Pierre Mahieu
Corriger des copies, Odile et Jean Veslin
Enseigner en modules, Françoise Clerc

Centres de ressources

Le C.D.I. au cœur du projet pédagogique, Jacqueline Bayard-Pierlot, Marie-José Birglin

Didactiques premier degré

Évaluer les écrits à l'école primaire, Groupe EVA, I.N.R.P.
Apprendre à lire comme on apprend à parler, Marie-Joëlle Bouchard
Apprendre à communiquer, Jean-François Simonpoli
Didactiques de l'orthographe, Jean-Pierre Jaffré (I.N.R.P.)
Enseigner les mathématiques à l'école, Françoise Aberkane
Enseigner la géographie à l'école, Pierre Giolitto

Didactiques second degré

Enseigner le français. Pour qui ? Comment ?, Gilberte Niquet
Des méthodes pour le lycée, Violaine Houdart-Merot

Guides de l'éducation

Guide des métiers de l'éducation, ONISEP, René Dang
Guide du chef d'établissement, André Six
Guide du lycéen, Claude Coulon
Guide pour comprendre l'École, Yves Nazé, Odile Lugimbulh, Nicole Marty, Roger Monti, Dario Pellegrini

Former, organiser pour enseigner

Organiser des formations, André de Peretti
Droit de l'éducation, Claude Durand-Prinborgne

Achevé d'imprimer en France
par Dupli-Print à Domont (95)
www.dupli-print.fr
N° d'impression : 114508

Dépôt légal : février 2009
Collection : 24 – Edition : 02
17/1173/8